MIT 언어의 기술

공대 남자도 발표 천재로 만들어주는
MIT 말하기·글쓰기 수업

ⓒMAKE IT CLEAR: Speak and Write to Persuade and Inform by Patrick Henry Winston
Copyright ⓒ 2020 by Patrick Henry Winston

All rights reserved.
This Korean edition was published by KNomad in 2025 by arrangement
with The MIT Press through KCC(Korea Copyright Center Inc.), Seoul.

이 책은 (주)한국저작권센터(KCC)를 통한 저작권자와의 독점계약으로 지식노마드에서
출간되었습니다. 저작권법에 의해 한국 내에서 보호를 받는 저작물이므로 무단전재와
복제를 금합니다.

공대 남자도 발표 천재로 만들어주는 MIT 말하기·글쓰기 수업

MIT 언어의 기술

패트릭 헨리 윈스턴 지음 | 최성옥 옮김

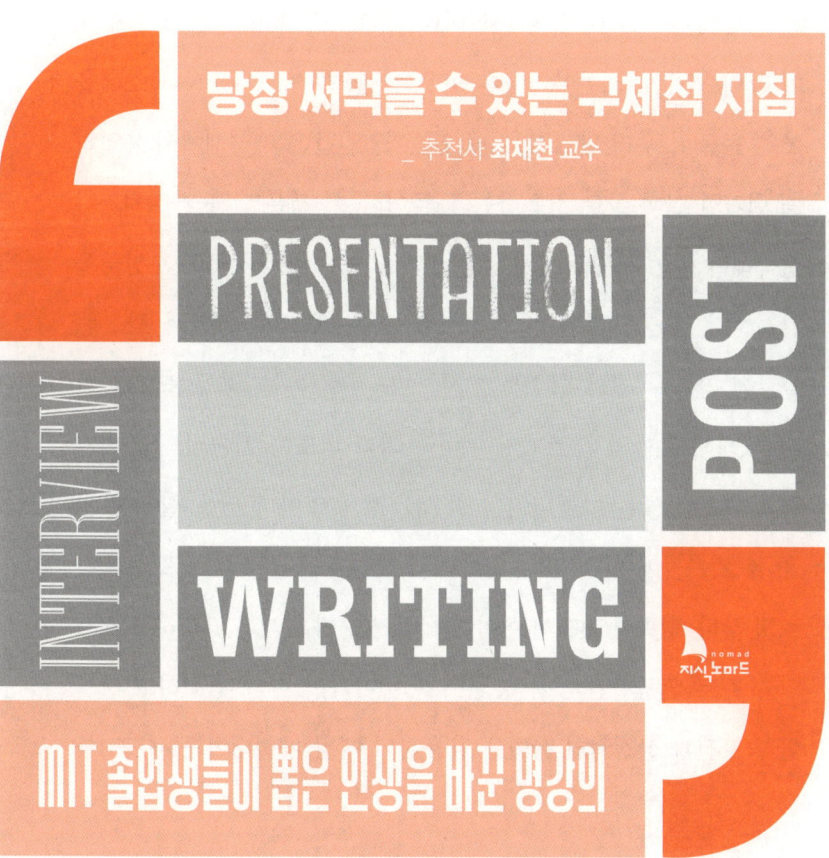

당장 써먹을 수 있는 구체적 지침
_추천사 최재천 교수

PRESENTATION
INTERVIEW
POST
WRITING

MIT 졸업생들이 뽑은 인생을 바꾼 명강의

추천글

인간은 스토리텔링 애니멀이다. 침팬지들이 모닥불 둘레에 모여 앉아 밤새도록 이야기꽃을 피우는 걸 본 적 있나? 시나 소설을 쓰는 동물이 우리 말고 또 어디 있는가? 인간은 자연계에서 유일하게 현란한 말과 글로 소통하는 동물이다. 이 책은 남을 가르치거나 설득해야 하는 사람들에게 당장 써먹을 수 있는 구체적인 지침들을 알려준다. 우리 대부분은 시나 소실보다는 보고서, 제안서, 광고문, 블로그 리뷰, 추천서, 연설문, 기사, 보도자료, 논문, 책 등을 쓰고 산다. 그래서 문학적 글쓰기가 아니라 과학적 또는 기술적 글쓰기가 중요하다. 성공은 아이디어의 질 못지않게 얼마나 말을 잘하고 글을 잘 쓰는가에 달려 있다. 글쓰기와 말하기는 구조적으로 그리 다르지 않다. 명확한 비전에 이어 구체적인 수행 단계를 제시하고 적시의 뉴스로 열광시킨 다음 본론으로 들어가야 한다. 간결하고 강렬한 슬로건과 상징적인 심벌을 활용하되 핵심 아이디어는 세가지를 넘지 않아야 한다. 스토리텔링의 구성을 위해 '깨진 유리 아우트라인'이라는 저자만의 독특한 방식을 제안하지만, 핵심 아이디어의 효율적 전달을 위해 흥미로운 반전도 권유한다. MIT는 공대가 주축인 대학인데 왜 이처럼 말하기와 글쓰기를 중요하게 여길까? 신변잡기 수준의 이야기를 들려주는 것보다 과학과 기술 지식을 전달하는 게 그만큼 더 어렵기 때문이다. MIT 공대생을 위한 수업에 효과적인 커뮤니케이션 스킬이 필요한 모든 분들을 초대한다. 그건 아마도 스토리텔링 애니멀 호모 사피엔스 모두를 초대한다는 얘기일 것이다. 저자의 주장대로 우리 모두의 역량이 한층 강화되리라 확신한다.

최재천
이화여대 에코과학부 석좌교수
생명다양성재단 이사장

서문

커뮤니케이션은 의심할 여지없이 문명의 발전을 이끌어 온 가장 중요한 원동력이다. 자동차부터 컴퓨터, 시에 이르기까지 인간이 만들어낸 모든 것은 커뮤니케이션의 결과물이다. 정교한 커뮤니케이션 능력이 없었다면 인류는 여전히 포식자를 두려워하면서 동굴에서 살고, 먹고 살기 위한 자원을 찾는 데 목숨을 걸어야 했을 것이다.

그런데 사람 사이의 커뮤니케이션 속도는 음성이나 문자 모두 섀넌 엔트로피 기준으로 초당 **약 10비트** 정도로 매우 느리다. 통신 중에서 매우 느린 편에 속하는 블루투스5.0이 초당 200만 비트로 인간보다 20만 배 빠르고, 와이파이6은 인간의 9.6억 배 속도로 정보를 주고받는다.(섀넌 엔트로피Shannon entropy는 어떤 사건이나 메시지가 얼마나 **예측하기 어려운지**, 또는 그 안에 얼마나 많은 **정보**가 담겨 있는지를 표현하는 개념으로 섀넌 엔트로피가 높을수록 정보량이 많다. 클로드 섀넌Claude

Shannon이라는 과학자가 만든 개념으로 데이터 압축, 암호화, 통신 등의 분야에서 중요하게 사용된다_편집자 주)

그렇다면 인간은 형편없이 낮은 커뮤니케이션 속도를 어떻게 극복할까? 그 해결의 열쇠는 **이야기를 통해 상상력을 불러일으키는 능력에 있다.** 바로 이 책의 주제이기도 하다.

누군가가 우리에게 이야기를 들려줄 때 우리는 머릿속에서 그 이야기와 관련된 장면, 즉 하나의 모델을 떠올리게 된다. 말하는 사람은 이야기를 통해 듣는 사람의 상상력을 이끌어가고, 듣는 사람은 양측이 서로 공유하는 경험과 지식을 바탕으로 복잡한 아이디어들을 조립해서 이야기를 구성하게 된다. 이처럼 우리가 공유하고 있는 지식과 경험이 있기 때문에 모든 걸 자세히 설명하지 않아도 서로 이해할 수 있는 것이다.

이건 마치 큰 파일을 작게 압축하는 것과 비슷하다. 공유하는 경험과 지식은 전형적인 데이터 압축에서 사용하는 부호어(code word, 자주 나오는 긴 내용을 짧은 기호나 숫자로 바꾼 것_편집자 주)와 비슷한 역할을 한다.

결국 효과적인 커뮤니케이션 기술은 크게 두 가지 요소로 나눌 수 있다.

1. 매우 좁은 초당 10비트라는 소통의 병목을 통과할 수 있도록 데이터를 압축하는 기술.
2. 상대방의 감정을 이해하고, 그 감정을 능숙하게 자극하면

서 흥미를 이끌어내는 이야기 전개 기술.

이 책의 저자인 패트릭 헨리 윈스턴은 이 두 가지 기술에서 모두 뛰어나고, 게다가 따뜻한 사람이었다.

저자는 MIT라는 명문대학교에서 1979년부터 40년 동안 학생들을 가르쳤고, 2019년에 생을 마감하기 전까지 커뮤니케이션에 대한 연구를 멈추지 않았다. 그가 누워 있던 병원 침대는 인간의 커뮤니케이션 방식과 뇌에 대한 나와 저자의 토론 무대가 되었다.

우리는 초당 10비트라는 커뮤니케이션 속도 제한이 뇌파 같은 비밀스런 커뮤니케이션에도 존재하는 것 같다고 생각했다. 예를 들어 망막에서 받아들인 이미지를 시각 피질에서 인지적 의미 요소로 압축하기 때문에 우리의 시각 시스템도 더 높은 섀넌 엔트로피를 전달하지는 않을 것 같다는 결론에 이르렀다.

다르파(DARPA, 국방고등연구계획국)나 뉴럴링크(Neuralink) 같은 스타트업 등이 새로운 뇌 인터페이스를 통해 이 누구 한계를 뛰어넘은 방법을 찾고 있지만, 우리는 그 가능성에 대해 회의적이었다. 우리의 뇌가 정보를 주고받는 대역폭의 한계가 있어서 아무리 새로운 기술을 개발해도 표준적인 인간 커뮤니케이션 속도를 넘어서기는 쉽지 않을 것이라고 생각했다.

우리는 커뮤니케이션의 두 번째 주제인 스토리텔링에 대해서도 이야기를 나눴다. 듣는 사람의 마음 상태를 정확하게 **파악하고**, 듣는 사람의 흥미를 이끌어내고, 집중을 유지하는 스토리텔링의 기술은 **쉽지는 않지만** 가르칠 수 있는 기술이라는 데 우리는 동의했다.

패트릭은 많은 사람들에게 커뮤니케이션 기술을 가르쳤다. 나는 커뮤니케이션에 대해 패트릭보다 더 훌륭한 선생을 보지 못했다. 그는 스토리텔링 기술에 관한 최고의 스토리텔러이다.

그의 수업을 통해 또한 그가 강의법을 가르치는 강의 자체를 통해서 효과적인 커뮤니케이션 기술을 배운 학생들 대다수가 '인생을 바꾼 최고의 강의'로 패트릭의 강의를 꼽았다. 훌륭한 선생에게 배우는 건 정말 즐거운 일이다. 나는 패트릭에게 배운 커뮤니케이션 기술을 지금도 매일 사용하고 있다. 독자 여러분들도 이 책을 통해 나처럼 많은 것을 배우는 즐거움을 경험하게 될 것이다.

길 프랫
도요타 연구소 소장
도요타 자동차 펠로우

차례

추천글 – 최재천 004
서문 006
프롤로그 – 역량이 강화될 것이다 020

1부 핵심

1장 설득의 핵심

곧바로 핵심을 말하라 029 • VSN-C 프레임워크를 사용하라 031 • 비전으로 시작하라 032 • 대상에 맞는 명확한 비전을 표현하라 032 • 대상에 맞는 명확한 제목을 사용하라 033 • 수행했던 단계를 열거하라 033 • 뉴스를 발표하라 034 • 이어서 본론을 말하라 035 • 기여사항으로 마무리하라 035

2장 기억되기 위한 핵심

슬로건 038 • 심벌 039 • 핵심 아이디어 042 • 서프라이즈 043 • 이야기 044 • 윈스턴의 별을 통해 확실하게 기억되다 048

3장 교수법의 핵심

역량 강화 약속으로 시작하라 051 • 스토리텔링을 하라 052 • 이야기는 어디에나 있다 052 • 이야기는 원칙과 방법을 가르친다 054 • 이야기는 생각하는 법을 가르친다 054 • 약속을 이행하라 055

4장 아우트라인 작성의 핵심

형식적인 아우트라인을 작성할 수 있다 057 • 깨진 유리 아우트라인을 작성해야 한다 059 • 표준형 스포크로 시작하라 061 • 세부 사항을 추가하라 062 • 그림을 그리면 더 똑똑해진다 063 · 깨진 유리 아우트라인은 학습에 도움이 된다 064 · 깨진 유리 아우트라인은 창작에 도움이 된다 065

5장 비평의 핵심

검토자를 신중하게 선택하고 순서를 정하라 067 · 잔인한 정직함을 요구하지 마라 068 · 개선이 가능한 부분을 질문하라 068 · 실행할 수 있고, 원칙에 입각한 긍정적인 조언을 하라 071 · 적시에 비평하라 072 · 검토자에게 미완성된 글을 보여주지 마라 073 · 익명의 검토자에게서 모진 말이 나올 것을 예상하라 073

6장 윤리적 행동의 핵심

현실적인 윤리를 생각하라 076 · 표절하지 마라 077 · 거짓말하지 마라 078 · 조작된 데이터를 사용하지 마라 079 · 기여한 사람들에게 경의를 표하라 079 · 반대되는 입장을 언급하라 080 · 청중의 말을 경청하라 081 · 선택에 따른 윤리적 의미를 생각하라 081 · 의도적으로 이해하기 어렵게 만든 아이디어를 조심하라 082 · 인신공격성 비난을 조심하라 083 · 남용된 권위를 조심하라 083 · 반복과 그래픽 속임수를 조심하라 084

2부 프레젠테이션

1장 시간과 장소를 선택하는 방법

늦은 아침이나 오후 중반에 발표하라 089 · 저녁 식사 후에 강의할 때는 이야기에 집중하라 090 · 강의실 모양과 조명이 중요하다 090 · 강의실 모양이 좋은 강연을 망칠 수 있다 091 · 적당한 규모의 장소에서 말하라 092

2장 강연 장소를 준비하는 방법

장소를 준비하라 097 · 어디에 서 있을지 결정하라 097 · 가상의 청중에게 말하라 098 · 가까이에 물을 두어라 098 · 시청각 재난에 대비하라 098 · 조명을 최대한 밝게 하라 099 · 마음의 준비를 하라 101 · 약간 긴장하라 101 · 산책하라 101 · 마음의 준비를 하라 102 · 준비운동을 하라 102 · 오프닝 문장을 작성해서 암기하라 103 • 청중을 대비하라 103 • 일찍 도착해서 담소를 나누어라 103 • 눈을 마주쳐라 105

3장 시작하는 방법

강연하는 것을 기쁘게 생각하라 108 • 비전을 표현하라 110 • 단계를 설명하라 111 • 뉴스로 열광시켜라 112

4장 마치는 방법

기여사항으로 마무리하라 116 • 기여사항 슬라이드에 능동사를 사용하라 117 • 기여사항은 다양한 형태로 도출된다 118 • 기회를 날려버리지 마라 119 • '감사합니다'라고 하지 마라 119 • 제목 슬라이드에 협업자를 표시하라 121 • 마무리 인사를 하라 122

5장 슬라이드를 구성하는 방법

슬라이드는 축복이면서 저주이다 127 • 슬라이드의 글자 수를 최소한으로 줄여라 128 • 언어 처리 장치는 하나다 131 • 줄이고, 축약하고, 축소하고, 다듬고, 잘라내라 132 • 리뷰 사본에 주석을 달아라 137 • 슬라이드에 단어를 더 많이 사용하라 138 • 미리 읽게 되는 문제를 해결하라 138 • 글머리기호 목록은 조금만 사용하라 141 • 요소를 잘 결합한 결과물을 보여주어라 142 • 블랙아웃 슬라이드를 사용하라 144 • 애니메이션 전환을 제거하라 146 • 진행률 표시줄을 고려하라 146 • 큰 폰트를 사용하라 148 • 관련된 사람의 사진을 포함하라 150 • 적당한 장수의 슬라이드를 사용하라 151 • 토끼굴을 포함하라 152 • 청중의 기대를 존중하라 154 • 기술 컨퍼런스에서 슬라이드 내용은 간략하게 하라 154 • 개념을 아이콘으로 바꾸어라 155 • 청중의 기대는 다양하다 156 • 저녁식사 후 발표라면 사진을 첨부하라 158 • 정치 연설에서는 그냥 말하라 158

6장 소품을 사용하는 방법

의사소통을 잘하는 사람은 소품을 사용한다 165 • 소품은 기억에 도움이 된다 166 • 소품은 강조 역할을 한다 168 • 물리적 소품이 사진보다 더 좋다 168 • 소품은 단조로움을 막는다 169 • 의사소통을 잘하는 사람은 인간 소품을 사용한다 170

7장 좋은 습관을 길러라

오프닝과 클로징 멘트를 구성하라 171 • 발표 내용을 여러 부분으로 나누어라 173 • 강연대를 피하라 174 • 리모컨을 사용하라 175 • 레이저 포인터를 사용하지 마라 175 • 발표자와 청중 사이에 디스플레이를 두어라 178 • 머리카락을 만지작거리지 마라 179 • 주머니에서 손을 빼라 180 • 주의해서 가리켜라 182 • 적절한 옷을 입어라 182 • 청중과 눈을 맞추어라 183 • 의미 없는 군더더기 말을 하지 마라 184 • 평서문 끝을 올리지 마라 185 • 시간을 신경 써라 185 • 한두 가지 핵심 주제에 집중하라 186 • 긍정적으로 말하라 186 • 무반응이나 냉담한 관객을 대비하라 187 • 질문에 답변하는 방법을 생각하라 187 • 적대적인 질문에 대비하라 190 • 질문이 없는 경우를 대비하라 191 • 훌륭한 연사를 모방하라 192 • 감동적인 문구를 작성하라 193

3부 교수법

1장 강의를 준비하는 방법

강의와 의사소통이 교차하는 지점 199 • 널리 적용될 수 있는 핵심에 집중하라 200 • 학습 결과를 확인하라 200 • 역량 강화 약속은 흥미를 일으킨다 203 • 질문은 참여를 유도한다 203 • 강력한 아이디어는 큰 그림을 보여준다 205 • 수업 규모가 중요하다 206 • 난처한 순간에 대비하라 206 • 강의 준비는 추가 단계가 필요하다 208 • 적정한 준비 시간을 할애하라 208 • 사례를 선택하라 209 • 세부 사항을 작업하라 211 • 개요를 작성하라 212 • 리허설을 하라 212

2장 강의하는 방법

현장 강의는 여전히 인기 있다 217 • 역량 강화 약속으로 시작하라 218 • 개요를 통해 약속하라 218 • 시스템 시연을 통해 약속하라 219 • 칠판을 이용하여 가르쳐라 220 • 정자체를 사용하고 필기체 사용을 피하라 222 • 슬라이드는 조미료로 사용하라 222 • 교과서 출판사가 공급하는 슬라이드를 조심하라 224 • 룸펠슈틸츠킨 전략을 사용하라 225 • 퍼즐과 투표 전략을 사용하라 227 • 포용력을 발휘하라 228 • 논쟁을 촉구하라 228 • 기술 기반 투표를 고려하라 229 • 필기를 통해 참여를 장려하라 229 • 핸드폰, 노트북, 주의를 분산시키는 기기 사용을 금지하라 230 • 약속을 이행하라 231 • 성공을 보여주어라 231 • 이야기를 하라 231 • 헌신을 보여주어라 232 • 농담으로 장식하라 233

3장 영감을 주는 방법

많은 종류의 영감이 있다 236 • 영감은 열정을 보면 흘러나온다 238 • 열정을 분명하게 드러내라 239

4부 글쓰기

1장 이해할 수 있는 글쓰기 방법

능숙한 독자는 경험 법칙을 활용한다 245 • 저자는 자신의 글이 명확하다고 착각한다 246 • 능숙한 독자는 표면적인 단서에서 핵심을 찾는다 247 • 초록을 읽어라 247 • 서론을 읽어라 247 • 결론을 살펴보라 247 • 섹션 제목을 참고하라 248 • 일러스트를 확인하고 캡션을 읽어라 248 • 목록을 살펴보라 249 • 인용을 확인하라 250 • 요약 문단을 읽고 주제 문장을 훑어보라 251 • 독자에게 필요한 표면적 단서를 제공하라 251

2장 글을 구성하는 방법

처음에 기여사항 섹션을 작성하라 254 • 필요하면 일러스트를 준비하라 255 • 목표 대상이 기대하는 섹션을 추가하라 255 • 다음으로 비전, 단계, 뉴스 섹션을 작성하라 258 • 마지막으로 초록을 작성하라 258 • 필요하면 과거에 대해 작성하라 258 • 필요하면 미래에 대해 작성하라 259 • 관례에 따라 감사의 글을 포함하라 259

3장 서두에 작성할 내용

비전으로 시작하라 262 • 대상에 맞게 비전 제목을 작성하라 263 • 비전을 if-then 오프닝으로 표현하라 263 • 비전을 흥미 있는 이야기 오프닝으로 표현하라 264 • 비전을 큰 질문 오프닝으로 표현하라 266 • 비전을 미션 방해 요소 오프닝으로 표현하라 267 • 비전을 새로운 기회 오프닝으로 표현하라 268 • 상상하는 방법으로 오프닝을 표현하라 268 • 단계를 보여주어라 269 • 뉴스를 추가하라 270

4장 글의 끝에 작성할 내용

기여사항 섹션으로 마무리하라 271 • 기여사항을 열거방식으로 표현하라 272 • 기여사항을 직설적인 문장으로 표현하라 273 • 기여사항을 좋은 뉴스로 표현하라 273 • 기여사항을 거창한 통찰력으로 표현하라 273 • 기여사항을 스프레드 시트로 표현하라 274 • 결론 섹션으로 마무리하지 마라 274

5장 초록을 작성하는 방법

VSN-C 체크리스트를 사용하라 276 • 세부 사항은 사람을 매료시킨다 277 • 쓰고 이후에 재작성하라 279 • 깨진 유리 개요를 이용하라 286

6장 모방으로 배우는 방법

훌륭한 작가에게서 배워라 289 • 자신만의 훌륭한 글쓰기 사례를 수집하라 293

7장 스타일 실수를 피하는 방법

글쓰기에 관한 저명한 책을 읽어라 296 • 문법과 스타일의 핵심 사항을 준수하라 297 • 단독 저자라면 '우리' 대신 '나'를 사용하라 298 • 논문을 의인화하지 마라 299 • '이전', '전자', '후자'를 사용하지 마라 300 • '위'와 '아래'를 사용하지 마라 300 • '때문에'를 의미할 때 '이후로'를 사용하지 마라 301 • '지난'을 의미할 때는 '마지막'을 사용하지 마라 302 • '활용하다'를 활용하지 마라 302 • '것'을 사용하지 마라 302 • 대명사를 사용하지 마라 303 • '제한절'과 '비제한절'의 차이를 주의하라 304 • 절대로 '~해보다'를 쓰거나 말하지 마라 305 • 인용부호는 누군가를 인용할 때만 사용하라 305 • 자신의 이야기를 하라 306 • 불필요한 것을 제거하라 306 • 오류를 탐색하라 307 • 필요한 도움을 받아라 307

8장 작가의 벽을 넘어서는 방법

혼자만 그런 것이 아니다 310 • 많은 대안이 있다 311 • 하고 싶은 말을 쉽게 전달하라 311 • 깨진 유리 아우트라인을 작성하라 312 • 프레젠테이션 일정을 정하라 313 • 상상의 친구에게 설명하라 313 • 예시를 작성하라 314 • 그냥 써라, 나중에 고칠 수 있다 314 • 자유롭게 써라 314 • 노트를 가지고 다녀라 315 • 습관처럼 글을 쓰라 315 • 글을 쓸 시간을 마련하라 316 • 글을 쓸 공간을 마련하라 316 • 산책하고 조깅하고, 휴식을 약속하라 316 • 자면서 생각하라 317 • 두려움을 극복하라 317

5부 디자인

1장 디자인을 선택하는 방법

디자인은 중요하다 321 • 다른 사람이 대신 선택해줄 수 있다 322 • 디자인 선택 사항이 많다 323 • 책임감을 유지하라 323

2장 그래픽을 배치하는 방법

그리드 레이아웃 방식을 사용하라 326 • 그리드 레이아웃은 별것 아닌 형태를 아름답게 만들어준다 328 • 그리드는 텍스트 요소에도 효과가 있다 333

3장 타입 패밀리를 선택하는 방법

타입 패밀리, 서체, 폰트를 이해하라 336 • 크기는 포인트 단위로 측정한다 337 • 타입 패밀리에서 합자 사용을 고수하라 338 • 문서 작업에 세리프 타입 패밀리를 사용하라 338 • 표준 타입 패밀리의 특징을 알아두어라 340 • 큰 크기로 보면 차이가 드러난다 345 • 줄리아 차일드는 그랑종을 사용했다 345 • 몇 가지 표준 타입 패밀리에서 선택하라 346

4장 그래프 작업 방법

쓸모없는 차트를 삭제하고 단순하게 하라 349 • 공간을 절약하려고 정확성을 버리지 마라 351 • 눈을 속이는 그래픽을 쉽게 찾을 수 있다 352 • 키 대신 레이블을 사용하라 353

5장 이미지 작업 방법

3등분 법칙을 사용하여 이미지를 잘라내라 356 • 큰 그림을 사용하라 358 • 훨씬 더 큰 이미지로 크기를 강조하라 360 • 종횡비 선호는 논란의 여지가 있다 360 • 황금 직사각형은 수학적 제약에서 비롯된다 361 • 음악적 조화는 정수의 비율을 나타낸다 364

6부 특별한 사례

1장 포스터를 준비하는 방법

포스터에는 눈에 띄는 요소가 필요하다 369 • 포스터에 기여사항을 담아야 한다 370 • 포스터에 예술적 디자인을 사용할 수 있다 371 • 확장된 VSN-C 구조를 사용할 수 있다 371 • 스토리보드 구조에 모든 내용을 담을 수 있다 373 • 전자 포스터는 장단점이 있다 376 • 쿼드 차트는 하나의 슬라이드에 담긴 포스터이다 376 • 사진 및 문구 사분면은 참조 기능을 제공한다 379 • 영향 사분면은 맞춤형 기여사항을 나타낸다 380 • 새로운 아이디어 사분면은 독특한 비전을 설명한다 380 • 마일스톤 사분면은 구체적인 단계를 약속한다 380

2장 엘리베이터 피치를 하는 방법

엘리베이터 피치는 엘리베이터에서만 하는 것이 아니다 384 • VSN-C가 적용된다 384

3장 인터뷰를 준비하는 방법

예상 질문을 생각하라 389 • 질문은 기회에 따라 달라진다 391 • 친구와 협력하라 392 • 언론 인터뷰에서 발생할 수 있는 상황을 알아야 한다 392 • 면접관과 잡담하라 393 • 매끄럽게 전환할 수 있는 방법을 준비하라 394 • 미리 질문지를 요청하라 395

4장 보도자료를 작성하는 방법

바쁜 저널리스트에게 필요한 내용을 모두 주어라 398 • 그들을 위해 이야기를 써라 399 • 이야기가 다듬어질 것을 예상하라 403 • 헤드라인에 집중하라 403 • 누가, 무엇을, 언제, 어디서, 왜를 포함하라 404 • VSN-C 항목을 확인하라 405 • 의미 있는 인용문을 포함하라 406 • 세부 사항은 사람을 매료시킨다 407 • 흥미와 열정을 보여주어라 407 • 이야기에서 약어와 전문용어를 제거하라 408 • 사진을 포함하라 408 • 관련된 이야기를 제공하라 409 • 교전수칙을 알아두어라 409

5장 리뷰를 작성하는 방법

VSN-C 항목을 평가하라 411 • 논문을 읽어야 할 대상을 설명하라 413 • 세부 사항을 제공하라 413

6장 추천서를 작성하는 방법

폭넓게 적용될 수 있는 원칙을 따르라 417 • 비전, 단계, 뉴스, 기여사항 항목을 포함하라 417 • 그라이스의 격언을 존중하라 418 • 대상이 기대하는 만큼 작성하라 419 • 명확해야 한다 419 • 스토리텔링을 하라 420 • 지원자의 직함과 성을 사용하라 421 • 추천서 요청은 신중하게 생각하고 결정하라 421 • 대학원 입학은 연구 잠재력의 증거에 집중하라 421 • 학계 구직은 비전과 진전에 집중하라 422 • 일반회사 구직은 최근 성과에 집중하라 422 • 수상을 위해서는 영향과 영감에 집중하라 423 • 이야기할 주요 포인트를 요청하고 제공하라 424

7장 브리핑 콘퍼런스를 진행하는 방법

관련성이 있어야 한다 428 • 비즈니스 메시지 슬라이드를 요구하라 429 • 참가자에게 슬라이드 사본을 제공하라 431 • 출장보고서의 주요 아이디어를 파악하라 431

8장 패널 토론을 진행하는 방법

패널을 테이블 세 개에 앉혀라 434 • 패널 회원을 간략하게 소개하라 435 • 오프닝 멘트를 금지하라 436 • 질문을 준비하라 437 • 강연대를 피하고 푹신한 좌석을 없애라 438 • 당황스러운 질문을 던져 논쟁을 시작하라 438 • 카드에 질문을 적어 제출하게 하라 439 • 토론을 한 시간으로 제한하라 439 • 토론이 끝나면 요약을 제공하라 439

9장 블로그를 작성하는 방법

작성할 블로그의 종류를 결정하라 442 • 현지 색채를 담아 스토리텔링하라 443 • 발생한 일을 스토리텔링하라 444 • 긍정적인 리뷰를 작성하라 448

에필로그 – 역량이 강화되었다 453

프롤로그

역량이 강화될 것이다

말을 잘하고 글을 잘 쓰고 싶다면 이 책을 읽어라. 반드시 역량이 강화될 것이다. 능력 있는 커뮤니케이션을 위해 이 책을 읽는 데 시간을 투자한다면 당신은 그 어떤 투자보다도 큰 보상을 얻게 될 것이다.

말과 글로 이루어지는 모든 커뮤니케이션에는 원칙이 있다. 이 책을 읽고 한 가지 원칙만 활용한다 해도 인생이 바뀔 수 있다. 일자리를 얻거나 상을 받거나, 연구비나 계약을 따내거나, 판매를 성사시키거나, 상사를 설득하거나, 벤처 자본가를 기대감으로 흥분시키거나, 학생에게 영감을 주거나, 혁명을 일으키는 것처럼 인생을 바꾸어나가는 원동력이 될 수 있다.

비즈니스, 특히 영업이나 마케팅 분야에서는 사람들을 설득하거나 지시하는 일이 흔하다. 교육이나 훈련을 할 때, 인류학부터 동물학까지 다양한 분야를 연구할 때, 국방이나 법 집행 기관에 종사할 때, 좋은 학점을 받고 싶은 학생일 때, 설교하거나 비영리 단체를 운영할 때, 그리고 법률, 의학, 건축, 저널리즘에 종사할 때도 마찬가지다. 이 모든 직업에는 공통점이 있다. 바로 청중에게 아이디어를 전달한다는 점이다.

상대를 설득하거나 지시할 때, 당신은 말이나 글로써 전달하려고 할 것이다. 많은 사람들이 슬라이드로 발표하거나 발표 준비를 돕는다. 어떤 사람은 강연을 하고, 어떤 사람은 증인을 심문하거나 공직에 출마한다. 또 어떤 사람은 학술 논문을 쓰거나 성명서를 작성하고, 법률 문서를 작성하거나 사업 계획을 세우는 사람들도 있다. 이 모든 일에는 공통점이 많다.

MIT에서 인공지능 교수로 재직할 때 나는 훌륭한 커뮤니케이션 능력을 지닌 주변 사람들을 연구했다. 훌륭한 커뮤니케이션 전문가들이 하는 일에 초점을 맞추고 그들이 왜 그렇게 뛰어난지를 궁금해했다.

교수로서 나는 강의와 연구 발표, 학회 발표, 태스크 포스 보고서까지 이 모든 활동에서 항상 경청하고 발표에 참여해 왔다. 저자로서는 프로그래밍 언어, 인공지능, 인공지능 비즈니스에 관한 책을 집필하고 편집했다. 연구소 소장으로서는 제안서를 작성하고 연구 프로그램을 판매하는 방법을 익혔다. 또한 정부의 과학자문위원회 일원으로서 나는 다양한 주제에 대한 수많은 브리핑을 지켜보며,

후원자들이 중요하게 여기는 실행 가능한 권고안을 정리하는 방법을 배웠다. 기업가로서 많은 벤처 캐피털리스트와 교류하면서 그들이 프레젠테이션에서 중요하게 생각하는 사항을 이해할 수 있었다.

하지만 무엇보다도 훌륭한 커뮤니케이션 전문가들을 관찰하고 연구하며, 지식이 풍부한 비평가들의 말을 들으면서 많은 것을 배웠다. 동료, 작가, 연구원, 학생, 언론인, 편집자, 후원자, 변호사, 군인, 정치인, 사업가, 투자자뿐만 아니라 예술가, 건축가, 요리사, 디자이너, 음악가, 신학자 등 다양한 분야의 훌륭한 커뮤니케이션 전문가와 지식이 풍부한 비평가들로부터 수십 년에 걸쳐 많은 것을 배우고 알아갔다. 이 책을 읽으면 당신도 그동안 내가 얻었던 수많은 지식을 배울 수 있을 것이다.

커뮤니케이션의 핵심을 배운다

한 가지 종류의 말하기와 글쓰기를 배우면 모든 종류의 말하기와 글쓰기가 더욱 향상될 것이다. 나는 물론이고 학생들이 수행하는 대표적인 일들은 다음과 같다.

- 학회에서 연구 발표하기
- 기술 저널에 발표할 논문 작성하기
- 수백 명의 청중을 대상으로 강의하기
- 자금 조달 제안서 작성하기
- 비즈니스 청중을 대상으로 연구 결과 설명하기

- 편집자에게 지원 요청 편지 보내기
- 시상식 만찬에서 저녁식사 후에 강연하기
- 포스터나 게시판을 통해 설명하기
- 리뷰 작성하기
- 추천서 작성하기
- 학위 논문 방어하기
- 취업 인터뷰하기

이러한 활동에서 발휘하는 능력은 다음과 같은 커뮤니케이션 과제에도 광범위하게 적용될 수 있다.

- 벤처 캐피털리스트 대상으로 사업 아이디어 발표하기
- 고객에게 제품 판매하기
- 책임자에게 개발 계획 발표하기
- 컨설팅 결과 설명하기
- 연구 그룹의 권고 사항 전달하기
- 해당 분야를 잘 모르는 고위층에게 간략한 설명하기
- 패널 토론 진행하기
- 의견서 작성하기
- 인터뷰 진행자와 협업하기
- 동료에게 영감 불어넣기

이러한 과제에 대한 경험으로 나는 어떤 한 종류의 말하기와 글쓰기를 배우면, 모든 종류의 말하기와 글쓰기를 더욱 잘할 수 있게 된다고 믿게 되었다.

이 책의 1부에서는 핵심 아이디어를 소개하며 모든 종류의 말하기와 글쓰기에 포함된 공통적인 요소들을 배울 수 있다. 2부에서는 이러한 핵심 아이디어를 바탕으로 프레젠테이션을, 3부에서는 교수법을, 4부에서는 글쓰기를, 5부에서는 디자인 등을 설명하면서 6부에서 특별한 사례에 초점을 맞추어 살펴보고 있다. 결국에는 이 책 전체를 읽어야 하지만 당신이 필요한 부분부터 먼저 읽어도 상관없다.

자신의 목소리를 찾을 수 있다

나는 1만 미터 상공에서 지루한 시간을 보내다 기내 잡지 하나를 집어 들었다. 그곳에는 역대 최다 우승자인 알파인 스키 선수 잉에마르 스텐마르크Ingemar Stenmark의 인터뷰가 실려 있었고, 그 인터뷰는 내게 아주 훌륭한 조언이 되었다.

인터뷰 진행자는 스텐마르크에게 어떻게 그렇게 많은 우승을 할 수 있었는지 물었고 스텐마르크는 다른 스키 선수들을 관찰하고 분석하여 일부 기술을 자신의 신체와 전반적인 스타일에 맞게 적용했다고 답했다.

이 책을 읽는 동안 당신은 스텐마르크처럼 내 조언을 분석하고 그중 일부를 자신의 스타일에 맞게 적용할 것이다. 그런 다음 더욱 효과적인 커뮤니케이터가 될 수 있는 원칙을 알게 되면 어디에서나 그 원칙을 찾을 것이고, 훌륭한 말과 글을 접할 때 왜 그 말이나 글이 좋다고 생각하는지, 자신의 스타일에 적용하고 싶은 원칙이 무엇인지 스스로 질문하게 될 것이다. 결국 인문학에 종사하는 친구들의 말처럼 당신 자신의 목소리를 찾게 될 것이다.

이 책에서는 많은 원칙을 제시하기 때문에 모든 원칙에 부합하는 사람을 찾기는 어려울 수 있다. 다만 이 점은 명심하라. 제안된 원칙 중 일부를 위반하더라도 여전히 훌륭한 연사와 작가는 존재하지만, 모든 원칙을 위반하는 훌륭한 연사와 작가는 없다는 사실을 말이다.

커뮤니케이션을 구성하는 방법을 배우면서 당신은 생각을 정리하고 강점과 약점을 파악하며 중요한 것에 집중하는 방법, 그리고 말과 글로 이루어지는 커뮤니케이션에서 핵심 요소를 파악하고 기억하는 방법에 대해 배울 것이다.

약속한다. 이 책을 읽는 당신은 말을 잘하고 글을 잘 쓰는 방법을 배우게 될 것이며 이 책을 읽는 데 들인 시간에 대해 커다란 보상을 얻게 될 것이다. 즉, 가르칠 때는 역량이 강화될 것이라는 약속으로 시작하고 그 약속을 이행했다는 사실을 알리면서 마무리해야 한다는 점을 배울 것이다. 나는 프롤로그에서 역량 강화를 약속하고 에필로그에서는 그 약속을 이행했다는 사실을 말하고 있다.

1부

핵심

"
성공은 말을 잘하고 글을 잘 쓰는 능력,
그리고 아이디어의 질에 따라 결정될 가능성이 높다.
"

패트릭 헨리 윈스턴 | 미국 컴퓨터 과학자이자 교수, 작가

1장
설득의 핵심

이번 장에서는 상대방이 당신 자신이나 당신의 아이디어, 제품을 긍정적으로 생각하도록 설득하는 데 적용할 수 있는 커뮤니케이션 원칙을 배운다. 특히 프레젠테이션을 발표하거나 글을 쓸 때, 상대방이 당신의 말을 경청하고 당신의 글을 읽도록 유도하기 위해 시작과 마무리를 어떻게 해야 하는지에 대한 방법을 배울 것이다.

곧바로 핵심을 말하라

나는 캘리포니아주 샌디에이고에서 미 해군 연구자문위원회NRAC의 위원으로 활동하면서 많은 시간을 보낸 적이 있다. 이 위원회는 미 해군에서 과학과 기술을 자문했던 이사회의 옛 이름이다. 한 번은 텍사스 대학의 윌리엄 웰던William Weldon 교수와 콜로라도 대학의 딜로레스 에터Delores Etter 교수와 함께 피시마켓 레스토랑에서 식사를 했다.

대화는 자연스럽게 새로운 교수를 채용하는 주제로 흘러갔고 나는 운 좋게도 이런 질문을 하게 되었다. "면접에서 중요하게 보는 것은 무엇인가요?"

딜로레스 교수는 "지원자는 자신의 비전을 이야기하고 그 비전을 달성하기 위해 그동안 어떤 일을 했는지를 보여주어야 합니다."라고 답했고 윌리엄 교수도 이에 동의했다.

내가 다시 "그런 내용을 전달하는 데 주어진 시간은 얼마나 되죠?"라고 묻자 윌리엄 교수가 대답했다. "5분을 넘기면 안 됩니다."

5분이라니! 이 말은 교향곡처럼 이야기를 전개할 수 없다는 의미이다. 즉 중요한 아이디어와 놀라운 결과를 아껴두었다가 마지막에 클라이맥스를 터뜨리는 방식으로 말할 수 없고 곧바로 핵심을 전달해야 한다는 것이다.

이 5분 법칙은 면접뿐만 아니라 아이디어를 발표하는 모든 상황에 적용된다. 상대방이 당신의 말을 확실하게 듣도록 하는 데 주어진 시간은 고작 5분이다. 당신 자신과 회사의 비전, 그리고 그 비전을 달성하기 위해 했던 일을 매력적으로 보여주지 못한다면 그들은 자리는 지키고 있을지 모르겠지만, 곧 다른 생각에 빠져 점심 메뉴를 떠올리거나 문자 메시지에 답하는 등 당신이 아닌 다른 것에 집중하게 될 것이다. 글을 쓰는 경우라면 상황은 더욱 심각해진다. 바쁜 사람들은 글을 읽을 때 몇 초만 보고도 그 글을 읽을지 말지를 결정하니까 말이다.

VSN-C 프레임워크를 사용하라

청중과 독자에게 당신의 비전과 그 비전을 이루기 위해 그동안 당신이 해온 일들을 보여주려면 어떻게 시작하고 끝마쳐야 하는지를 도와주는 프레임워크가 필요하다.

말하거나 글을 쓸 때, 나는 비전-단계-뉴스…기여사항Vision-Steps-News…Contributions 프레임워크를 사용하고 있으며, 이를 간단히 'VSN-C 프레임워크'라고 부른다. 이 프레임워크는 비전을 간단하게 설명하면서 시작하고, 지금까지 수행해온 단계를 열거한 다음, 최근에 일어난 일을 뉴스처럼 전달한다. 마지막으로 기여사항을 정리하며 마무리한다.

이야기의 대부분을 차지하는 설명 부분은 비전, 단계, 뉴스, 그리고 기여사항 사이에 위치하게 된다. 비전-단계-뉴스…기여사항 프레임워크는 말과 글로 표현하는 모든 커뮤니케이션의 기초가 된다.

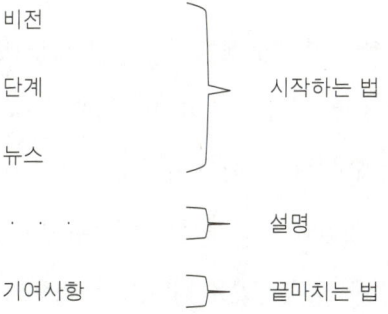

비전으로 시작하라

당신의 비전은 사람들이 관심을 가지는 문제와 그 문제를 해결하는 방법이 결합된 것이다. 문제에 스스로 관심을 가지는 것은 필요하지만, 그것만으로 충분하지 않다. 청중도 그 문제에 관심을 가지도록 만들어야 한다.

대상에 맞는 명확한 비전을 표현하라

언젠가 로드아일랜드주 뉴포트에 있는 해군대학에서 해군 장교들을 대상으로 하는 강연을 미리 연습한 적이 있었다. 강연 내용은 인공지능을 활용하여 음성, 영상, 전기 신호 등을 분석하고 변환하여 유용한 정보를 추출하는 방법을 설명하는 것이었는데, 나는 이 주제가 매우 흥미롭다고 생각했다. 그런데 제럴드 A. 캔 해군 차관보는 그렇게 생각하지 않았는지 이렇게 말했다. "지나치게 학술적이군요." 나는 그의 요지를 이해하고 장교들이 관심을 가질 만한 내용으로 빠르게 강연 내용을 바꾸었다. 해군의 임무 수행에 미치는 위협과 그 해결책으로 내용을 바꿈으로써 이제 비전은 신호 처리에서 잠수함 탐지로 초점이 옮겨졌다.

만약 청중이 기술 기업가나 벤처 캐피탈리스트라면 돈을 버는 새로운 방법을 찾고 싶을 것이다. 따라서 저렴한 복제 형태의 범용 로봇을 제작하여 판매한다는 계획을 제시하는 발표자에게 관심을 가질 가능성이 크다. 대기업 제조 부문의 부사장이라면, 원가 절감을 위한 새로운 방법에 관심이 있을 테니 낮은 비용으로 생산성을 높이는 로봇을 만들어 원가 문제를 해결해주는 발표자에게 주목할 것이다.

청중이 학자들이라면 호기심이 많아 다양한 주제에 관심을 보이겠지만, 이들은 자신의 분야에서 해결되지 않은 문제에 가장 큰 관심이 있을 것이다. 그러니 해결되지 않은 문제 중 하나를 찾아 새로운 시각을 제시하는 발표자에게 주목할 것이다.

대상에 맞는 명확한 제목을 사용하라

비전이 담긴 슬라이드 제목을 단순하게 '비전'이라고 붙여야 할까? 그럴 수 있지만 때로는 대상에 맞는 명확한 제목을 붙이는 것이 더 낫다. 예를 들어 위협, 기회, 목표, 가설과 같은 비슷한 단어 몇 가지를 떠올릴 수 있다.

수행했던 단계를 열거하라

비전, 즉 문제를 인식하고 그 문제를 해결할 방법이 있다는 확신을 보여주었다면 이제 이를 위해 어떤 성과를 이루었는지를 제시해야 한다. 먼저 신중하게 도출한 계획을 설명하고 그 계획에서 적어도 한 단계의 진전을 이루어낸 사실을 이야기하며 지적인 기량을 입증해야 한다. 그러나 여기서 주목할 점은 과거의 모든 이력을 보여줄 필요는 없다는 것이다. 너무 사소하거나 뻔하며 실패한 단계는 생략해도 괜찮다. 현재 진행 중인 일에 대한 당신의 생각을 전달하는 것이 중요하다.

아이젠하워 대통령은 1957년 미연방안보위원회 준비회의에서 "계획 그 자체는 쓸모없지만, 계획을 세우는 것은 가장 중요하다."라고 말했다.

교수직이나 연구직에 지원할 때는 모든 단계를 완료할 필요가 없다. 흥미로운 다음 단계는 당신을 채용할 운이 좋은 이 조직에서 진행될 것이라는 점을 강조하면 된다. 다른 곳에서 한 일을 다듬는 데 전념할 사람을 고용하려는 조직은 없을 것이기 때문이다.

그러나 일반회사에 지원할 때는 상황이 다르다. 이때는 완료한 단계에 집중해야 한다. 중요한 것은 새로운 일을 할 준비가 되었는지가 아니라 성공을 재현할 수 있을지의 여부이다.

뉴스를 발표하라

이제 막 완료한 단계는 방금 그것을 끝마쳤기 때문에 뉴스가 된다. 그것을 대대적으로 요란하게 발표하는 것이 중요하다. 수행한 일을 먼저 보여주고 그 일을 어떻게 했는지는 발표나 글의 뒷부분에서 설명하겠다고 하라.

이런 식으로 하면 청중에게 과거가 아닌 현재의 일을 설명하고 있다는 확신을 심어줄 수 있다. 프레젠테이션*이나 글은 지금의 일, 오늘 일어난 흥미진진한 사건, 열정, 그리고 내일과 다음주에 일어날 일을 담아야 한다. 그래야 청중과 독자는 다른 사람보다 자신이

---

* 프레젠테이션에 대해 더 공부하고 싶다면, 카민 갤로Carmine Gallo의 《어떻게 말할 것인가(2014년 국내 출간)》를 추천한다. 많은 사람이 시청한 성공적인 테드 강연에 관한 이야기가 담겨 있다.

먼저 알게 되는 특권을 누린다고 생각하게 된다.

이어서 본론을 말하라

비전을 명확히 설명하고 수행했던 단계를 보여준 후, 이제 본론으로 들어가야 한다. 개요에서 언급한 내용을 바탕으로 수행한 일을 자세히 설명하라. 강연의 본론을 여러 부분으로 나누는 것이 좋다. 이렇게 하면 요점을 정리할 수 있고, 주의가 분산된 청중의 관심을 다시 끌 수 있다.

청중마다 기대가 다르기 때문에, 예를 들어 기술 강연의 경우 청중은 슬라이드의 제목으로 문제 설정, 방법, 결과, 성공 이유, 실패 이유 등을 기대할 것이다.

기여사항으로 마무리하라

청중과 독자를 설득하기 위해서는 항상 '기여사항'이라는 제목의 슬라이드를 작성하고 이를 바탕으로 강연을 마무리해야 한다. '감사합니다'라는 단어만 포함된 슬라이드로는 아무도 설득할 수 없다.

글을 쓸 때도 기여사항이나 이와 유사한 적절한 제목의 섹션으로 마무리하는 것이 중요하다. 기억에 남을 방식으로 당신이나 회사가 기여한 사항을 요약하라. 엔지니어링 역량, 과학 연구, 비즈니스 안목, 군사 준비태세, 비영리 단체의 성과 등이 될 수 있다.

문제의 어려움이나 타인의 업적, 다음 계획만 장황하게 늘어놓는다면 '결론'이라는 제목의 슬라이드나 섹션으로는 누구도 설득할 수 없다.

> **알아야 할 사항**
>
> - 핵심을 바로 전달하라.
> - 비전으로 시작하라. 즉, 해결할 가치가 있는 문제와 그 문제를 해결할 방법을 제시하라.
> - 비전을 실현하기 위해 수행하고 있는 단계를 설명하라.
> - 뉴스, 즉 최근에 있었던 인상적인 기여사항으로 호기심을 자극하라.
> - 도입 단계인 '비전', '단계', '뉴스' 슬라이드 다음에 강연의 본론을 말하라. 이때 본론을 여러 부분으로 나누는 것을 고려하라.
> - '기여사항'이라는 제목을 붙인 슬라이드나 섹션으로 끝마치되 가장 중요한 기여사항을 열거하라. '기여사항'의 유의어로는 '권고', '비즈니스 메시지', '보장된 혜택', '예상 수익', '재능의 활용' 등도 될 수 있다. 그러나 '결론'이라는 제목은 절대로 사용하지 마라.

"
그냥 익숙해져요.
"

미국 셰프이자 작가, 방송인 줄리아 차일드Julia Child는 패트릭 헨리 윈스턴과의 저녁 식사에서 "유명해지면 재미있나요?"라는 질문을 받고 이렇게 대답했다.

2장
기억되기 위한
핵심

'설득의 핵심'(29쪽)에서 VSN-C 프레임워크를 활용하면 상대방이 확실하게 말을 경청하고 글을 읽게 할 수 있다는 것을 배웠다. 이번 장에서는 당신의 프레젠테이션과 글이 기억에 남도록 만드는 5가지 방법을 배우고, 1부 후반부에서는 사람들을 확실하게 이해시키는 방법을 다룰 것이다.

슬로건

말이나 글을 통한 커뮤니케이션에서 사람들이 무엇을 기억하는지 물어보라. 그들이 무언가를 기억한다면, 짧은 슬로건 같은 단어나 구절일 가능성이 높다. 만약 인공지능 분야라면 '포섭 아키텍처', '역전파', '병합연산' 같은 용어를 언급한 사람으로 기억될 수 있다.

때로는 시스템의 이름이 슬로건이 되기도 한다. 예를 들어 스토리 이해 시스템인 '제네시스Genesis' 연구를 주도했던 사람이나 퀴즈쇼 '제퍼디'에 출연한 프로그램 '왓슨Watson' 연구를 이끌었던 사람으로 기억될 수도 있다.

적합한 슬로건을 결정하고 이를 모두에게 확실하게 전달해야 한다. 프레젠테이션에서 "이 연구의 핵심 아이디어, 즉 당신이 기억하길 바라는 아이디어는 〈슬로건〉의 힘입니다."라고 말하면서 슬로건을 강조할 수 있다. 글에서는 제목과 초록, 시작과 끝부분에 슬로건을 포함시키고 글의 중간에 '핵심 아이디어 : 〈슬로건〉'이라는 제목의 섹션을 만들어 슬로건을 강조하라.

심벌

심벌 역시 참조 역할을 한다. 에드워드 터프티Edward Tufte의 《양적 정보의 시각적 표시》에는 샤를 조셉 미나르Charles-Joseph Minard의

▶ 2-1 샤를 조셉 미나르, 나폴레옹의 행군(1869)

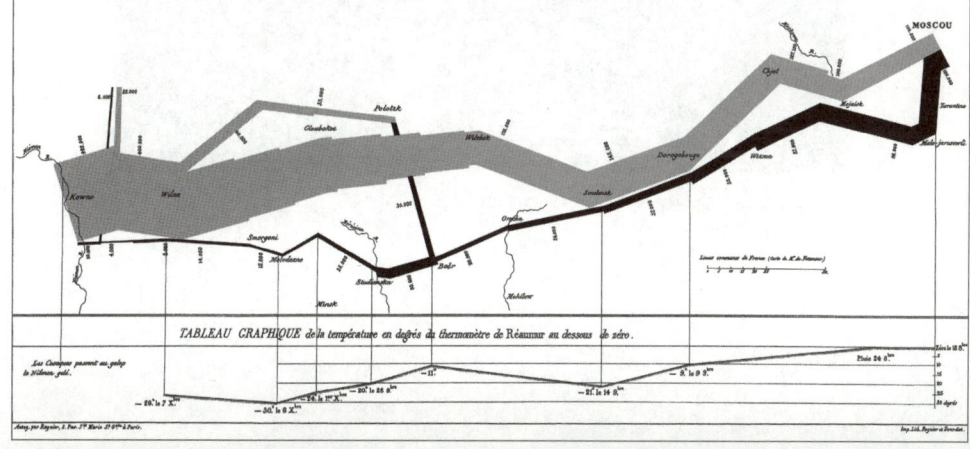

이 그래프는 1812-1813년 나폴레옹의 러시아 원정 당시, 나폴레옹의 군대가 이동한 경로를 나타낸 것이다. 상단의 흐린 색은 원정 군대가 러시아로 진격할 때의 경로를, 밑의 검은 색은 군대가 후퇴할 때의 경로를 나타낸다. 선의 너비는 군대의 규모를 나타낸다. 그래프는 원정 경로의 주요 지점을 표시하며, 주요 도시와 강을 표시하고 있다. 지도 아래쪽의 그래프는 원정 기간 동안의 온도 변화를 보여준다. 이 그래프는 섭씨 온도와 날짜를 나타내며, 원정이 진행 되는 동안의 기온 변화를 시각적으로 나타내고 있다.

유명한 그래픽에 대한 논의가 담겨 있다. 러시아 안팎에서의 행군을 시각적으로 표현한 이 그래픽은 나폴레옹이 러시아를 침공했을 때 발생한 일을 보여주는 것으로, 나폴레옹 군대의 축소되는 크기를 포함하여 많은 정보를 제공한다. 미나르의 그래픽은 터프티의 책에서 상징적인 참조 역할을 하였다.

사진, 그림, 지도, 그래프, 그래픽은 아래 사진의 예시처럼 심벌 역할을 할 수 있다.

▶ 2-2 감정을 불러일으키는 로봇 키스멧Kimet(2001). 신시아 브리질

▶ 2-3 심층 신경망에 기반한 구글의 사진 캡션 시스템인 NIC의 놀라운 힘. 오리오 빈얄스의 이미지 제공

일부 심벌은 슬로건과 협력하여 작용한다. 다음 그림에서 심벌은 '아치'이고 슬로건은 '원샷 학습'*이다.

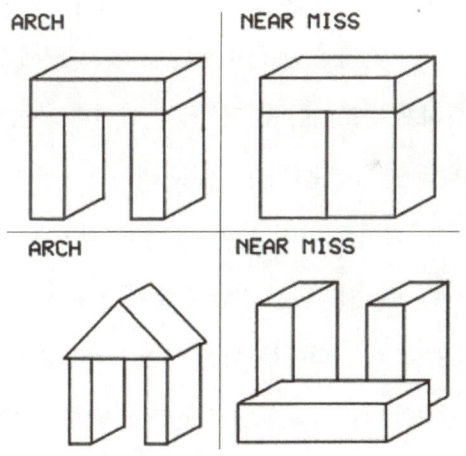

▶ 2-4 윈스턴의 개념 학습 프로그램

---

* AI 모델이 클래스나 범주 당 하나의 예시만으로 새로운 개념을 학습하고 일반화하는 능력을 말한다.

2장 기억되기 위한 핵심　041

윈스턴의 개념 학습 프로그램은 한 번에 이해하기, 즉 원샷 학습을 통해 아치에 대해 확실하게 학습한다. 첫 번째 예시를 통해 두 개의 기둥과 그 위를 가로지르는 상단 구조로 이루어진 기본적인 아치의 일반적인 아이디어를 학습하고, 두 번째 니어 미스 예시를 통해 아치는 측면이 닿을 수 없다는 것을 배운다. 세 번째 예시에서는 아치의 윗부분이 쐐기 모양일 수 있다는 점을 학습하고, 네 번째 니어 미스 예시를 통해 기둥이 상단을 지지해야 한다는 것을 이해한다.

핵심 아이디어

프레젠테이션에는 놀랍고 좋은 아이디어가 너무 많을 수 있지만, 대부분의 사람들은 일반적으로 3가지를 넘지 않는 아이디어만 기억할 수 있다. 따라서 말이나 글에서는 한두 개 또는 세 개의 핵심 아이디어만 명확하게 강조해야 한다. '핵심 아이디어'는 단순히 중요한 것뿐만 아니라 눈에 띄는 아이디어를 의미한다. 아이디어가 너무 많으면 많은 아이디어를 가진 사람으로 기억될 수는 있지만, 특정 아이디어의 소유자로 기억되는 것만큼 좋지는 않다.

그렇다면 특정 아이디어를 핵심 아이디어라고 어떻게 표현할 수 있을까? 몇 개의 단어나 문장으로 간단히 말하면 된다. 슬로건은 종종 핵심 아이디어의 라벨 역할을 하므로 핵심 아이디어를 표현할 때 슬로건을 사용할 수 있다. 다양한 저자들이 논문에서 핵심 아이디어를 표현한 방법은 다음과 같다.

- 섀넌Shannon (1948) : 각 통신 채널은 '채널 용량'을 가지며 해당 속도 이하로 전송할 경우 오류 없이 전송할 수 있는 정보 코딩이 존재한다.
- 왓슨Watson과 크릭Crick (1953) : 데옥시리보핵산은 아데닌-티민과 시토신-구아닌 쌍으로 연결된 두 가닥의 '이중 나선' 구조이다.
- 크리제브스키 외Krizhevsky et al. (2012) : 최신 컴퓨팅 자원을 이용하면 수천만 개의 매개변수를 가진 '심층 신경망'을 구축할 수 있다. 1970년대에 호기심에서 시작된 이 기술은 40년이 지난 후 세상을 바꾸는 기술로 발전했다.
- 버윅Berwick과 촘스키Chomsky(2016) : 인간은 복합적이고 깊게 중첩된 설명을 구성할 수 있는 '병합' 연산을 수행하므로 다른 종과는 다르다.
- 윈스턴Winston과 홈즈Holmes (2018) : 버윅과 촘스키의 병합 연산은 복잡한 관계와 사건 설명을 가능하게 하여 매우 중요하다. 우리가 이러한 설명을 사용하여 '이야기를 만들고 말하며 이해할 때' 우리의 지능은 영장류 사촌보다 더 높은 수준에 도달한다.

서프라이즈

우리는 모두 놀라운 일, 서프라이즈를 사랑한다. 저녁 식사 자리나 파티에서 사람들은 서로의 놀라웠던 경험을 나누곤 한다. 따라서 연구 결과에 놀라운 요소가 있다면 반드시 그 내용을 강조해야 한다. 다양한 저자들이 논문에서 서프라이즈를 표현하는 방법은 다음과 같다.

- 윈스턴(1970) : 이 연구의 놀라운 점은 프로그램이 진화하는 모델과 니어 미스 예시 사이의 차이점에 주목함으로써 각 예시에서 명확한 것을 학습할 수 있다는 것이다.
- 브룩스Brooks (1991) : 이 연구의 놀라운 점은 곤충 수준의 로봇이 장애물을 피하면서 돌아다니고 지역을 탐색하기 때문에 특정 장소를 찾기 위해 세상에 대한 내부 모델이 필요하지 않다는 것이다.
- 응우옌 외Nguyen et al. (2014) : 이 연구의 놀라운 점은 심층 신경망이 식별된 분류와 전혀 다르게 보이는 이미지에도 속을 수 있다는 것이다.
- 윈스턴(2018) : 이 연구의 놀라운 점은 이야기 처리 프로그램이 스스로 이야기를 생성하고 처리하여, 프로그램에 일종의 자기 인식을 부여할 수 있다는 것이다.

이야기

나는 이 책 전체에 우리가 이야기를 사랑한다는 점을 강조했다. 우리는 단순히 아이디어와 결과뿐만 아니라 그것을 누가 어떻게 개발했는지도 알고 싶어 한다. 그녀는 왜 그 문제를 연구하기 시작했을까? 그는 누구와 함께 일했을까? 그들은 서로 어떻게 상호작용했을까? 사무실 칠판 앞에서였을까, 아니면 해변을 거닐면서였을까? 그들은 잠을 설쳤을까? 얼마나 오랫동안 막혀 있었을까? 깨닫게 된 순간이 있었을까? 누군가는 꿈을 꾸었을까? 다음에는 무슨 일이 일어날 것 같다고 생각했을까?

어떻게 말할 것인가

먼저 이 책을 어떻게 쓰게 되었는지 살펴보자. 이 책은 수십 년 전 어느 날 우연히 나눈 대화에서 시작되었다. 그날 나는 연구실에서 대학원생 로버트 쇼버그와 함께 방금 들은 끔찍한 강의에 대해 투덜거리고 있었다. 로버트가 말했다.

"교수님, MIT의 독립활동 기간에 '말하는 법'에 대한 강연을 해주셨으면 해요." 나는 대답했다.

"아니야. 나는 B+ 넘는 수준의 강연을 해본 적이 없어. 그리고 강연이 끝나면 한 달 동안은 강연 결과 때문에 마음이 좋지 않을 거야. 준비하는 것만 해도 일주일은 걸릴 테고, 무엇보다 아무도 오지 않을 거야."

"제가 갈게요." 그가 말했다. 어쨌든 그의 말은 설득력이 있었다. 그때부터 나는 MIT 학부생 시절부터 시작해서 그동안 다양한 전문가들로부터 배웠던 말하기에 관한 내용을 떠올려보기 시작했다.

▶ 2-5 매년 MIT의 우주의 중심이라 불리는 강의실 10-250에서 열리는 '어떻게 말할 것인가' 강연 모습. (치아이 타카하시의 이미지 제공)

- 데이비드 J. 피터슨에게 말할 때 구두점을 사용하는 법을 배웠다.
- A.R. 거니에게 소품의 힘을 배웠다.
- 아마르 보스에게 집중을 방해하는 요소를 차단하는 법을 배웠다.
- 발레 노타에게 연습용 다이어그램을 그리는 법을 배웠다.
- 마빈 민스키에게 열정의 중요성을 배웠다.
- 랜달 데이비스에게 약속으로 시작하는 것을 배웠다.
- 제럴드 제이 서스먼에게 사물의 이름이 주는 힘을 배웠다.
- 이 외에도 많은 사람에게 피해야 할 것이 무엇인지 배웠다.

실제로 나의 첫 번째 '어떻게 말할 것인가' 강연에는 100여 명의 사람들이 모였다. 이후로 나는 계속 강연을 했고, 현재 이 강연은 MIT 전통이 되어 매년 수백 명이 참석하고 있다.

찢어진 힘줄 이야기

20여 년 전 나는 MIT에 '인간 지능 기업The Human Intelligence Enterprise'이라는 과목을 새로 개설하기로 결정했다. 이 과목은 논문을 읽고 토론하는 데 중점을 두었으며 튜링과 민스키의 초기 논문부터 아직 출판되지 않은 연구까지 모든 것을 다루었다. 기술적인 내용뿐만 아니라 '어떻게 말할 것인가' 강연에서 나온 커뮤니케이션 원칙도 논의했다. 말하기, 글쓰기, 연구 제안서, 의견서, 사업 평가서, 의사결정 방법, 설득 방법, 정보 전달 방법 등 다양한 주제를 포함했다. 학생들의 열렬한 반응 덕분에 우리가 논의한 내용 중 일부를 책으로 정리하려고 생각했지만, 항상 너무 바빠서 실행에 옮기지 못했다.

그러던 중 불행히도 나는 계단에서 넘어져 슬개골의 대퇴사두근 힘줄이 찢어지는 사고를 당했다. 장거리 달리기를 마친 후에 발생했기 때문에 나는 이를 스포츠 관련 사고라고 생각하고 싶었다. 힘줄이 붙은 후에도 몇 주 동안 병원 침대에서 다리보호대를 착용한 채 누워 있어야 했고, 여느 때처럼 커다란 스크린 앞에 앉아 프로그래밍할 수 없었기에 나는 무척 지루했다.

그러던 어느 날, 나는 문득 물리치료 지침서 뒷면에 책의 개요를 메모하기 시작했고 이를 바탕으로 노트북에 몇 개의 단편을 휘갈겨 썼다. 적어도 '인간 지능 기업' 수업에 필요한 내용으로 활용할 수 있을 것 같았다. 그리고 다시 커다란 스크린 앞에 앉을 수 있게 되었을 때는 어느새 150쪽이 완성되어 있었다. 이 정도면 책을 쓸 수 있을지도 모른다는 생각이 들었고, 결국 힘줄이 완전히 나을 무렵 그 150쪽은 이 책으로 발전하게 되었다.

윈스턴의 별을 통해 확실하게 기억되다

잘 짜여지고 명확하게 식별되는 슬로건, 심벌, 핵심 아이디어, 서프라이즈, 이야기가 결합되어 당신과 당신의 연구를 더욱 기억에 남도록 만든다. 이 5가지 요소는 모두 S로 시작하여 기억하기 더욱 쉽다. 또한 이 모든 요소는 각 점을 형성하여 '윈스턴의 별'이라고도 부른다.

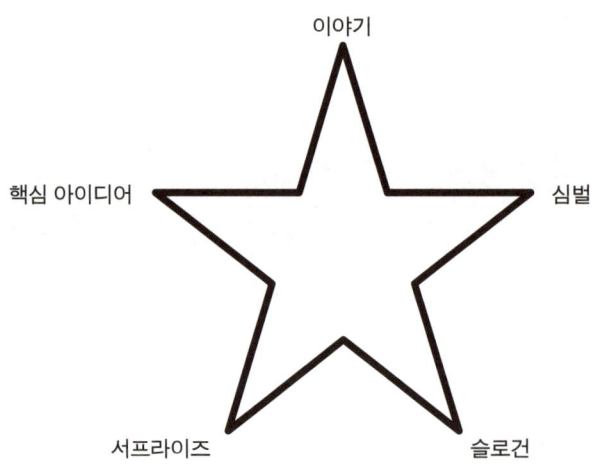

▶ 2-6 모든 프레젠테이션과 논문에는 5가지 요소가 모두 있어야 한다.

이 장에서는 윈스턴의 별을 구성하는 모든 요소가 눈에 잘 띄게 나타난다. 슬로건은 '윈스턴의 별'이며 심벌은 별 모양의 이미지이다. 서프라이즈, 즉 놀라운 점은 큰 노력 없이도 연구 결과를 훨씬 잘 기억하게 만들 수 있다는 것이다. 핵심 아이디어는 별 안에 있는 요소들을 추가하기만 하면 된다. '어떻게 말할 것인가'와 '찢어진 힘줄 이야기'는 자신의 경험을 이야기함으로써 독자의 흥미를 유발한다.

알아야 할 사항

- 간결한 슬로건을 강조하라.
- 상징적인 심벌을 포함하라.
- 서프라이즈를 확인하라.
- 핵심 아이디어를 알려주어라.
- 이야기를 말하라.

> **인간은 이야기에 중독된 종이다.**

조너선 갓셜Jonathan Gottschall | 미국 교육자이자 작가

3장
교수법의 핵심

이 장에서는 교수법에 필요한 전략의 핵심 요소를 배울 것이다. 이를 통해 당신의 강의실과 책에 더욱 큰 효과를 가져올 수 있다. 앞서 '설득의 핵심'에서도 말과 글로 설득하는 전략의 핵심 요소를 배웠기 때문에 중복되는 내용이 있을 수 있다.

역량 강화 약속으로 시작하라

학생을 가르친다면 당신의 강의를 듣거나 당신이 쓴 글을 읽은 후 학생들이 무엇을 할 수 있을지, 또는 무엇을 하길 바라는지를 명확히 해야 한다.

이 책에서는 말하기와 글쓰기의 기술을 배울 수 있다. 커뮤니케이션에 투자하는 시간은 당신에게 그 어떤 투자보다도 더 큰 보상을 가져다줄 것이다.

스토리텔링을 하라

우리는 스토리텔링을 하는 존재이다. 인간은 이야기를 전하고 이해하며 구성하는 능력 덕분에 다른 모든 동물과 차별화된다. 이러한 이유로 나는 인공지능 연구에서 이야기를 창작하고 전달하며 이해하는 인간의 능력을 설명하는 이론 개발에 중점을 두고 있다.

인문주의자인 조너선 갓셜도 이야기 능력이 우리를 차별화시킨다는 데 동의한다. 그의 저서 《스토리텔링 애니멀 : 인간은 왜 그토록 이야기에 빠져드는가》(2014년 출간)에서 그는 "이야기는 현실 세계를 위한 모의 비행 장치와 같다."라고 쓰고 있다. 그는 모든 장을 이야기로 시작하는 것이 당연하다고 여긴다.

갓셜에 따르면, 인간은 설명을 추구하는 종이기 때문에 설명이 없을 때 이야기를 만들어내는 경향이 있다. 이야기는 통계보다 더 큰 영향력을 발휘한다. 10대가 담배를 피우지 않도록 하고 싶다면 통계는 잊어버려라. 폐기종으로 고통받는 사람들의 이야기를 전하라. 일러스트를 포함하면 더욱 효과적이다.

이야기는 어디에나 있다

많은 분야에서 교수법은 사례 연구를 분석하는 것을 의미한다. 법학, 비즈니스, 의학이 대표적인 예로 떠오르지만, 이는 이야기를 바탕으로 하는 교수법의 수많은 학문 분야 중 3가지에 불과하다.

- 사례 연구를 통해 법학, 비즈니스 및 의학을 가르친다.
- 동화를 통해 아이들에게 위험이나 선과 악을 이야기한다.
- 전래동화를 통해 문화의 다양한 측면을 전달한다.
- 우화를 통해 종교적인 가르침을 제공한다.
- 문학을 통해 인간의 조건을 드러낸다.
- 전기와 역사를 통해 인간 및 사회적 성향을 설명한다.

과학과 공학은 예외라고 생각할 수 있지만 사실 그렇지 않다. 동료인 제럴드 제이 서스먼Gerald Jay Sussman은 회로 설계에 대한 깊은

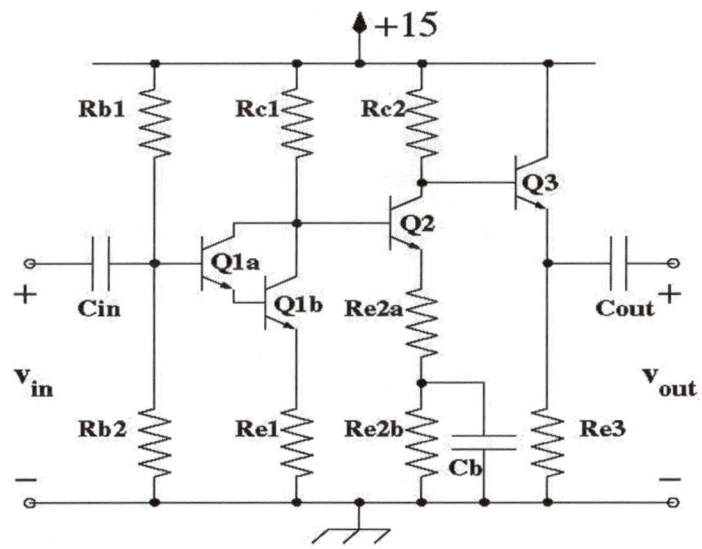

▶ 3-1 회로를 설명할 때, 마치 스토리텔링을 하는 것처럼 보인다. 신호가 왼쪽에서 들어와 입력 커패시터를 거쳐 제1 트랜지스터의 베이스에 나타난다. (제럴드 제이 서스먼의 이미지 제공)

3장 교수법의 핵심　**053**

지식을 가지고 있다. 그는 신호가 모든 구성 요소를 통과하는 과정을 이야기 형태로 설명한다. 마치 회로도가 일종의 스토리보드인 것처럼 말이다.

이야기는 원칙과 방법을 가르친다

표절 금지 원칙을 생각해보라. 표절의 어리석음을 보여주는 이야기는 무수히 많다. 표절을 확인하는 것은 쉽고 표절한 사람이 중요한 위치에 오르면 항상 발각된다. 이 원칙을 가르칠 때 나는 몇 가지 표절 사례를 들어 이 점을 설명하고 강조한다.

그렇다면 문서 처리나 자동차 수리와 같은 기술은 어떻게 될까? 이러한 많은 기술은 다양한 절차를 따르며, 절차를 따른다는 것은 마치 이야기를 순서대로 설명하는 것과 같다.

이야기는 생각하는 법을 가르친다

가르치는 사람에게 가장 중요한 것이 무엇인지 물어보면 '생각하는 법'이라고 대답할 가능성이 크다. 그렇다면 생각하는 법을 어떻게 가르칠 수 있을까? 그 대답은 미래를 대비하는 선례로서 이야기를 들려주는 것이다. 1775년 3월 23일 제2차 버지니아 대회에서 미국 독립 혁명의 지도자인 패트릭 헨리Patrick Henry는 역사상 아주 유명한 '자유가 아니면 죽음을 달라'라는 연설을 통해 이 점을 강조했다.

내가 가는 발길을 인도할 등불이 나에게는 딱 하나 있습니다. 그것은 경험의 등불입니다. 미래를 판단하는 기준은 과거밖에 없습니다.

학생을 가르칠 때, 단순히 무엇을 해야 하는지뿐만 아니라 아이디어가 어떻게 발전했는지도 이야기해준다면 큰 도움이 될 것이다. 이야기 속 인물들의 특징을 언급하여 이야기에 생동감을 불어넣는 것이 중요하다. 그들은 과연 비전이 있었고 끈기와 열정이 있었는지, 아니면 단순히 운이 좋았던 것인지, 그들이 천재였는지 혹은 예리한 사람이었는지, 그리고 그들이 토요일 오후에 모든 것을 해냈는지 아니면 수년간의 고군분투 끝에 성취했는지를 살펴보아야 한다.

약속을 이행하라

일단 약속을 했으면 이행해야 하고, 이행했으면 그 사실을 말해야 한다. 학생들은 약속을 이행한 사실을 모를 수 있으므로 명확하게 말해주어야 한다. 강의실에서 다음의 유사한 표현을 사용할 수 있다.

- 이제 보름달이 평평하게 보이는 이유를 알게 되었다.
- 이제 납을 금으로 바꾸는 법을 알게 되었다.
- 이제 당선되는 법을 알게 되었다.

글을 통한 교육에서도 처음에 제시한 역량 강화 약속을 이행했다는 사실을 언급해야 한다. 그래서 이 책에서도 각 장은 역량 강화 약속으로 시작하고, '알아야 할 사항'에서는 이행한 약속을 확인하는 내용으로 끝난다. 또 같은 이유로 프롤로그는 '역량이 강화될 것'이라는 제목으로, 에필로그는 '역량이 강화되었다'라는 제목으로 구성되었다.

이제 당신은 역량 강화 약속으로 시작해야 한다는 점을 알게 되었고, 이야기가 왜 중요한지 이해하게 되었으며, 약속을 이행했다는 사실을 언급해야 한다는 것도 깨달았을 것이다. 따라서 더 나은 선생이 되는 방법을 설명하고 학생에게 영감을 줄 가능성을 높였기 때문에, 약속을 이행한 셈이다.

> **알아야 할 사항**
>
> - 강의를 시작하거나 책의 첫 장을 시작할 때, 먼저 역량 강화 약속으로 시작해야 한다.
> - 약속을 이행했다는 사실을 확실히 언급해야 한다.
> - 인간은 이야기를 사랑하고 이야기는 모든 수준의 교육에서 중심이 되기 때문에 스토리텔링이 필요하다.

이번 장에서는 모든 유형의 커뮤니케이션을 위한 아우트라인 작성법을 배운다. 특히 형식적인 아우트라인의 문제점과 깨진 유리 모양의 아우트라인 작성법을 배움으로써, 아우트라인을 더욱 쉽고 효과적으로 작성할 수 있다.

형식적인 아우트라인을 작성할 수 있다

말하거나 쓰고 싶은 것을 구성할 때 먼저 형식적인 아우트라인을 작성할 수 있다. 이런 아우트라인을 때로는 하버드 아우트라인이라고 부르는데, 이 아우트라인의 특징은 계층구조로 이루어져 있다.

I. 주요 부문

    A. 주요 하위 부문

        1. 세부 하위 부문

        2. 다른 세부 하위 부문

    B. 다른 주요 하위 부문

II. 다른 주요 부문

    A. 두 번째 주요 부문의 주요 하위 부문

    B. 두 번째 주요 부문의 다른 주요 하위 부문

이 책을 쓸 때 위와 같은 아우트라인을 작성하기로 했다면 다음과 같은 모습일 것이다.

I. 핵심

    A. 이 책을 통해 역량이 강화될 것이다.

        1. 이것은 설득하고 가르치는 사람을 위한 책이다.

        2. 이것은 말을 하고 글을 쓰는 사람을 위한 책이다.

        3. …

    B. 설득하는 방법

    C. …

II. …

하버드 아우트라인을 배울 때 나는 종종 강력한 주의를 받았다. 각 로마 숫자, 영어 대문자, 아라비아 숫자 뒤에는 반드시 마침표를 붙여야 한다. 하위 부문은 하나만 있을 수 없고 적어도 두 개는 있어야 한다. 하위 항목이 더 필요하면 다음 단계에는 소문자를 사용해야 한다.

컴퓨터가 흔하지 않던 시절 타자기를 사용하면서 이런 아우트라인을 작성하는 것은 굉장히 고통스러운 일이었다. 중간에 내용을 삽입하려면 처음부터 다시 시작해야 했기 때문이다.

깨진 유리 아우트라인을 작성해야 한다

경직성은 창의성을 억누른다. 하버드 아우트라인을 작성할 때 어떤 항목이 로마 숫자 수준인지, 영어 대문자나 아라비아 숫자 수준인지 고민하느라 시간을 낭비하게 된다. 해변에 누워 있거나 카페에서 커피를 마시고 있을 때, 노트북 없이 아우트라인을 작성해야 한다면 어떻게 할까?

바로 이때 '깨진 유리 아우트라인'이 필요하다. 이는 마인드맵과 유사하지만 약간 깨진 유리처럼 보이는 시각화 도구이다. 중앙에 제목을 쓰면서 시작하고, 주요 하위 부문에 대해 방사형으로 펼쳐진 바큇살인 스포크spoke를 그린다. 그 스포크에서 세부 하위 부문에 대한 또 다른 선이 뻗어 나오는 형태이다.

'교수법의 핵심'을 처음 작성할 때, 아우트라인은 다음과 같았다.

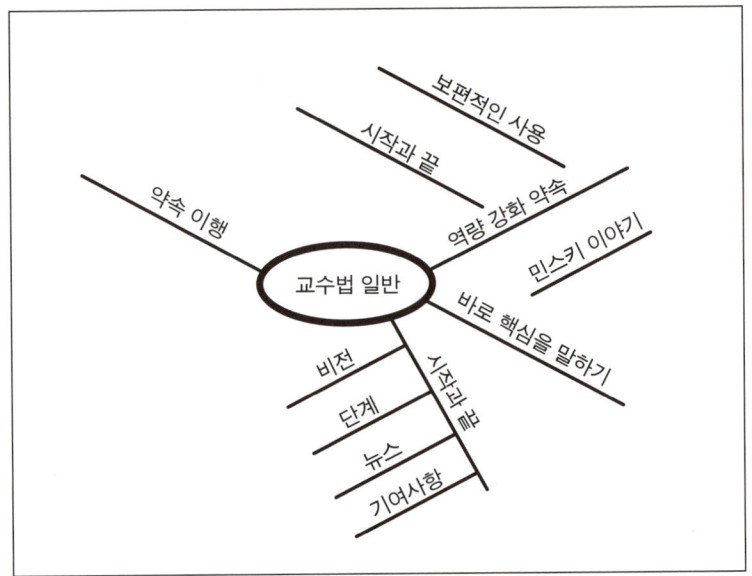

▶ 4-1 처음에 그린 '교수법의 핵심'에 대한 깨진 유리 아우트라인

작성한 아우트라인은 하룻밤 동안 그대로 두었다. 그리고 아침에 일어나서 아우트라인이 마음에 들지 않아 수정하기 시작했다.

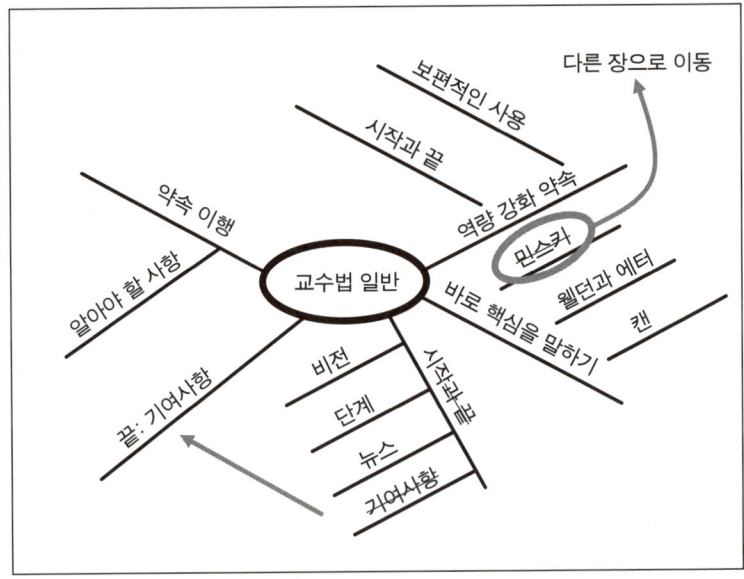

▶ 4-2 두 번째로 그린 '교수법의 핵심'에 대한 깨진 유리 아우트라인

취소 선과 부연 설명을 주목하라. 취소 선에는 최근 삭제된 사항이 기록되어 있다. 부연 설명으로 특정 종류의 작업, 즉 수정 혹은 추가 등을 쉽게 표시한다. 그리고 화살표로 몇몇 요소를 이동시킨다. 로마 숫자, 문자, 아라비아 숫자를 전혀 쓰지 않기 때문에 변경을 막는 요소는 없다.

표준형 스포크로 시작하라

'1장 설득의 핵심' 내용을 보면, 4개의 표준형 스포크로 시작할 수 있다. 슬라이드로 발표를 한다면 각 스포크가 하나의 슬라이드가 될 것이다. 20분 분량의 발표를 준비하는 경우에 4개의 스포크를 완성하면 슬라이드의 약 40%를 작성한 것이나 다름없다.

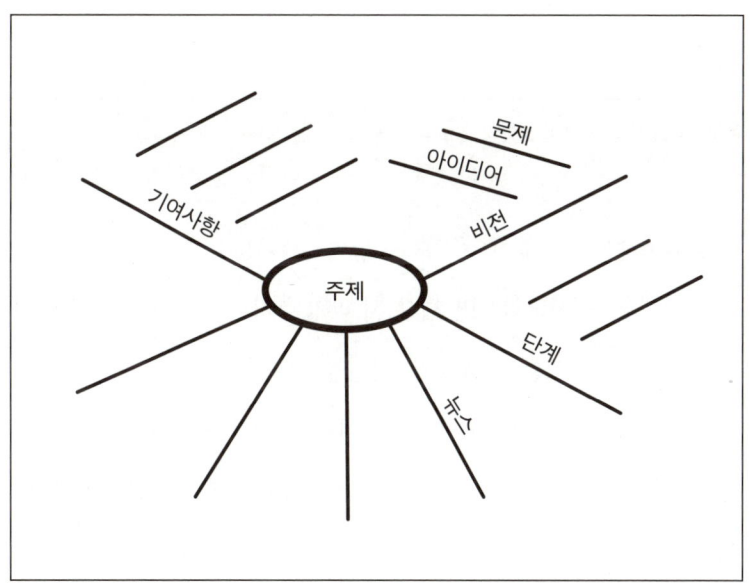

▶ 4-3 설득에 대한 4개의 주요 스포크: 비전, 단계, 뉴스, 기여사항, 그리고 세부 하위 부문을 위한 선

마찬가지로 '3장 교수법의 핵심'을 살펴보면 강의나 책의 챕터마다 시작, 이야기, 끝을 담는 표준형 스포크가 있다는 것을 알 수 있다.

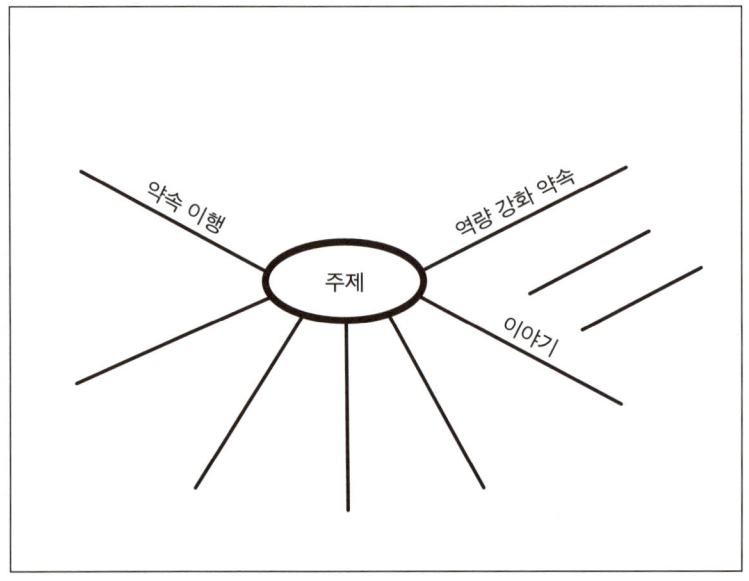

▶ 4-4 교수법에 대한 3개의 표준형 스포크: 역량 강화 약속, 이야기, 약속 이행

세부 사항을 추가하라

전체 구조가 작성되었으면 세부 사항을 추가할 수 있다. 설득을 위한 강연의 스포크를 살펴보자. 비전을 설명할 때 문제점을 파악하고 접근법과 관련된 아이디어를 확인한다. 단계에서는 자신이 수행했던 일을 떠올린다. 뉴스에서는 최근에 있었던 인상적인 결과를 선택하고 기여사항에서는 '가설을 세웠다', '개발했다', '보여주었다'와 같은 능동사를 사용하여 기여한 내용을 명확하게 설명한다.

그런 다음 비어 있는 다른 스포크 부분을 작업한다. 이때 한 곳에서 여러 단계를 내려가면서 깊이 우선으로 작업할 수도 있고, 모든 기존 스포크에 다음 단계를 추가하면서 너비 우선으로 작업할 수도 있다. 줄을 그어 지우거나 부연 설명을 하고, 재배열하는 선을 추가하거나 분리했다가 다시 연결할 수도 있다. 삭제하거나 처음부터 다시 시작할 수도 있다.

아우트라인 구조의 균형이 맞지 않으면 모든 것이 균형을 맞출 때까지 확인하면서 수정한다. 예술적 감각이 있다면 색연필로 부연 설명을 달 수도 있고, 다른 사람이나 그룹과 공동 작업을 하고 싶다면 보드에서 작업할 수도 있다. 이 방식은 유연하고 실제로 효과 있으며 실용적인 해결책이다. 어쩌면 이 방식은 나중에 'MIT 아우트라인'으로 불리게 될지도 모르겠다.

그림을 그리면 더 똑똑해진다

그림을 그리면 시각적 사고 능력이 활성화되어 아이디어가 어떻게 서로 맞물리고 흐르는지를 시각적으로 확인할 수 있다. 시각적 사고가 활성화되면 몰랐던 아이디어를 발견할 수 있으며, 그중 하나가 주요 아이디어를 대체할 수도 있다.

스케치가 그림으로 발전하듯이, 깨진 유리 아우트라인의 스포크를 따라가다 보면 아이디어가 어떻게 발전했는지 떠올릴 수 있다. 깨진 유리 아우트라인이 제대로 완성되면, 원한다면 하버드 아우트라인으로 변환할 수 있다.

깨진 유리 아웃라인은 학습에 도움이 된다

지금까지 깨진 유리 아웃라인이 설득이나 교육을 위한 준비에 도움이 된다는 것을 배웠다. 또한 이 아웃라인을 작성하면 듣거나 읽는 내용을 이해하고 가장 중요한 사항을 기억하는 데 도움이 된다. 주티안 양Zhutian Yang의 그림처럼 표준 스포크는 무엇을 찾아야

▶ 4-5 깨진 유리 아웃라인은 강의실에서 있었던 로버트 버윅과 함께한 질의응답 세션의 핵심 사항을 담은 것이다. (주티안 양의 이미지 제공)

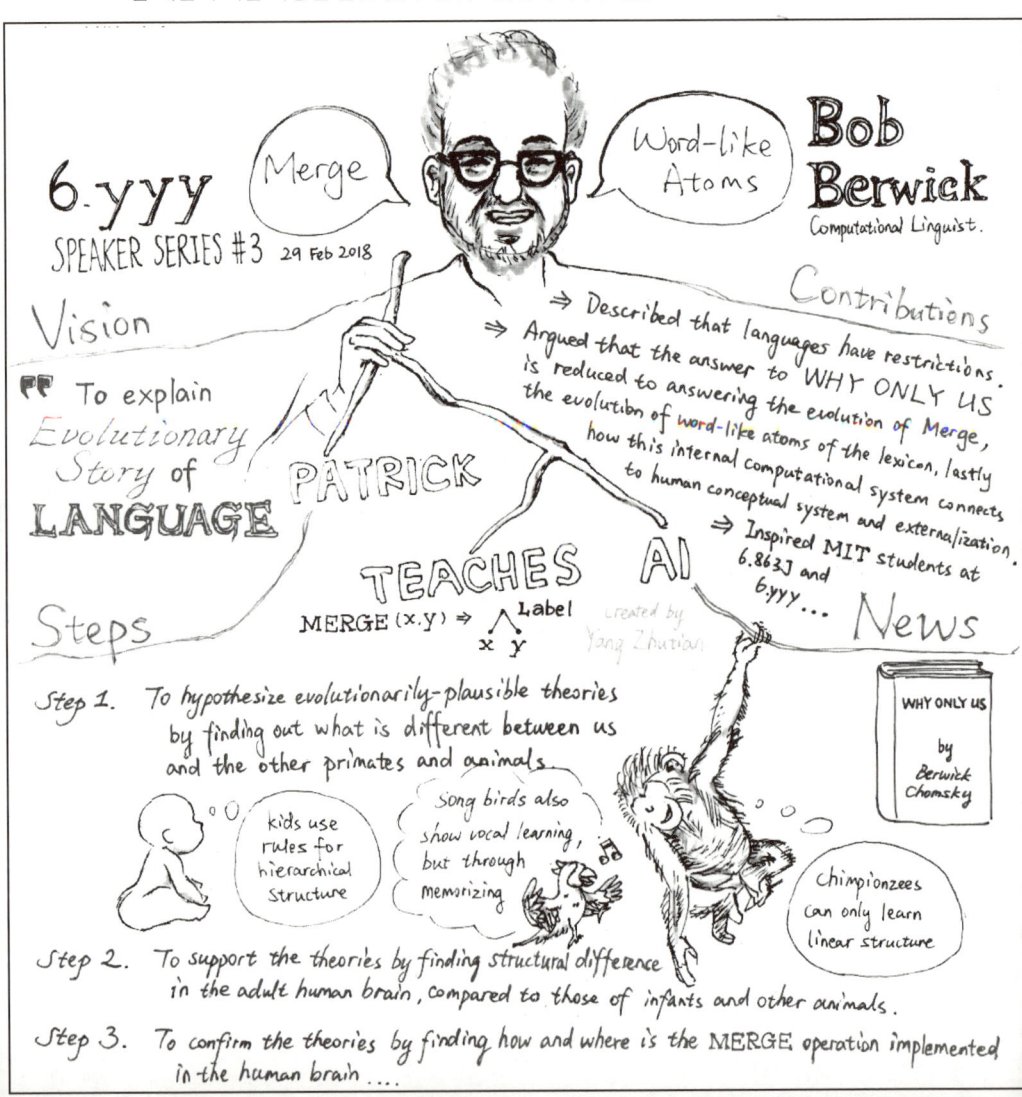

하는지를 알려준다. 표준 스포크를 배열하고 추가하는 것은 자신에게 이야기를 들려주는 것과 같다. 이야기를 들려주면 배우고 기억하는 데 도움이 된다.

깨진 유리 아우트라인은 창작에 도움이 된다

깨진 유리 아우트라인은 아이디어를 정리하고 메모하는 것뿐만 아니라 창의적인 탐색을 위해서도 사용할 수 있다. 이외에도 클러스터링Clustering과 마인드 맵핑Mind mapping이 있는데, 이는 깨진 유리 아우트라인처럼 시각화를 사용하여 창의적 사고를 자극하는 방법론의 이름이다.

> **알아야 할 사항**
> - 유연하고 쉽게 수정할 수 있는 깨진 유리 아우트라인을 사용하여 형식적 아우트라인의 경직성과 어색함을 피하라.
> - 설득의 경우 깨진 유리 아우트라인은 일반적으로 4개의 핵심 스포크인 비전, 단계, 뉴스, 기여사항을 포함한다.
> - 교수법의 경우 깨진 유리 아우트라인은 일반적으로 3개의 핵심 스포크인 역량 강화 약속, 이야기, 약속 이행을 포함한다.

"
비평은 유쾌하지 않지만 우리에게 꼭 필요한 요소이다. 비평은 때때로 몸에 통증을 느끼는 것과 같은 아픔을 가져오기도 하지만 동시에 상황이 불건전하게 발전하는 것에 대한 경각심을 일깨워 준다. 이러한 비평에 잘 반응하면 위험을 예방할 수 있지만 억누르면 치명적인 질병이 발생할 수도 있다.
"

윈스턴 S. 처칠 Winston S. Churchill | 영국 정치인이자 총리

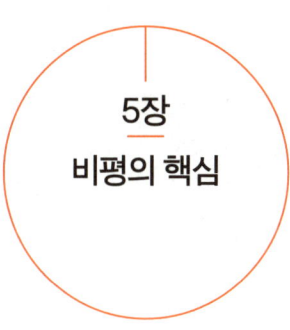

이번 장에서는 모든 종류의 커뮤니케이션을 위해 검토자를 선정하고 지도하는 법, 그리고 바람직한 비평을 하는 방법에 대해 배울 것이다.

검토자를 신중하게 선택하고 순서를 정하라

어떤 발표자들은 발표 당일 친구, 동료, 심사위원들이 놀라도록 잘하고 싶어하는 경우가 많고, 어떤 작가들은 비평가를 초대하지 않으려는 경향이 있다. 그렇다면 이들은 과연 선생님 없이 음악을 배우거나 코치 없이 스포츠에 도전할 수 있을까?

더 나은 설득력을 갖춘 교사가 되기 위해서는 말하기와 글쓰기에 대한 정확한 비평이 필요하다. 심지어 교사와 코치에게도 그들만의 멘토가 존재한다. 그러므로 당신의 작업을 이미 알고 있는 친구들에게만 도움을 요청해서는 안 된다.

또 연습과 피드백을 받기 위해 대상을 선택할 때는 한 번에 한 사람씩 순차적으로 진행해야 한다. 그렇지 않으면 모두가 명백한 결점에만 집중하게 되어 더 미묘한 결점은 가려질 수 있다. 먼저 드러나는 결점을 수정한 후 그다음 사람으로 넘어가야 한다.

잔인한 정직함을 요구하지 마라

친구들, 특히 친한 친구와 가족은 프레젠테이션의 결점에 대해 지나치게 관대할 때가 많다. 그들은 당신의 기분을 상하게 하고 싶지 않기 때문이다. 이런 문제를 해결하기 위해 중요한 순간에 실수하고 싶지 않은 당신은 친구에게 잔인할 정도로 정직한 피드백을 요구할 수도 있다. 그러나 안타깝게도 이러한 요구는 당신에게 별로 도움이 되지 않는다. 친구는 당신이 고칠 수 없는 부분을 비판할 수도 있고, 이는 결국 당신을 낙담시키고 심지어 포기하게 만들 수도 있는 것이다.

개선이 가능한 부분을 질문하라

'일본 제품은 쓰레기'라는 인식이 가득했던 시절이 있었다. 그러나 제2차 세계대전 직후 맥아더 장군은 일본 경제의 회복을 위해 에드워즈 데밍W. Edwards Deming을 일본으로 초청했다. 데밍은 일본이 쓰레기 제조국에서 세계가 부러워할 만한 산업국으로 발전하는 데 큰 도움을 주었다. 그 이후로 일본 과학기술연맹은 매년 데밍 상을 수여하고 있다.

데밍이 쓴 《위기 탈출Out of the Crisis(1986)》*은 전사적 품질경영 Total Quality Management(TQM)**으로 알려진 경영 철학으로 가득하다. 예를 들어 데밍은 연례 평가의 목적이 성적을 매기는 것이 아니라 잘된 점과 가장 큰 영향을 미칠 수 있는 개선 사항을 파악하는 것이라고 강조했다. 그는 사람들에게 채점자가 아니라 코치가 필요하다고 말한다.

커뮤니케이션 평가도 마찬가지다. 친구들에게 도움을 요청할 때 모든 측면에서 점수를 매기는 채점 양식을 사용하는 것이 좋다. 하지만 다음과 같은 양식은 절대로 사용하지 마라.

평가

A B C D 지식이 풍부하다.

A B C D 이해하기 쉽다.

A B C D 권위적이다.

A B C D 열정적이다.

A B C D 따뜻하다.

A B C D 편안하다.

…

---

* 《위기탈출 경영혁명》(2020년) 국내 출간.
** 고객 만족을 달성하기 위해 주로 제품과 서비스 품질 관리에만 주력했던 기존 방식에서 벗어나, 기업 활동의 전반적인 분야의 품질을 높이는 데 주력하는 경영 방식이자 이념을 말한다.

불행히도 점수는 개선하기 위해 무엇을 해야 하는지 알려주지 않는다. 또한 D에서 특정 점수를 올리는 데 많은 에너지를 쏟을 수도 있지만, 실제로는 중요한 항목의 B를 A로 만드는 데 더 집중해야 할 수도 있다.

따라서 친구에게 채점 양식을 주지 말고 대신 발표나 글이 더 나아지기 위해서 무엇을 해야 하는지 생각해달라고 요청하라. 채점 양식은 필요 없다. 그냥 "가장 크게 개선해야 할 곳은 어디일까?"라고 물어보라.

최대한 개선할 수 있는 부분을 질문하는 것은 자존심 상할 일이 아니다. 이는 모든 발표자, 심지어 최고의 발표자라도 해야 하는 질문이다. 평가가 아니라 개선 사항을 묻는 질문이기 때문에 친구가 대답하기도 쉽다. 따라서 최대한 개선할 부분을 묻는 질문은 개선이 필요한 가장 중요한 영역을 파악해달라고 요청하는 것이다. 그뿐만 아니라 구체적으로 무엇을 해야 하는지도 물어보라. 즉, 열정 항목에서 A를 획득하느냐 D를 획득하느냐가 중요한 것이 아니라 더 많은 열정을 어떻게 표현할 수 있는지에 관한 것이다. 예를 들어 "그리고 제 생각에는 그것이 정말로 흥미롭다고 생각합니다."와 같은 몇몇 문장을 강연 도중에 첨가하면서 목소리에 흥분을 담아 말하는 것이다.

또한 검토자에게 주의를 집중해야 할 부분에 대한 다음과 같은 지침을 제공할 수 있다.

- 불필요한 군더더기 말을 하는지
- 질문을 던지듯이 말끝을 올리는 업토크를 사용하는지
- 내가 하는 일에 대해 흥분하고 열정적으로 보이는지

이러한 지침이 없다면 친구들은 당신의 발표나 글에서 특히 중요한 부분에 집중하지 못할 수도 있다. 또한 나중에 친구들에게 다음과 같은 퀴즈를 내어 당신이 시도한 방법이 실제로 효과가 있었는지 확인할 수도 있다.

- 나의 비전은 무엇인가?
- 내가 지금 달성한 것은 무엇인가?
- 가장 중요한 기여사항은 무엇인가?

실행할 수 있고, 원칙에 입각한 긍정적인 조언을 하라

조언할 때는 조언을 받는 사람보다 자신이 더 똑똑하다거나 교육을 더 많이 받았다는 것을 증명하려고 하지 마라. 목표는 투입 에너지 대비 최대의 개선을 통해 발표나 글을 개선하도록 돕는 것이다. 조언에 관한 3가지 결론은 다음과 같다.

- **실행 가능해야 한다.** 무언가를 개선해야 한다는 단순한 언급이 아니라, 해야 할 일을 제시해야 한다.

- **원칙에 입각해야 한다.** 해야 할 일을 제시할 뿐 아니라 그 이유도 함께 설명해야 한다.
- **긍정적이어야 한다.** 조언을 받는 사람이 낙담하지 않고 활력과 원동력을 얻을 수 있어야 한다.

예를 들어 "마지막 슬라이드는 형편없어!"라고 말하는 것은 실행 가능성도 없고, 원칙도 없으며, 긍정적인 요소도 없다. 대신 이렇게 말하라.

"마지막 슬라이드에 기여사항을 열거하면(실행 가능성) 많은 노력을 기울이지 않고도 훨씬 더 좋은 강연을 할 수 있다(긍정적). 다른 슬라이드보다 더 오래 보여지는 그 슬라이드는 당신이 중요한 일을 수행했다는 사실을 청중들에게 알리고 설득하는 데 도움이 될 것이다(원칙에 입각한)."

적시에 비평하라

프레젠테이션을 비평할 때 언제가 가장 좋은지 하는 질문에 많은 사람들이 발표 직후라고 즉각적으로 대답한다. 물론 내용에 대한 비판은 지침이 되고 자극이 될 수 있으므로 곧바로 하는 것이 좋다. 그러나 발표 방식에 대한 비판은 발표자가 다음 발표를 준비할 때 하는 것이 더 효과적이다.

발표자가 자신의 프레젠테이션이 만족스럽고 심지어 훌륭했다고 생각하는 상황에서 즉각적으로 비판을 듣게 된다면 자존심이

상할 수 있다. 반면 발표자가 나중에 같은 내용으로 비판을 받는다면 겸손한 마음으로 받아들일 가능성이 높다. 문제를 인식한 발표자가 개선의 모습을 보여줌으로써 더욱 나아질 수 있기 때문이다.

검토자에게 미완성된 글을 보여주지 마라

많은 문화권에서 "반쯤 완성된 작업을 바보에게 보여주지 마라."라는 속담이 있다. 이 속담의 의미는 완성되지 않은 글을 보여주면 모든 검토자가 바보처럼 보일 수 있다는 것이다. 왜냐하면 그들은 당연히 수정이 필요한 명백한 결점들을 광범위하게 언급할 수밖에 없기 때문이다. 이러한 결점들은 검토자의 주의를 분산시켜 당신이 원하는 깊이 있고 높은 수준의 지침을 제공하는 데 방해가 된다.

익명의 검토자에게서 모진 말이 나올 것을 예상하라

저널이나 출판사를 대신해 일하는 많은 익명의 검토자는 주로 학계 인사들로 구성되어 있으며, 이들은 대부분 대학원생들에게 검토를 맡기는 경향이 있다. 대학원생들은 당신의 작업이 얼마나 잘되었는지와는 상관없이 자신의 지식을 과시하기 위해 글을 비판하는 데 열중할 수 있다.

　이러한 점을 고려할 때 리뷰를 받을 때는 보다 뻔뻔해질 필요가 있으며, 반대로 당신이 다른 사람의 작업을 검토할 때는 보다 건설적인 태도를 가져야 한다.

알아야 할 사항

- 미완성된 작업을 절대로 보여주지 마라.

- 시간과 에너지를 투자했을 때 가장 큰 개선 효과를 얻을 수 있는 부분을 물어보라.

- 익명의 검토자가 모진 말을 쏟아낼 것을 예상하고 각오하되 자신이 검토자일 때는 무례하게 비방하지 말고 건설적인 태도를 취하라.

- 실행할 수 있고 원칙에 입각한 긍정적인 조언을 하라.

- 다음 프레젠테이션을 준비할 때 조언하라.

"

훌륭한 변호사는 너를 감옥에서 구해줄 수 있지만,
천국으로 인도할 수는 없다.

"

미국 변호사 로버트 왓슨 윈스턴Robert Watson Winston이

어린 아들 패트릭 헨리 윈스턴에게 한 말

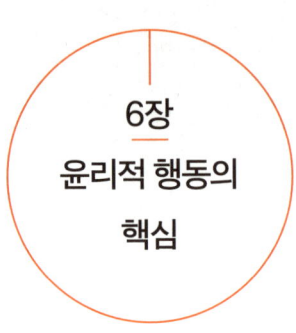

이 장에서는 윤리를 지켜야 하는 현실적인 이유와 설득이 조작으로 변질되는 경계를 넘는 사람에게 맞서는 방법에 대해 배울 것이다.

현실적인 윤리를 생각하라

'윤리적으로 행동하여 높은 가치와 도덕적 책임을 반영해야 한다.' 이렇게 쓰고 이번 장을 마무리할 수 있으면 좋겠지만, 때로는 가치와 책임만으로는 충분하지 않다. 현실적인 고려가 뒷받침되어야 결의를 다질 수 있다.

예를 들어 만약 당신이 윤리에 대한 경멸을 드러내다 적발된다면 한순간에 경력을 망칠 수 있다. 더이상 당신을 신뢰하지 않는 사람들을 대상으로 말하거나 글을 쓰는 것은, 당신 앞에서는 아무리 뛰어난 커뮤니케이션 능력이라도 도움이 되지 않는다.

동료나 상사가 당신 앞에서는 적대적으로 대하지 않고 뒤에서만 속삭이므로 당신은 경력이 망가졌다는 사실조차 모를 수 있다. 사람들의 신뢰를 받지 못했다는 사실도 깨닫지 못한 채, 당신은 그저 능력이 떨어지는 다른 사람들이 승진하는 이유를 궁금해할 뿐이다.

표절하지 마라

내 강의 중 하나는 토론 중심으로 진행되며 정원은 30명으로 제한되어 있다. 첫 주에 나는 학생들에게 다른 사람의 과제를 표절한 경우 운이 좋으면 잡힐 것이라고 말한다. 그렇다. 부정 행위자가 운이 좋아서 적발되면 나는 소리를 지르고 과제에 F를 준다. 그리고 학과장에게 봉인된 편지를 맡기는데, 부정 행위자가 이후에 문제를 일으키지 않으면 개봉되지 않는다.

그런데 대체 여기에 무슨 행운이 있다는 걸까? 부정 행위자가 드러나기 쉽다는 사실을 깨닫고 평생 갈 수 있는 나쁜 습관을 고칠 기회를 얻는 것이다. 그런 습관이 계속 이어지면 어떻게 될까? 당신이 어느 정도 유명해지면 당신과 당신의 아이디어를 좋아하지 않는 사람들은 현대 컴퓨터의 모든 힘을 활용해 당신이 말하거나 쓴 모든 것을 공격할 것이다. 그리고 논문이나 책, 연설문에 표절한 요소가 있다면 누군가 이를 찾아내어 출처와 표절 내용을 나란히 표시된 목록을 게시할 것이다.

혹시 누군가의 작품에 영감을 받아 발표를 하거나 글을 쓰더라도 출처를 하나도 빼놓지 않고 기재해야 한다. 그렇다고 해서 당신의 발표와 글에서 잃는 것은 아무것도 없다.

거짓말하지 마라

내가 지도교수를 맡았던 학부생 중 한 명이 심각한 학업 문제에 휘말린 적이 있었다. 가족 문제나 건강 문제는 전혀 없어 보였지만 그 학생은 이유 없이 강의에 참석하지 못했다. 다른 교수들의 경고를 받은 후 나는 그에게 문자로 연락해서 만날 수 있었다. 그리고 앞으로 더 잘하겠다는 약속을 받아내고 여러 방면으로 도움을 주며 그 학생이 잘되기를 바랐다. 하지만 안타깝게도 학기가 끝났을 때, 그는 네 과목 중 한 과목을 제외하고 모두 낙제했다.

몇 주 동안 그는 충실하게 내 수업에 참석했지만, 어느 날 그는 "질려버렸다."라고 반항적으로 말했다. 나는 그 학생을 용서할 이유를 찾기 위해 다른 교수들과 상의했다. 그러나 그는 과제를 거의 하지 않았고 대부분 시험을 치르지 않았다. 게다가 학기 내내 수업에 출석한 횟수가 3회 정도에 불과하다는 사실을 알게 되었다.

그 학생이 몇 주 동안 충실하게 수업을 들었다고 말했을 때 그것은 대수롭지 않은 작은 거짓말로 여겨졌다. 그의 거짓말 습관이 사소한 것에 그치는지 알 수는 없지만, 그외에는 큰 문제가 없었다. 그러나 그가 중요한 문제에 대해서는 과연 진실한지 전혀 알 수 없었다.

사소한 거짓말은 습관이 될 수 있다. 어릴 적 잘못된 행동에 대해 크게 화를 내는 부모 밑에서 자랐거나, 문제를 피하기 위해 거짓말을 해야 하는 환경에서 자란 결과일 수 있다. 사소한 거짓말이 습관이 되면, 누구에게 어떤 거짓말을 했는지 기억하지 못해 들킬 가능성이 높아진다. 마크 트웨인의 격언을 명심하라.

"진실을 말한다면 아무것도 기억할 필요가 없다."

심각한 거짓말이든 사소한 거짓말이든, 심지어 과장하는 말까지도 언젠가 밝혀지면 신뢰를 잃게 된다. 게다가 말과 행동에 책임을 져야 하는 성인이라면 그 신뢰를 다시는 회복하지 못할 수도 있다.

조작된 데이터를 사용하지 마라

기대와는 다르게 잘못된 결과가 나올 수도 있다. 그렇더라도 수행한 일에 대해 거짓말을 해서는 안 된다. 거짓말은 언젠가 반드시 드러나게 되어 있다. 대학이든 회사든 그곳에서 관용을 베풀면 사직으로 이어질 수 있지만, 만일 용서하지 않으면 해고될 수밖에 없다. 최악의 경우 이 사건은 인터넷에 퍼질 수도 있으며, 그로 인해 당신은 해당 분야에서 영영 다른 일자리를 구하지 못하게 될 수도 있다.

기여한 사람들에게 경의를 표하라

발표와 글을 쓸 때, 도움을 준 사람들을 제대로 인정하지 않는 경우가 종종 있다. 이는 비윤리적일 뿐만 아니라 친구를 적으로 돌리는 행위이다. 글을 쓸 때는 누구의 도움을 받았는지, 누가 영감을 주었는지, 누구의 연구와 교차하는지, 협업한 사람이 누구인지 명확히 밝혀야 한다. 발표할 때도 특히 협업한 사람을 분명히 밝히고, 누가 무엇을 했는지 알려야 한다. 또한 공동 프로젝트가 독립적인 하위 프로젝트로 나뉘는 경우도 있으므로 협업의 특징도 설명해야 한다.

내 연구는 공동 프로젝트의 일부로 진행되었다. 나의 기여사항은 M 모델을 개발하고 실행하는 것이었다. 이 과정에서 다른 모델을 개발하고 실행한 동료들과 긴밀하게 협업했다. 특히 W는 X 모델을 개발하고 실행했고, Y는 Z 모델을 실행했다.

최악의 경우에 당신과 협력자는 누가 무엇을 기여했는지 기억하지 못하는 경우도 있다. 이때도 그 내용을 진실하게 밝혀준다.

X와 나는 이 프로젝트를 함께 진행했다. 우리는 밤늦게까지 칠판에서 브레인스토밍을 하며 매우 긴밀하게 협력했다. 그 결과 누가 무엇을 했는지 구분하기 어려운 상황에 동의한다.

그러나 보통은 누가 무엇을 기여했는지 기억한다. 다양한 형태로 연구의 전반적인 성공에 기여한 협업자의 이름을 여러 슬라이드에서 확인할 수 있다.

반대되는 입장을 언급하라

논쟁이 있을 때는 자신과 반대되는 입장의 장단점을 인용하고, 이를 자신의 입장과 비교하여 공정하게 설명해야 한다. 또한 자신의 주장이 설득력 있는지는 청중의 판단에 맡기도록 해야 한다.

청중의 말을 경청하라

당신이 정보를 제공하는 사람이라면 청중이 무엇을 알고 있는지, 무엇을 알고 싶어 하는지, 그리고 무엇을 알아야 하는지를 파악할 윤리적 의무가 있다. 그렇지 않으면 청중들의 시간을 낭비하게 되는 셈이다. 제품을 판매하는 경우에도 잠재적 구매자들이 무엇을 필요로 하는지를 이해해야 할 의무가 있다. 따라서 당신은 질문을 하고 답을 들어야 한다. 하지만 집중력이 흐트러지면 청중의 대답을 잘 듣지 못할 수 있다. 이럴 때 다시 집중하기 위한 효과적인 방법은 들은 내용을 반복하는 것이다.

선택에 따른 윤리적 의미를 생각하라

이 책에서는 여러 군데에서 존경할 수 없는 인물들과 관련된 사례들을 포함하고 있다. 초기 검토자가 "결점 있는 사람을 포함하지 않는 사례만 다룰 수는 없나요?"라고 질문했을 때 나는 어떻게 해야 할지 확신이 없어서 대학원생들과 이 문제를 논의했다. 그 결과 다음과 같은 의견을 얻었다.

- 연구를 칭찬함으로써 그 사람을 존중하게 되므로 그런 예시는 삭제해야 한다.

- 만약 그것이 알고 있는 가장 좋은 예시라면, 독자에게 이를 드러낼 의무가 있다.
- 결점이나 논란 때문에 예시를 제외하게 되면 점점 더 많은 것을 검열하게 되어 결국 책이 불태워지는 나쁜 상황으로 이어질 수 있다.
- 예시를 유지하되 그 인물의 결점을 지적하고 당신이 반대한다는 것을 분명히 해야 한다.
- 무슨 자격으로 비판하는가, 비판하려면 당신도 죄가 없어야 한다.
- 예시를 유지하되 윤리를 다루는 장에 이 논의 사항을 기록하고 때로는 쉬운 답이 없다는 결론을 내려야 한다.

여기서는 마지막 의견이 채택되었다. 한편으로 일부 설득 기법은 비윤리적일 수 있다. 이는 설득하는 사람이 거짓이나 비윤리적인 아이디어를 전파하는 것을 목표로 할 때 발생한다. 또한 설득하는 사람이 진실한 이야기를 설득력 있게 말하는 것에서 시작해 급기야 선전 선동을 하는 것으로 그 선을 넘는 경우가 있다. 이러한 속임수에 당하지 않도록 조심해야 한다.

의도적으로 이해하기 어렵게 만든 아이디어를 조심하라

나는 동료 교수와 함께 교수직에 지원한 한 후배의 아이디어를 듣고 있었다. 그의 말이 끝나갈 때 나는 동료 교수에게 "어떻게 생각하십

니까?"라고 물었다. 그가 대답했다.

"내용이 쉽게 이해되는 걸 보니 아주 깊이 있지는 않네요."

내용을 모두 이해하지 못하면 깊이가 있다고 생각하는 것이 자연스러운 일일 수 있다. 또한 어떤 상사는 프레젠테이션에 일부러 난해한 내용을 포함하도록 권장한다는 사실도 알고 있다. 하지만 나는 그런 내용을 포함하는 것은 비윤리적이라고 생각한다. 만약 그런 기법을 나에게 사용한다면, 나는 화가 날 것 같다.

인신공격성 비난을 조심하라

타인을 조종하는 데 능한 사람은 그 사람의 생각이 아니라 그 사람 자체를 비난한다. 다른 사람에게 '나약하다'거나 '실패자'라고 말하는 사람은 타인을 조종하는 사람이다. 사소한 비판을 할 때도 그런 식으로 대응하는 사람이라면 그는 약자를 괴롭히는 심리 조종자에 불과하다.

남용된 권위를 조심하라

타인을 조종하는 심리 조종자는 많은 사람들이 인정하지 않는 자신의 아이디어를 변호하기 위해 종종 "모두가 인정한다."라고 말한다. 때때로 그는 유명한 사람의 말을 인용하거나 종교적인 문장을 인용하여 자신의 아이디어를 정당화하기도 한다.

벤자민 프랭클린Benjamin Franklin은 눈빛을 반짝이면서 창세기 1장을 자신만의 장으로 직접 작성하여 의심하지 않는 친구들에게 읽어주곤 했다. 아마도 그는 종교적 관용이 그러한 수단까지 정당화해준다고 생각했을 것이다.

반복과 그래픽 속임수를 조심하라

심리 조종자들은 기회가 있을 때마다 사람들이 믿기를 바라는 특정 문구를 자주 반복한다. "저는 전적으로 부인합니다."와 같은 말이 자주 반복되면, 이는 종종 죄책감을 나타내는 신호일 수 있다. "그는 자신이 결백하다고 말합니다."라고 한다면 그가 누구든 살얼음판을 걷고 있다는 것을 암시한다.

모르긴 해도 가장 유명한 반복가는 로마 정치인 대大카토Cato the Elder였을 것이다. 그는 모든 연설을 "카르타고는 멸망해야 한다Carthago delenda est."라고 끝냈다고 알려져 있다. 말 그대로 카르타고가 파괴되어야 한다는 뜻이다. 그가 어떤 수로水路를 수리해야 한다고 주장했더라도, 여전히 연설 끝에는 "카르타고는 멸망해야 한다."라고 말했을 것이라고 생각된다. 그리고 결국 그의 바람은 이루어졌다. 기원전 146년에 로마는 카르타고를 완전히 멸망시켰다.

한편 우리는 눈으로도 생각한다. 그러나 우리의 눈은 실수로든 의도적으로든 교묘하게 속이는 우아한 그래픽에 쉽게 속고 만다. 그러므로 우리의 판단을 흐리는 그래픽 속임수를 주의해야 한다.

알아야 할 사항

- 말할 때나 글을 쓸 때, 현실적인 윤리를 생각하라. 표절하지 말고 거짓말하지 마라. 위조된 데이터는 절대로 사용하지 마라.
- 반대 의견을 언급하고 공정하게 대하라.
- 훌륭한 경청자가 되어라. 질문하고 대답으로 들은 내용을 반복해서 말하라.
- 예시를 통해 누구를 존중하는지 언급하라.
- 듣거나 읽을 때 속임수에 빠지지 않도록 조심하라. 의도적으로 어렵게 만든 아이디어, 인신공격성 비판, 남용된 권위, 반복적인 말, 그래픽 속임수를 조심하라.
- 연구에 기여한 사람, 특히 협업자에게 경의를 표하라.

2부

프레젠테이션

> 어떤 악기든 쉽게 연주할 수 있다.
> 당신이 해야 할 일은 적절한 순간에
> 알맞은 키를 터치하는 것이다.
> 그러면 악기가 스스로 연주할 것이다.

요한 세바스찬 바흐 Johann Sebastian Bach

1장
시간과 장소를 선택하는 방법

강연 시간과 장소는 발표의 성공을 결정짓는 데 큰 도움이 된다. 이 장에서는 프레젠테이션이나 강의를 할 때 가장 좋은 시간과 장소, 그리고 강의실의 모양과 크기에 대해서도 자세히 알아보자.

늦은 아침이나 오후 중반에 발표하라

물론 당신에게는 강연 시간을 선택할 권한이 없을 수도 있다. 그러나 만약 선택할 수 있다면 오전 11시가 좋다. MIT에서 거의 모든 학생과 교수진은 대부분 밤늦게까지 일하는 편이라 아침 일찍 일어나지 않는다. 나 역시 10시 전에 강연하는 것을 좋아하지 않는다.

그리고 점심 식사 직후에 강연하는 것도 좋지 않다. 식곤증 때문에 집중하기 어렵기 때문이다. 따라서 오후 3시가 적당하다. 이보다 늦은 시간, 즉 하루 일과가 끝나기 직전의 시간도 좋지 않다. 모두 집으로 돌아가 하루의 후반부를 보내고 싶어 하기 때문이다.

저녁 식사 후에 강의할 때는 이야기에 집중하라

나는 웬만해선 저녁 식사 후에 강의하지 않는다. 저녁 6시 이후에는 강의보다 즐거운 이야기와 분위기를 기대하기 때문이다. 어쩔 수 없이 해야 한다면 이때는 흥미로운 이야기를 해야 한다. 유머가 더해지면 성공 확률이 높아진다.

그렇다면 유머는 어느 정도가 적당할까? 저녁 식사 후 강의를 많이 해본 노련한 친구에게 비결을 물어본 적이 있다. 그는 "7분마다 농담을 한 개씩 하지."라고 말했다. 짧게 하라. 전체 시간이 30분이 넘지 않도록 해야 한다.

강의실 모양과 조명이 중요하다

MIT에는 좋은 강의실도 있지만 그다지 좋지 않은 강의실도 있다. 우주의 중심으로 알려진 헌팅턴 홀 강의실은 개인적으로 좋아하는 장소이다.

이 홀은 넓고 좌석이 발표자를 중심으로 약간 곡선으로 배치되어 있어 마치 발표자를 둘러싸고 있는 듯한 느낌을 준다. 덕분에 발표자는 앞줄에 있는 사람들과 쉽게 소통할 수 있다. 이곳에는 대형 칠판이 있으며, 몇 장의 보조 슬라이드를 화면으로 볼 수 있도록 측면에 스크린이 설치되어 있다. 강의가 아닌 강연을 하는 경우에

▶ 1-1 MIT의 헌팅턴 홀 강의실. 강연과 강의를 하기 좋은 곳. (제럴드 제이 서스먼의 이미지 제공)

는 중앙에 있는 대형 스크린을 사용한다. 앞쪽에 입구가 있지만 측면에 위치해 있어 발표자의 시야에서 부분적으로 가려져 사람들이 눈에 띄지 않고 드나들 수 있다.

헌팅턴 홀은 조명이 잘되어 있어 정말로 피곤해야만 잠이 들 수 있을 정도다.

강의실 모양이 좋은 강연을 망칠 수 있다

앞서 말한 강의실과 대비되는 다음 사진을 보자. 어둡고 음산한 홀(1-2)을 보면, 길고 좁아 발표자와 청중이 분리된 느낌을 준다. 게다가 입구가 뒤쪽에 있어 사람들은 발표자와 멀리 떨어진 뒤쪽 자리에 앉다 보니 집중하지 못하는 경향이 있다.

대형 스크린이 있지만 칠판은 없어서 이곳에서 영화를 볼 수는 있겠지만 프레젠테이션은 힘들고 강의도 불가능하다.

만약 이런 장소에서 어쩔 수 없이 발표할 수밖에 없다면 일찍 도착한 사람들을 환영하면서 가능한 앞쪽으로 앉을 것을 권유한다. 나중에 도착한 사람들은 앞쪽에 사람들이 앉아있는 모습을 보면 자발적으로 앞으로 가게 된다.

적당한 규모의 장소에서 말하라

물론 선택권이 없을 수 있지만 선택할 수 있다면 절반 이상이 꽉 찰 장소를 선택하는 것이 좋다. 그보다 적은 인원일 경우 똑똑한 사람들은 오지 않을 것 같은 느낌을 준다. 발표자는 다음과 같은 상황을

▶ 1-2 영화를 보기에는 좋지만, 강의하기에는 나쁘다.

원할 것이다.

모든 좌석에 사람들이 앉아 있고, 일부는 서 있거나 바닥에 앉아야 하는 강의실이 훨씬 더 좋다. 청중이 대략 10명 규모로 적다면 회의 테이블에 앉을 가능성이 크다. 슬라이드를 보여줄 경우 화면 끝에 앉거나 서 있는 것이 좋다. 그래야 청중이 발표자와 스크린 사이를 테니스 경기를 보는 것처럼 눈을 움직이지 않고도 볼 수 있다.

강당의 무대 위에서 발표한다면 청중이 도착하기 전에 무대에서 연설하는 것이 어떤지 확실하게 느껴보아야 한다. 강연의 오프닝과 클로징 멘트를 연습하고, 강연 내용을 충분히 숙지해야 한다. 또한 무대 공포증이 생기지 않도록 무대 위를 움직이며서 익숙해지는 것이 중요하다.

▶ 1-3 헌팅턴 홀 강의실에서 '인공지능 입문' 수업 첫날의 모습이다.

▶ 1-4 나중에는 내가 매년 진행하는 '어떻게 말할 것인가' 강연의 강의실이 가득 찼다. 우리는 그다음 해에 헌팅턴 홀 강의실로 옮겼다. (제스 린Jess Lin의 이미지 제공)

알아야 할 사항

- 발표하기 가장 좋은 시간은 늦은 아침이나 늦은 오후이다.
- 강의실은 좁은 곳보다는 넓은 형태가 가장 좋으며, 발표자를 둘러싸고 있는 느낌이 드는 곳이 이상적이다.
- 밝고 환한 조명이 가장 좋으며, 가능하다면 창문을 통해 들어오는 자연광을 활용하라.
- 뒤쪽에서 입장하는 강의실은 피하는 것이 좋다. 사람들이 뒤에 앉게 되면 강의에 집중하기 어려워진다.
- 강의실 크기는 적어도 절반 이상 채워질 수 있는 곳이 가장 좋다. 강의실이 가득 차면 중요한 일이 일어나고 있다는 것을 분명히 보여준다.
- 회의 테이블에서 발표할 때는 반드시 화면 끝에 앉거나 서 있어야 한다.
- 무대 위에서 강연할 때는 강연을 시작하기 전에 반드시 어떤 느낌일지 미리 느껴보아야 한다.

> 며칠 전 해리스가 진을 쳤던 곳은 여전히 그 자리에 있었고, 최근에 진을 쳤던 흔적도 선명하게 보였지만 병력은 사라졌다. 내 심장은 다시 안정을 찾았다. 내가 해리스를 두려워했던 것처럼 해리스도 나를 많이 두려워했다는 사실이 한순간에 떠올랐다. 이는 전에는 해본 적 없는 생각이었지만, 그 이후로 결코 잊을 수 없는 깨달음이 되었다. 그 사건 이후 전쟁이 끝날 때까지 나는 적과 마주했을 때 항상 어느 정도 불안감을 느끼긴 했지만 두려움을 느낀 적은 없었다. 내가 적군을 두려워하는 만큼 그도 내 군대를 두려워할 충분한 이유가 있다는 사실을 잊지 않았다. 이것은 귀중한 교훈이었다.

율리시스 S. 그랜트 Ulysses S. Grant |
미국 남북전쟁의 북군 총사령관이자 제18대 대통령

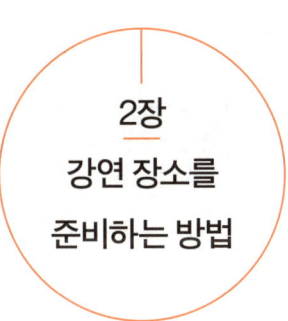

이 장에서는 프레젠테이션 당일에 발생할 수 있는 문제를 피하기 위해 준비해야 할 몇 가지 사항, 즉 조명 조절, 마음의 준비, 그리고 청중에 대한 대비 방법을 배워보자.

장소를 준비하라

강연을 하러 가기 전에 나는 먼저 주최자에게 발표할 장소를 보여달라고 요청한다. 이는 그곳에서 강연할 때 어떤 느낌일지, 그리고 돌발 상황이 발생할 가능성이 있는지를 미리 알고 싶기 때문이다.

어디에 서 있을지 결정하라

일반적으로 강연대에서 벗어나 조용히 살짝 움직이며 말하는 것이 좋다. 그러나 시청각 기술자가 촬영 중이라면 움직이지 말라고 요구할 수 있으므로 이 경우에는 반드시 시각적 자료 가까이에 서 있거나 앉아 있어야 한다.

가상의 청중에게 말하라

강연할 장소를 방문하면 나는 상상 속의 청중에게 처음 몇 문장을 말해본다. 때로는 무관심하고 시끄러운 농장의 동물들을 청중으로 상상하기도 한다. 이렇게 하면 나중에 실제 청중의 태도가 어떻든 간에 기분이 나쁘지 않게 된다.

가까이에 물을 두어라

말을 많이 하다 보면 목이 마른다. 그래서 나는 예기치 않게 구강 건조증이 나타날 때를 대비해 항상 마실 물을 가까이에 둔다. 또한 마시다가 흘렸을 때 얼룩이 남지 않도록 음료가 아닌 물을 준비한다. 강연 중에 무언가를 마시는 것이 어색하다면, 가상의 청중에게 말하는 동안 가끔 물을 마시는 연습을 해보는 것이 좋다.

시청각 재난에 대비하라

그날은 정말 끔찍했다. 나는 슬라이드가 모두 준비되었다고 생각했지만 어찌 된 일인지 노트북과 AV 시스템이 맞지 않았다. 이유는 알 수 없지만 슬라이드가 자동으로 진행되더니 멈출 수 없었다. 몇 번을 다시 시작한 후 시청각 기술자가 "다시 할까요?"라고 물었다. 나는 "이번 생에선 안 될 것 같네요."라고 대답한 후 애초에 하기로 했던 내용을 축약해서 겨우 강연을 끝마칠 수 있었다. 이런 일이 발생할 때마다 비슷한 상황이 다시 일어날 경우를 대비해 재난 리스트에 한 가지를 더 추가했다. 다음은 그 몇 가지 사례이다.

- **무선 마이크가 없다.** 강연대에 매여 있고 싶지 않다면 무선 마이크를 미리 요청하라.
- **노트북과 AV 시스템을 연결하는 어댑터가 없다.** 개인 어댑터 세트를 준비하라.
- **노트북이 고장날 수 있다.** USB에 강연 복사본을 넣어서 가지고 와라.
- **동영상이 실행되지 않는다.** 말로 설명할 수 있게 준비하라.
- **리모컨이 작동하지 않는다.** 시청각 기술자에게 슬라이드 넘기는 것을 부탁하라. "다음 장이요."라고 말하지 말고 대신 다음 장으로 넘겨달라는 의미가 담긴 포착하기 힘든 약간의 제스처를 기술자와 미리 정하라.
- **시청각 설비가 작동하지 않는다.** 출력된 슬라이드를 가져와서 슬라이드 없이 즉흥적으로 발표할 때 아우트라인으로 사용하라.

조명을 최대한 밝게 하라

나는 최종 준비를 하는 동안 누가 조명을 조정할지를 결정한다. 대규모 청중이 있는 강연장이라면 아마도 시청각 전문가가 있을 것이다. 그에게 "조명을 최대한 밝게 해주세요."라고 요청할 수 있다. 하지만 그는 "조명을 어둡게 하면 슬라이드가 더 잘 보일 텐데요."라고 말할지도 모른다. "아마도요. 그런데 눈을 감아버리면 슬라이드를 보는 게 정말 어렵잖아요."

내 강연을 듣는 청중의 상당수는 학생들이고 대부분은 피곤한 상태에 있다. 식사 후 조명을 어둡게 하면 신체는 잠이 들 때라는 신호로 인식된다. 반대로 밝은 조명은 해가 떴으니 일어날 때라는 신호로 받아들인다. 최대한 조명이 밝은 공간에서 쉽게 감상할 수 있도록 슬라이드를 만들어야 한다. 단 파스텔 색상은 피하라. 흰색 또는 밝은 배경에 검은색 텍스트를 사용하는 것이 가장 좋다.

우리 인간은 이야기를 전달하고 이해하며 재구성할 수 있는 메커니즘 덕분에 지능이 다른 영장류와 구분된다.	우리 인간은 이야기를 전달하고 이해하며 재구성할 수 있는 메커니즘 덕분에 지능이 다른 영장류와 구분된다.

▶ 파스텔 색상은 희미하게 보인다. 파스텔 색상을 사용하면 조명을 어둡게 해야 한다. 그런데 조명이 어두우면 모두가 잠들어버릴 것이다. 그러니 검은색 텍스트를 사용하라.

이와 마찬가지로, 검은색 또는 어두운 배경에 흰색 텍스트를 사용하지 마라.

> 우리 인간은 이야기를 전달하고 이해하며 재구성할 수 있는 메커니즘 덕분에 지능이 다른 영장류와 구분된다.

> 우리 인간은 이야기를 전달하고 이해하며 재구성할 수 있는 메커니즘 덕분에 지능이 다른 영장류와 구분된다.

▶ 검은색 또는 다른 어두운 배경 색상을 사용하면 조명이 어두워진다. 그런데 조명이 어두우면 모두가 잠들어버릴 것이다. 그러니 흰색 또는 밝은 색상의 배경을 사용하라.

마음의 준비를 하라

운동 경기를 보러 갈 때마다 선수들이 본인의 순서를 기다리면서 얼마나 많은 스트레칭을 하는지에 놀라곤 한다. 그들은 최고의 기량을 발휘하기 위해 준비해야 할 사항이 있다는 것을 잘 알고 있는 것이다. 발표를 할 때도 마찬가지로 해야 할 일이 있다.

약간 긴장하라

싸움이나 도피 상황에서 긴장은 자연스러운 결과이다. 약간의 긴장된 에너지는 의욕과 열정으로 나타나기도 하므로 좋은 결과를 가져오기도 한다. 그러니 긴장된다고 걱정할 필요는 없다. 그냥 이 장에서 설명한 준비 의식을 개발하고 연습하면 된다. 이러한 의식은 당신의 아드레날린을 적절한 수준으로 유지해줄 것이다.

산책하라

너무 긴장된다면 발표하기 직전에 주변을 빠르게 산책하면서 숨을 깊게 쉬어보라. 그러면 마음이 가라앉을 것이다.

마음의 준비를 하라

프레젠테이션에 익숙한 사람은 긴장하지 않을 수 있다. 오히려 너무 가라앉은 기분 상태가 걱정될 정도이다. 그래서 나는 상황이 괜찮으면 커다란 강연장처럼 음향 시스템을 켜놓고 롤링 스톤즈, 윌 아이엠, 블랙 아이드 피스의 노래를 틀어놓는다. 이런 음악은 아드레날린을 분출시키고 학생들을 깨우기도 한다. 만약 이렇게 하는 것이 너무 유별나다 싶으면 눈에 띄지 않는 이어폰을 사용하면 된다. 이것조차 안 되면 그냥 머릿속에 무언가를 틀어놓는다. 나는 베토벤 교향곡 9번 4악장 〈환희의 송가 Ode to Joy〉를 떠올리곤 한다.

준비운동을 하라

발음을 명확하게 하는 것은 매우 중요하다. 입을 거의 다문 채 말하거나 성대가 준비되지 않은 상태에서 말을 하면, 아무리 전자 앰프 시스템을 사용해도 보완할 수 없다. 운동선수가 시합 전에 근육을 풀어주는 것처럼 배우와 음악가도 공연하기 전에 목을 풀어야 한다. 말할 때도 마찬가지다.

개인적으로 나는 밖으로 나가서 개처럼 짖는 것을 좋아한다. 물론 주변에 아무도 없을 때 하는 편이지만, 가끔은 목을 풀고 있다는 사실을 모르는 주변 사람들이 나를 이상하게 쳐다볼 때가 있다. 이런 시선이 부담스럽다면 다양한 방법으로 기침을 하거나 목을 가다듬는 척하면 된다.

오프닝 문장을 작성해서 암기하라

몇 문장을 신중히 작성해서 암기하고 강연을 시작하면 말이 계속 자연스럽게 흘러나오면서 성공적인 강연으로 이끌 수 있게 된다.

청중을 대비하라

청중이 발표자와 함께한다는 느낌을 받으면 더 잘할 수 있다. 그렇지 못하면 상황은 더 나빠진다. 청중이 긍정적인 태도로 시작할 수 있도록 최선을 다해야 한다.

일찍 도착해서 담소를 나누어라

나는 강연할 장소에 조금 일찍 도착해서 일찍 온 사람들과 담소를 나누는 편이다.

먼저 "안녕하세요. 저는 패트릭 윈스턴입니다."라고 인사하며 대화를 시작한다. 그런 다음 이렇게 묻는다. "특별히 제가 이야기해주었으면 하는 사항이 있나요?" 이런 식으로 몇 명과 이야기를 나누다 보면 친구 몇 명이 생기게 된다. 그 덕분에 나도 좀 더 편안해지고 그들의 태도도 긍정적으로 바뀐다. 이러한 긍정적인 태도는 전염성이 있다.

언젠가 나는 동료인 제럴드 제이 서스먼에게 대규모 강의가 해마다 인기가 다른 이유에 대해 물어본 적이 있다. "이상해요. 학생 수가 300~400명이면 평균 법칙에 따라 매년 같을 것 같은데, 실제로는 그렇지 않아요."라고 말했다.

"대칭이 깨지는 것입니다." 그는 물리학의 심오한 아이디어를 떠올리며 대답했다. 동전 돌리기와 비슷하다. 동전이 안정된 상태에서 바닥에 있으면 앞면이나 뒷면이 정확히 보이지만, 동전이 회전하는 대칭적인 상태에서는 동전이 바닥에 닿을 때 어떤 상태가 될지 알 수 없듯이 말이다. 서스먼이 덧붙였다.

"학생들은 깨닫지 못하지만 모두 다른 사람처럼 되고 싶어 합니다. 그래서 수업 첫날, 학생들은 전반적인 분위기를 감지합니다. 그러다 몇 분이 지나면 자연스럽게 대칭이 깨지고 수업은 고정된 상태에 빠지는 거죠." 내가 물었다.

▶ 2-1 제럴드 제이 서스먼은 항상 매 학기 첫 강의에 행복한 모습의 보조 교사를 앞자리에 앉힌다. (제럴드 제이 서스먼의 이미지 제공)

"그렇다면 첫날 몇 분 동안 잘하지 못하면 그 상태가 고정되고, 그 이후에는 할 수 있는 일이 없다는 건가요?"

그는 "맞아요." 하고 답했다.

처음 몇 분 동안의 중요성을 아는 서스먼은 첫 강의마다 보조 교사를 앞자리에 앉힌다. 그러면 그들은 지시한 대로 만족해하며 자주 고개를 끄덕이고 모든 유머에 크게 웃음을 터뜨린다.

하지만 이런 일을 맡길 만한 보조 교사가 없을 수도 있다. 그럴 때를 대비해 강연 전에 사람들과 미리 친해 놓으면, 사람들은 자연스럽게 고개를 끄덕이고 웃으면서 긍정적인 에너지를 다른 사람들에게도 전파할 것이다.

눈을 마주쳐라

발표를 시작할 때 첫 문장을 말하기 직전에 새로 알게 된 친구들과 눈을 마주친다. 1~2초면 충분하다. 그렇게 하면 그들에게 따뜻한 감정을 보낼 수 있다. 프레젠테이션을 진행하는 동안 화가 나 있거나 비판적이거나 또는 지루해 보이는 사람들 말고, 열정적으로 보이는 사람들에게 집중하라.

알아야 할 사항

- 일찍 발표 장소로 가서 살펴보아라.[*]

- 가까이에 물을 두어라.

- 시청각 설비가 모두 작동하는지 확인하라.

- 조명을 환하게 해서 청중이 확실히 깨어 있도록 하라.

- 긴장하는 것이 좋다는 것을 명심하라. 산책하고 심호흡을 하며 아드레날린을 통제하라.

- 머릿속에서만 재생되는 강렬한 음악으로 마음을 준비하라.

- 목을 풀어라.

- 일찍 도착한 사람들과 담소를 나누어라.

- 만족한 청중과 눈을 맞추어라.

---

[*] 스콧 버컴Scott Berkum은 그의 책 《명연사 명연설 명강의Confessions of a Public Speaker》(2011년 국내 출간)에서 발표 장소를 준비하는 것과 잘못될 수 있는 사항을 설명하고 있다. 그는 매력적이고 재미있으며 매우 유익한 정보를 제공한다.

"
어떤 일이든 시작이 가장 중요하다.
"

플라톤Plato, 《국가론The Republic》

3장
시작하는 방법

이 장에서는 설득을 위한 강연을 시작하는 방법을 배울 것이다. 특히 슬라이드 방식의 강연에 중점을 두고 있다. 이런 강연의 많은 부분은 직업 인터뷰 과정의 일환으로 진행되며 작은 차이로 바쁜 사람들의 관심을 끌 수 있는지를 결정짓는다. 이는 당신이 그 일을 얻을지, 아니면 당신보다 아이디어는 적지만 더 나은 의사소통 능력을 가진 다른 사람이 채용될지를 결정하는 중요한 요소가 된다.

강연하는 것을 기쁘게 생각하라

많은 사람들은 녹화된 영상이나 글에서 동일한 내용을 얻을 수 있음에도 불구하고 강연에 참석하여 행사에 일원이 된 감정을 느끼고 싶어 한다. 그들은 다른 사람들이 무엇을 생각하는지 알고 싶고, 자신이 생각하는 것을 말하고 싶어 한다. 특히 청중은 발표자가 자신의 강연을 즐기며 기뻐하는 모습을 좋아하며 자신들을 위해 특별한 내용을 준비했을 것이라고 기대한다.

스티브 잡스가 2007 맥월드 엑스포 키노트 연설에서 아이폰을 소개할 때 처음으로 했던 말은 "오늘은 제가 2년 반 동안 꿈꿔 왔던 날입니다."였다. 그는 그 자리에 참석하게 된 것을 매우 기뻐했음이 분명하다. 물론 그렇게 거창한 제품을 소개하지 않을 수도 있지만 강연에 참석해서 기쁘고 솔직한 이유는 분명히 있을 것이다.

당신은 이렇게 말할 수도 있다. "이 자리에 있게 되어 영광입니다." 그러나 이런 진부한 표현은 추천하지 않는다. 참석하게 되어 영광이라는 것은 이미 다 아는 사실이며 무엇보다 이런 표현은 시작할 때 흔히 내뱉는 기분 좋은 거짓말처럼 들린다. 누군가 "참석하게 되어 영광"이라고 말하면 나는 예전에 갔던 락 콘서트의 가수가 떠오른다. 그때 그는 "안녕하세요. 보스턴!"과 같은 비슷한 말을 했는데 그 말이 별로 진정성 있게 느껴지지 않았다. 나는 그 스타 가수가 방금 무대 매니저에게 "오늘밤 우리가 있는 곳이 어디라고 했죠?"라고 무심코 질문했을 것이라고 상상했다.

대신 청중이 관심 있는 주제에 대해 얼마나 말하고 싶은지, 그리고 그 주제에 당신이 얼마나 열정적인지를 보여주어라. 또는 해야 할 일을 밝혀내는 일이 얼마나 좋은지, 좋은 추억을 떠올리며 고향에 돌아와서 얼마나 기쁜지를 이야기할 수 있다. 그 자리에 참석하게 되어 정말로 기쁜 이유를 조금만 노력해서 생각해본다면, 마음에 떠오르는 것이 있을 것이다. 아무 생각도 나지 않는다면 애초에 강연을 거절했어야 했다.

비전을 표현하라

비전이 있다는 사실을 청중에게 확신시켜야 하므로 '비전'이라는 제목의 슬라이드로 시작해야 한다. 비전이란 무엇일까? 비전은 2가지 부분으로 구성된다. 첫째, 많은 사람들이 걱정하거나 흥미롭게 생각하는 큰 문제에 집중한다. 둘째, 그 문제를 해결하는 방법에 대한 아이디어가 있다. 다음의 예시가 이를 설명한다.

비전

우리가 컴퓨터를 개발하려면 인간 지능에 대한 설명, 그리고 이야기를 만들고 말하고 이해하는 인간의 능력을 이해해야 한다.

▶ 비전을 설명하라.

문제는 인간 지능을 이해하는 것이고, 아이디어는 인간이 이야기를 처리하는 모델을 만드는 것이다. 이 슬라이드는 비전을 표현하기 위해 '~하려면 ~한다', 즉 'if-then' 방식을 나타낸다. 문제는 'if' 부분에, 접근법은 'then' 부분에 있다.

'서두에 작성할 내용'(262쪽)을 보면, 'if-then' 방식의 오프닝은 비전을 표현하는 여러 방법 중 하나에 불과하다는 사실을 알 수 있다. 몇 가지 방법이 더 있다.

- 흥미로운 이야기 방식
- 큰 질문을 던지는 방식
- 미션을 방해하는 요소를 소개하는 방식
- 새로운 기회를 알리는 방식
- 미래를 상상하는 방식

단계를 설명하라

비전이 명확해지면 다음으로 단계 슬라이드를 발표해야 한다. 단계 슬라이드에서는 계획이 있고 이미 수행한 일을 설명한다.

단계

- 행동을 구체화하라.
- 계산 문제를 만들어라.
- 적절한 표현을 수집하라.
- 하나의 시스템을 실행하라.
- 실험을 수행하라.
- 원칙을 확고히 하라.

▶ 비전을 실현하기 위해 수행하고 있는 단계를 설명하라.

모든 단계를 완료할 필요는 없다. 전체 계획을 보여주고 그 자리에서 "이 단계는 제 계획의 일부이며, 현재 네 번째 단계를 작업하고 있습니다. 현재 시스템을 실행하고 있습니다."라고 발표할 수도 있다.

뉴스로 열광시켜라

발표 직전에 무엇을 할 수 있었는지 또는 바로 무엇을 할 예정인지 모두에게 말하라. 이러한 소식을 전하는 것은 청중에게 참신하고 새로운 것을 볼 특권이 있음을 알리는 것이다. 10년 전에 했던 일을 이야기하는 것이 아니다. 새롭고 흥미진진한 일로 하루, 일주일, 또는 한 달전에 있었던 일을 공유하는 것이다.

뉴스를 설명할 때는 다음과 같은 예시처럼 '최근'이라는 의미가 담긴 단어를 사용하라. 예를 들어

바로 **어제**, 시스템은…

처음으로, **2월**에…

내일, 우리는 이것을 켜서…

'최근'이라는 단어는 피하라. 이 단어는 이집트 피라미드가 건설된 시점과 비교해도 최근이라는 의미로 해석될 수도 있다. 예를 들어 다음과 같은 한 쌍의 슬라이드를 이용해 이렇게 말할 수 있다.

오늘 저는 시스템이 이야기를 이해해야만 할 수 있는 요약에 초점을 두려고 합니다. 제네시스 스토리 이해 시스템이 80문장으로 된 맥베스의 줄거리 요약에서 어떻게 피로스의 승리를 발견하고, 그 개요를 6개의 문장으로 압축하는지를 설명하겠습니다. **지금** 보여드리는 요약은 바로 **지난주**에 이루어진 개선 사항

을 반영하고 있습니다.

뉴스	뉴스
맥베스와 맥더프는 영주다. 맥베스 부인은 사악하고 탐욕스럽다. 던컨은 왕이고 맥베스는 던컨의 후계자이며, 던컨과 맥더프는 코더의 적이다. 던컨은 맥더프의 친구다. 맥베스가 코더를 물리쳤다. 던컨은 맥베스가 코더를 물리쳤기 때문에 행복해진다. 마녀들은 춤을 추고 환상을 보았다. 맥베스가 마녀들과 대화를 나눈다. 마녀들은 맥베스가 왕이 될 것이라고 예언한다. 마녀들이 맥베스를 깜짝 놀라게 한다. 던컨이 코더를 처형한다. 맥베스는 코더의 영주가 된다. 행복해진 던컨은 맥베스에게 상을 준다. 맥베스 부인이 맥베스를 설득했기 때문에, 맥베스는 왕이 되고 싶어 한다. 맥베스는 던컨을 저녁 식사에 초대한다. 던컨은 맥베스를 칭찬한다. 던컨이 잠자리에 든다. 던컨의 근위병들이 술에 취해 잠이 든다. 맥베스는 던컨을 살해하기 위해 경비병을 살해하고 맥베스는 던컨을 찌른다. 맥베스가 왕이 된다. 말콤과 도널베인은 도망친다. 맥베스가 던컨을 살해하고 맥더프는 영국으로 도망친다. 영국으로 도망치기 위해 맥더프는 배를 타고 해안으로 도망친다. 그후 맥더프가 영국으로 도망치자 맥베스가 맥더프 부인을 살해한다. 맥베스는 저녁 식사 때 환각을 본다. 맥베스 부인은 그가 환각을 자주 본다고 말한다. 맥베스 부인이 모두 나가라고 해서 모두 떠난다. 맥베스가 던컨을 살해하자 맥베스 부인은 정신이 혼미해진다. 맥베스 부인은 악몽을 꾼다. 맥베스 부인은 자신의 손에 피가 묻어 있다고 생각한다. 맥베스 부인은 자살한다. 버햄 우드는 숲이다. 버햄 우드는 던시네인으로 이어진다. 맥더프 군대가 던시네인을 공격한다. 맥더프가 맥베스를 저주한다. 맥베스는 항복을 거부한다. 맥더프가 맥베스를 죽인다.	이 이야기는 피로스의 승리에 관한 이야기다. 맥베스가 왕이 되고 싶었던 이유는 맥베스 부인이 맥베스를 설득했기 때문이다. 맥베스가 던컨을 살해한 이유는 아마도 던컨이 왕이었고 맥베스가 던컨의 후계자였기 때문일 것이다. 맥더프는 영국으로 도망친다. 맥베스는 맥더프 부인을 죽였다. 맥더프가 맥베스를 죽인 이유는 아마도 맥베스가 맥더프를 화나게 했기 때문일 것이다.

▶ 두 개의 슬라이드는 뉴스를 전달한다.

    시스템이 분석하는 대상의 크기와 특성만 보여주고 싶기에 첫 번째 슬라이드를 포함한다. 한두 문장을 읽어보라고 제안한 후 잠시 멈추고 청중에게 두 번째 슬라이드를 보라고 한다. 다시 잠시 멈춘 후 두 번째 슬라이드의 내용을 읽어보라고 한다. 이 과정은 약 10초 정도 소요된다. 만약 잠시 멈추지 않았다면 너무 많은 단어를 사용하는 실수를 저질렀을 것이다.

    만약 자연스럽게 걷는 로봇을 새로 개발했다면 그 영상이 뉴스가 될 것이다. 보스턴 다이내믹스Boston Dynamics의 창립자 마크 레이버트Marc Raibert는 항상 흥미로운 뉴스 영상을 제공한다.

▶ 3-1 아틀라스 로봇은 뉴스 영상에서 돋보인다. (보스턴 다이내믹스의 이미지와 영상 제공. QR 코드로 영상을 시청할 수 있다.)

알아야 할 사항

- 그 자리에 참석한 이유를 설명하라.
- 비전을 설명하라, 문제를 식별하고 접근법을 발표하라.
- 비전을 if-then 방식 또는 몇 가지 표준적인 양식을 사용해서 표현하라.
- 계획이 있다는 것을 보여주면서 단계를 설명하라.
- 말하는 모든 것을 최근에 발생한 일로 만들어 뉴스로 열광시켜라.

"
강연의 결론에서 "감사합니다."라고 말하는 것은
치명적이지 않을 수 있지만 종종 기회를 놓치는
실수가 될 수 있다.
"

패트릭 헨리 윈스턴 | 미국 컴퓨터 과학자이자 교수, 작가

이 장에서는 설득 목적 프레젠테이션을 마무리하는 방법을 배울 것이다. 또한 많은 발표자들이 결론 슬라이드에서 일반적이지만 쓸모없는 단어를 사용하여 좋지 않은 결과를 초래하는 경우도 있으므로 이러한 점도 함께 살펴보자.

기여사항으로 마무리하라

마지막 슬라이드의 제목을 '결론'으로 설정하고 싶지는 않을 것이다. 결론은 단순히 가지고 있는 생각일 뿐 성취한 결과가 아니다. 또한 결론은 최종적인 느낌을 담고 있다. 더 수행하거나 논의하고 후속 조치를 취하거나 흥미로울 만한 일이 없다는 것을 암시한다.

슬라이드 연구 발표에서 마지막 슬라이드는 다른 슬라이드보다 더 오랫동안 표시되므로 중요한 위치를 차지한다. 질문에 답하거나 토론이 시작되거나 휴식시간 전 마지막 발표자가 되는 경우, 마지막 슬라이드는 20분 동안 화면에 표시될 것이다. 따라서 다른 대안은 없다. 제목은 '기여사항'으로 설정해야 한다.

'기여사항'이라는 제목을 사용하면 모두에게 기여한 내용을 효과적으로 전달할 수 있다.

기여사항
- 인간의 이야기 프로세스 모델을 개발했다.
- 6가지 추론 반사 신경을 도입했다.
- 이야기를 재구성하고 요약하고 창작하는 3가지 제네시스 시스템 실험을 수행했다.
- 자기 인식에 대해 추측했다.

'기여사항' 슬라이드에 나열된 항목들은 다음 질문이나 논의를 형성하는 데 도움이 된다. 마지막 항목에 '추측했다'라는 표현을 사용하면 토론을 이끌어낼 수 있으며, 생생한 토론이 이어지면 사람들이 발표자와 발표 내용을 기억하는 데 도움이 된다.

기여사항 슬라이드에 능동사를 사용하라

예시의 모든 항목에 능동사가 사용된다는 점에 주목하라. 이들은 특히 다음과 같은 적합한 동사의 목록에서 도출된다. 각 동사는 구체적인 기여사항을 나타낸다.

분석했다 묘사했다 가능하게 했다 형성했다 제안했다

주장했다 설계했다 열거했다 가정했다 증명했다

설명했다 결정했다 구축했다 확인했다 보여주었다

만들었다 개발했다 전시했다 실행했다 심사숙고했다

나타냈다 발견했다 도입했다 제안했다

'개선했다'라는 단어와 그와 같은 동의어는 피하라. '개선했다'라는 표현은 중요도가 낮은 점진적인 작업을 의미하기 때문이다.

기여사항은 다양한 형태로 도출된다

모든 설득 중심의 발표는 기여사항을 발표하고 마무리해야 한다. 그러나 '기여사항'은 모든 목적에 적합한 제목이 아니다. 검토할 만한 대안은 다음과 같다.

- 스터디 그룹 보고서의 경우 마지막 슬라이드 제목을 '권고 사항'으로 설정하라.
- 비즈니스 브리핑의 경우 마지막 슬라이드 제목을 '비즈니스 메시지'로 설정하라.
- 영업 프레젠테이션의 경우 마지막 슬라이드 제목을 '확실한 이익'으로 설정하라.
- 벤처 캐피탈리스트에게 신규 벤처를 피칭할 때는 마지막 슬라이드 제목을 '예상 수익'으로 설정하라.

- 기부금 요청의 경우 마지막 슬라이드의 제목을 '기부로 할 수 있는 일'로 설정하라.
- 정치 연설의 경우 슬라이드를 보여주지 않을 가능성이 더 크다.

기회를 날려버리지 마라

정말 중요한 일을 했다는 사실을 청중에게 확신시킬 기회를 날려버리는 방법은 매우 다양하다.

'감사합니다'라고 하지 마라

다음은 최악의 경우지만 종종 볼 수 있다. '감사합니다!'로 장식한 마지막 슬라이드다.

```
감사합니다!
```

▶ 이 슬라이드를 사용하지 마라. 이렇게 하면 기회를 날려버린다.

청중에게 감사를 표하는 것은 약해 보일 수 있다. 이는 자신감이 부족한 발표자가 청중이 호의를 베풀어 참석했다는 사실을 자신도 모르게 드러내는 행동으로 해석될 수 있다. 강연이 훌륭했다면, 감사해야 할 사람은 바로 청중이다.

마찬가지로 '질문?'이라고 적은 슬라이드도 약한 인상을 준다. 이런 내용으로 최종 슬라이드를 만들지 마라.

질문?

▶ 이 슬라이드를 사용하지 마라. 이렇게 하면 기회를 날려버린다.

질의응답 시간이 주어지면, 마지막 슬라이드는 20분 동안 화면에 표시된다. 따라서 발표자는 자신의 기여사항을 모두에게 상기시키는 데 이 슬라이드를 활용해야 한다.

기회를 날리는 또 다른 방법은 마지막 슬라이드에서 URL을 보여주는 것이다. 많은 사람들이 그 슬라이드를 확인했지만, 실제로 URL을 받아 적는 사람은 거의 없다.

자세한 사항:
http://people.csail.mit.edu/phw/index.html

▶ 이 슬라이드를 사용하지 마라. 이렇게 하면 기회를 날려버린다.

그렇다면 마지막 슬라이드에서 협업자를 언급하는 것은 어떨까? 협업자는 반드시 인정받고 알려져야 한다. 만일 그렇게 하지 않으면 그들은 당연히 불만을 가질 것이다. 그렇다고 협업자를 마지막 슬라이드에 나타낼 필요는 없다.

> **협업자:**
>
> 윈스턴 처칠, 패트릭 헨리, 마틴 루터 킹, 에이브러햄 링컨 외

▶ 이 슬라이드를 사용하지 마라. 이렇게 하면 기회를 날려버린다.

제목 슬라이드에 협업자를 표시하라

마지막 슬라이드에서 협업자를 표시하는 것은 기여사항에 주목시킬 기회를 놓칠 뿐 아니라 잘못된 메시지를 전달할 수 있다. 청중은 "훌륭한 연구이긴 한데, 4명으로 나눠보면 그렇게 대단한 일은 아니네."라는 반응을 보일 수 있다.

> **'말하는 법'**
>
> **패트릭 헨리 윈스턴**
>
> 협업자: 윈스턴 처칠, 패트릭 헨리, 마틴 루터 킹, 에이브러햄 링컨 외

▶ 마지막 슬라이드 대신에 첫 번째 슬라이드에서 협업자를 표시하라.

발표 전반에 걸쳐 발표자 개인이 한 일, 협력해서 한 일, 직접 하지는 않았지만 이익을 얻은 사항 등을 분명하게 표현해야 한다. 이렇게 하는 것이 옳다. 만약 협업자의 공을 자신의 것이라고 주장한다면 적대적 관계가 될 것이다.

그렇다면 다음과 같은 방식으로 발표를 마치는 것은 어떨까? 실제로 아무런 기여사항이 없는 경우, 그래서 '기여사항' 슬라이드에 넣을 내용이 하나도 없고 청중이 경청할 이유가 전혀 없다면 마지막 슬라이드로 대체할 수 있다.

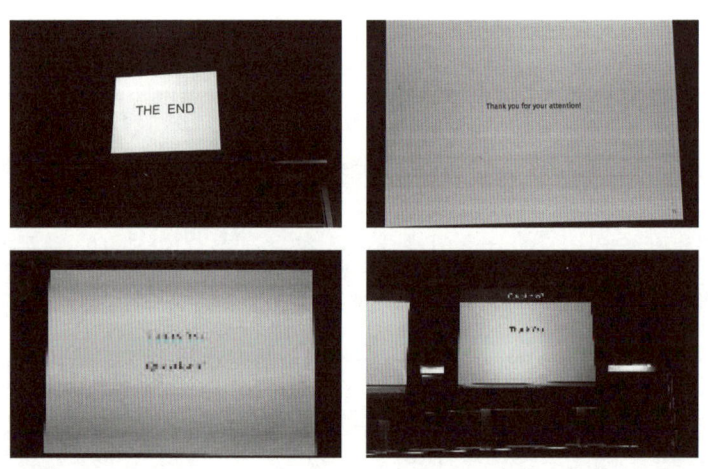

▶ 4-1 할 말이 없다

마무리 인사를 하라

사람들이 박수칠 타이밍을 어떻게 알 수 있을까? 오케스트라 공연이라면 악장에게 다가가 악수를 청할 수 있지만 발표는 오케스트라 공연이 아니다.

발표자는 "감사합니다."라고 말할 수 있으며 더 최악의 경우 "들어주셔서 감사합니다."라고 말할 수도 있다. 이러한 표현은 발표가 경청할 가치가 없고 참기 힘들었지만 예의 바르게 발표 내내 자리를 지킨 청중에게 감사의 뜻을 전하는 것처럼 보인다.

청중에게 남기고 싶은 인상은 무엇일까? 바로 발표를 듣는 것이 고문이 아니라 특권이라는 사실이다. "감사합니다."라는 말은 치명적이지는 않지만 약해 보일 수 있는 행동이다. 특히 청중 중에 불안의 징후를 보이는 회의적인 사람이 있다면 더욱 그렇다.

대안으로 이렇게 말할 수도 있다. "이제 프레젠테이션은 끝났습니다. 질문을 받겠습니다." 이런 표현도 괜찮지만, 이는 단지 청중에게 정말 끝났다고 말해야 할 상황을 미루는 것뿐이다.

2012년 민주당 전당 대회 연설에서 빌 클린턴 대통령은 자신의 연설을 "하나님의 축복이 여러분께 임하기를, 하나님께서 미국을 축복하기를"이라고 말하면서 고전적인 감사 기도로 끝마쳤다.

물론 MIT에서 면접을 위해 발표할 때 "하나님의 축복이 여러분께 임하기를, 하나님이 MIT를 축복하기를."이라고 말하는 것은 이상하겠지만 대신 기본적인 기여사항 방식을 사용해서 끝낼 수는 있다.

"이것은 그동안 제가 기여했던 사항을 목록으로 작성한 슬라이드입니다. 이 요약 슬라이드로 강연을 끝마치겠습니다." 하고 말한 다음 걸어나가 호스트와 악수를 한다. 그러면 모두가 박수칠 타이밍이라는 사실을 알 것이다. 사람들이 박수를 칠 때 고개를 끄덕

▶ 4-2 클린턴 대통령은 연설을 끝마친다. 영상을 보면 그는 입술을 꼭 다문다. 마치 그가 마지막 인사로 '감사합니다'라고 내뱉을 뻔한 멘트를 억누르는 것처럼 보인다.

이거나 조용히 "감사합니다."라고 말하는 것은 괜찮다. 이 시점에서 박수를 받을 만하다고 인정하는 것이기 때문이다.

또한 기여사항을 검토한 후 농담이나 이야기로 마무리할 수도 있다. 나는 MIT에서 매년 '말하는 법' 강연을 마칠 때 이렇게 말한다.

"자, 여기까지입니다. 여러분은 한 시간 전보다 발표하는 법에 대해 더 많이 알게 되었습니다. 생각보다 훨씬 더 많이요. 이 자리에서 의사소통하는 법을 아는 것이 얼마나 중요한지 알게 되었을 겁니다. 이제 인사를 해야겠네요. 내년에는 친구들과 꼭 함께 오세요."

그런 다음 내가 아는 사람이 있다면 다가가 악수를 청한다.

알아야 할 사항

- 마지막 슬라이드 제목은 '기여사항'이 되어야 한다. 이 슬라이드는 청중이 프레젠테이션을 평가하는 데 크게 영향을 미친다.

- "감사합니다!" 또는 "질문이 있습니까?"만 적은 슬라이드로 발표를 끝내면 기여사항을 표현할 기회를 놓치게 된다. 또는 협업자 목록이나 URL을 적는 것도 마찬가지다.

- 청중에게 "감사합니다"라는 말로 발표를 끝내지 마라. 대신에 기여사항을 언급하거나 농담, 이야기 또는 마무리 인사를 하면 훨씬 부드러운 분위기로 끝마칠 수 있다.

"
작품은 독창적이네. 수준 높은 작품이야.
다만 음표가 너무 많군. 그뿐이네.
"

요셉 2세 | 신성로마제국 황제 Joseph II, Holy Roman Emperor

5장
슬라이드를 구성하는 방법

이 장에서는 슬라이드를 간결하게 작성하는 방법을 이야기한다. 특히 프레젠테이션 슬라이드에 작성하는 글자 수를 최소화하는 법과, 슬라이드에 글자가 너무 많으면 어떤 일이 생기는지 배울 것이다. 또 하나씩 공개하는 슬라이드와 블랙아웃 슬라이드, 토끼굴, 진행률 표시줄에 대해서도 알아보자.

슬라이드는 축복이면서 저주이다

설득이 목적인 기술 발표는 일반적으로 슬라이드를 사용한다. 이는 가르치는 것이 아니라 빠른 속도로 아이디어를 설명하기 때문이다. 청중이 시험을 볼 일은 없다. 그래서 발표자가 한 일을 이해해야 하지만 이를 그대로 재현할 필요는 없다.

과학, 공학, 비즈니스, 건축, 의학 등 많은 분야에서는 슬라이드를 통해 사진, 표, 그래프, 수학적 내용을 보여주어야 한다. 나노 기술 장치나 뉴런 집합, 고고학 발굴 사진을 제시하거나 사망률 표, 예상 수익 스프레드시트, 지난 10년간의 인플레이션율을 발표하기도 한다. 새로운 학습 알고리즘을 개발하는 데 필요한 수학을 요약하여 설명할 때도 슬라이드를 활용한다.

이 모든 상황에서 슬라이드를 사용하는 것은 매우 적절하다. 그러나 각 슬라이드마다 문서 개요나 여러 단계로 중첩된 글머리 기호 목록을 표시하는 것은 바람직하지 않다. 이러한 슬라이드는 고통스러운 골고다 언덕과 다름없다.

에드워드 터프티는 마이크로소프트 파워포인트 및 기타 슬라이드 소프트웨어에 대한 설득력 있는 논평에서 단어 수의 문제를 지적했다. 완벽하고 진실한 내용을 전달하기에 충분한 글자를 슬라이드 한 장에 모두 담을 수는 없다. 그래서 그가 내린 해결책은 슬라이드를 제거하는 것이었다.

또 다른 해결책은 폰트를 줄여 슬라이드 한 장에 많은 내용을 담아내는 것이다. 그런데 이 접근법은 효과가 없다. 사람들은 글을 읽는 동시에 발표자의 말을 경청할 수 없기 때문이다. 슬라이드에 글을 많이 담을수록 경청하기 더 어려워진다.

슬라이드의 글자 수를 최소한으로 줄여라

나는 콘퍼런스를 마치고 보스턴의 로건 공항에 막 착륙했다. 힘든 비행이었다. 마치 불안정하게 흔들리는 식기 세척기 안에 탑승하고 있는 것 같았다. 나는 집으로 출발하기 전에 공항 카페에 들러 커피를 마시기로 했다. 이제 막 앉아서 휴식을 취하려고 할 때, 누군가 내게 다가오더니 물었다. "윈스턴 교수님 아니세요?"

"네 그런 것 같네요." 나는 농담하며 대답했다.

그는 유럽에 면접 때문에 발표하러 가는 길이고, 나의 '말하는 법' 강연 영상을 본 적이 있다고 설명했다. 그가 물었다. "괜찮으시면, 제 슬라이드를 보고 평가해주실 수 있나요?"

"그럼요." 나는 흔쾌히 허락하면서 말했다.

"슬라이드가 너무 많네요. 그리고 슬라이드마다 글자도 너무

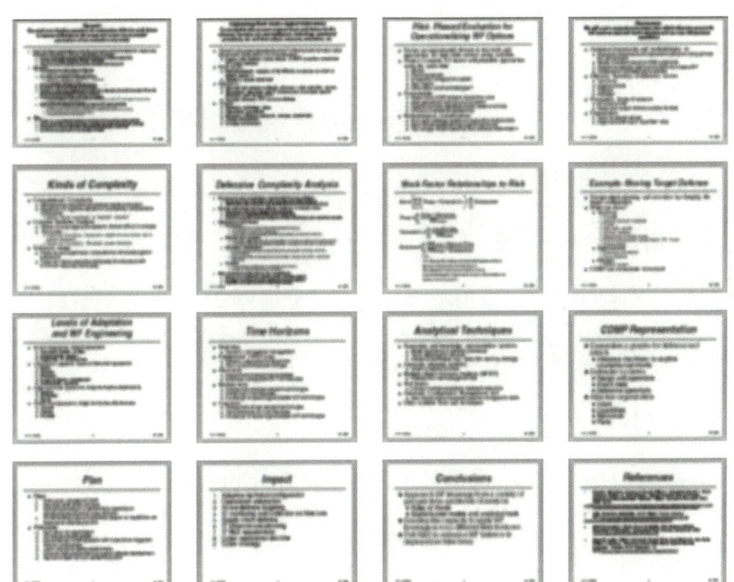

▶ 5-1 글자가 너무 많다. 너무 빽빽해서 숨쉴 곳이 필요하다. 슬라이드는 저자가 당황하지 않도록 희미하게 처리했다.

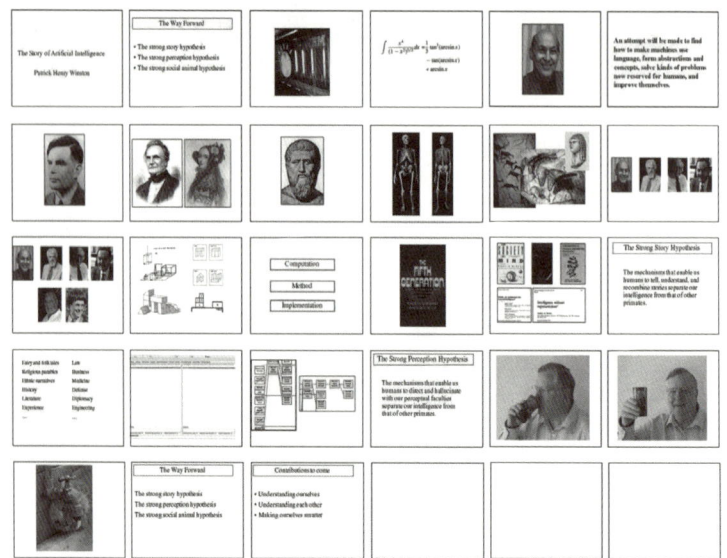

▶ 5-2 글자가 많지 않다.

많아요."

그는 당혹스러운 표정으로 물었다. "어떻게 아세요?"

"항상 그렇거든요."

우리는 슬라이드를 쭉 살펴보면서 슬라이드 수와 글자 수가 많다는 점에 주목했다. 그리고 어디를 어떻게 잘라낼지 논의했다. 대략 일주일 정도 지난 후에 그가 일자리 제안을 받았다는 사실을 내게 알려왔다.

만일 그를 공항이 아니라 내 사무실에서 만났다면, 일반적으로 슬라이드를 출력해서 테이블 위에 쫙 펼쳐놓으라고 요청했을 것이다. 그렇게 하면 주로 5-1과 같은 모습이 나타난다.

5-2의 슬라이드가 더 낫다. 글자가 없는 슬라이드가 많고, 나머

지 슬라이드에도 글자가 거의 없다. 슬라이드에 글자가 너무 많으면 사람들은 읽지 않는다.

언어 처리 장치는 하나다

우리 인간에게는 언어 처리 장치가 하나만 있고, 이것은 쉽게 막힐 수 있다는 증거가 명백하다. 슬라이드 한 장에 글자를 너무 많이 쌓아올리면 청중의 언어 기능이 떨어져 더이상 들을 수 있는 여력이 없어진다.

영업직에 종사하는 사람들은 이 사실을 잘 알고 있다. 그래서 그들은 상대방의 사고 능력을 제한하기 위해 말하는 것을 절대로 멈추지 않는다. 한편으로 수업 중에 문자를 하거나 이메일을 읽고 웹서핑을 하는 학생들은 수업에서 아무것도 얻지 못한다고 볼 수 있다.

학생이었던 미첼 케이트Mitchell Kates는 학기 프로젝트를 수행했다. 그는 사람들이 발표를 들을 때 언어 처리 장치를 어떻게 사용하는지 알아보기 위해 선행 연구를 진행했다. 그는 웹 도구인 장고Django에 대한 프레젠테이션을 작성한 다음 사교 클럽에서 만난 두 집단의 신입생 지원자에게 이 프레젠테이션을 제공했다.

한 집단은 정보의 50%는 슬라이드로 받고, 나머지 50%는 구두로 전달받았다. 다른 집단은 슬라이드의 정보가 구두 정보로 바뀌고, 이전에 구두로 전달되었던 정보가 슬라이드에 작성된 자료를 받았다.

흥미롭게도 두 집단 모두 구두로 들은 정보보다 슬라이드의 정

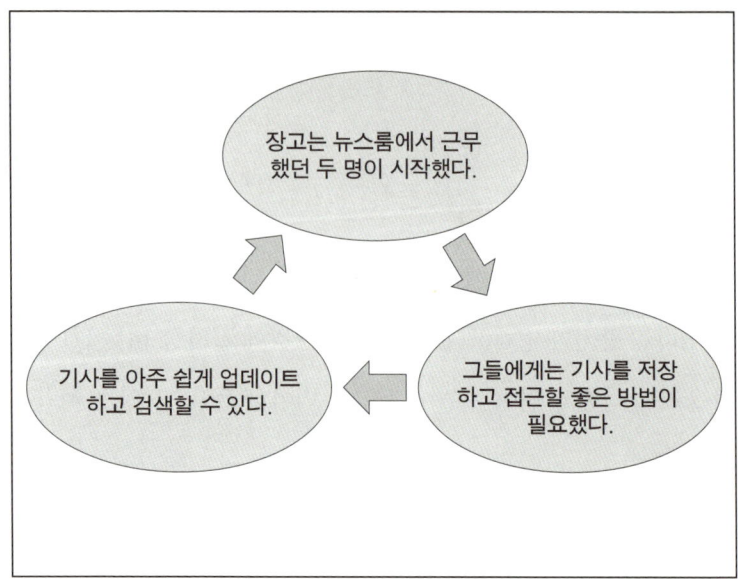

▶ 5-3 언어 처리 장치 실험의 샘플 슬라이드. (미첼 케이트의 이미지 제공)

보에 대한 질문을 받았을 때 75% 더 나은 결과를 보여주었다. 후속 논의에서 피실험자 중 한 명이 이렇게 말했다. "말을 너무 많이 하지 않았으면 좋겠어요. 집중에 방해가 되거든요."

    실험에서 확인되었듯이, 슬라이드에 글자가 너무 많으면 사람들은 슬라이드를 읽느라 발표에 경청하지 않게 된다. 이런 경우 누군가를 보내 조용히 슬라이드를 클릭하게 하는 것이 훨씬 더 효과적이다.

줄이고, 축약하고, 축소하고, 다듬고, 잘라내라

만약 다음과 같은 슬라이드를 사용한다면 발표에 경청하기 위해 오는 사람은 없을 것이다.

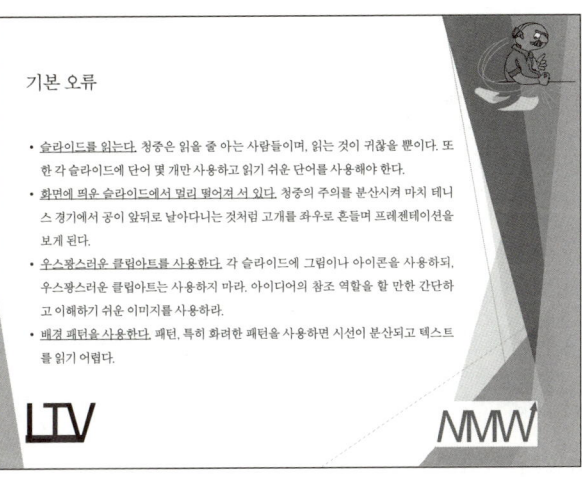

▶ 5-4 이 슬라이드에는 심각한 문제가 있다. 배경을 삭제하라.

첫 번째 문제는 배경 패턴, 이른바 테마이다. 이런 배경 패턴을 사용하지 마라. 주의를 분산시킨다.

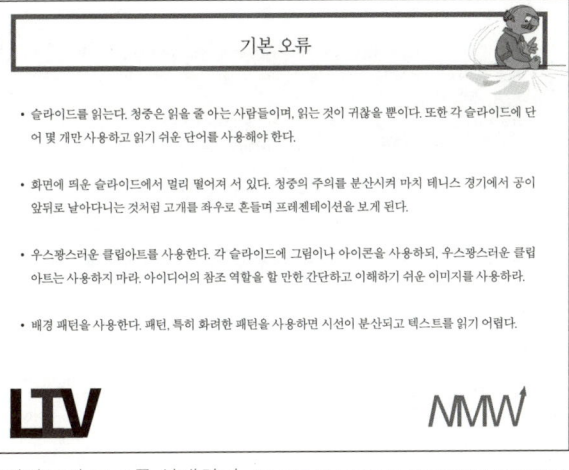

▶ 5-5 클립아트와 로고를 삭제하라. (마이크로소프트 파워포인트의 클립아트)

다음으로 우스꽝스러운 클립아트를 삭제하라. 슬라이드에 클립아트를 사용하면 더 좋고 흥미진진하게 보인다고 생각하는 사람들이 더러 있지만 그렇지 않다. 그리고 회사 로고를 모든 슬라이드에 넣지 않아도 된다. 가능하면 제목 슬라이드를 제외하고 모두 없애는 게 좋다.

그러나 회사 정책에 따라 모든 곳에 회사 로고를 사용해야 하며, 회사가 모든 슬라이드에 저작권 고지를 포함해야 할 수도 있다. 이는 특히 청중이 사본을 요구하는 경우와 같은 법적인 이유 때문이다. 하드카피 유인물 및 전자 배포물에만 로고와 고지사항을 포함하고 발표 자료에는 쓸데없는 내용을 넣지 않는다면 모든 사람이 만족할 수 있을 것이다.

기본 오류

- 슬라이드를 읽는다. 청중은 읽을 줄 아는 사람들이며, 읽는 것이 귀찮을 뿐이다. 또한 각 슬라이드에 단어 몇 개만 사용하고 읽기 쉬운 단어를 사용해야 한다.
- 화면에 띄운 슬라이드에서 멀리 떨어져 서 있다. 청중의 주의를 빌 신시어 바시 테니스 경기에서 공이 앞뒤로 난이티너는 것처럼 고개를 좌우로 흔들며 프레젠테이션을 보게 된다.
- 우스꽝스러운 클립아트를 사용한다. 각 슬라이드에 그림이나 아이콘을 사용하되, 우스꽝스러운 클립아트는 사용하지 마라. 아이디어의 참조 역할을 할 만한 간단하고 이해하기 쉬운 이미지를 사용하라.
- 배경 패턴을 사용한다. 패턴, 특히 화려한 패턴을 사용하면 시선이 분산되고 텍스트를 읽기 어렵다.

▶ 5-6 글이 너무 많다. 잘라내라.

이제 눈에 띄는 문제는 글자가 너무 많다는 점이다. 청중에게 큰 소리로 읽어주고 싶을 정도이다. 하지만 많은 사람들은 큰 소리로 읽는 것을 선호하지 않는다.

　예전에 우주 로봇에 대한 자문을 맡아 NASA 자문위원회 회의에 참석한 적이 있다. 선구적인 천문학자 칼 세이건Carl Sagan이 의장을 맡아 커다란 U자형 테이블의 맨 앞자리에 앉았고, 인공지능 분야의 창설자인 마빈 민스키가 바로 옆에 앉았다.

　대략 반나절이 지나자 민스키는 한 발표자의 발표를 중단시키고 그에게 슬라이드 읽는 것을 멈추라고 요청했다. 발표자는 크게 당황했다. 그러나 중간에 멈출 수 없었던 그는 곧 다시 읽기 시작했고 민스키는 밖으로 나가버렸다. 그는 학생에게는 친절하기로 유명했지만, 더 잘 알아야 한다고 생각하는 어른에게는 가차없었다.

　단어를 없애고 아이디어를 남겨라. 발표자의 노트에 단어를 적으면 큰 소리로 말해야 할 내용만 남게 된다. 아니면 차라리 그냥 조용히 슬라이드를 넘기는 것이 더 나을 것이다.

기본 오류

- 슬라이드를 읽는다.

- 화면에서 떨어져서 서 있다.

- 클립아트를 사용한다.

- 배경 패턴을 사용한다.

▶ 5-7 제목을 단순하게 하라.

'단순한 것이 더 좋다'는 원칙에 따라 저 빨간 상자를 없애야 한다.

>
> 기본 오류
>
> - 슬라이드를 읽는다.
> - 화면에서 떨어져서 서 있다.
> - 클립아트를 사용한다.
> - 배경 패턴을 사용한다.

▶ 5-8 이것이 더 좋다.

제목을 아예 없애기로 결정할 수도 있다. 제목을 신중하게 생각하면 슬라이드의 역할에 대해 생각할 수 있다. 하지만 일단 제목에 대한 생각이 그 목적을 달성한 후에는 제목을 남겨두고 싶지 않을 수 있다. 결과적으로 제목은 구두로 소개해도 된다.

>
> - 슬라이드를 읽는다.
> - 화면에서 떨어져서 서 있다.
> - 클립아트를 사용한다.
> - 배경 패턴을 사용한다.

▶ 5-9 제목이 없다. 슬라이드가 무엇에 대한 내용인지는 발표할 때 설명한다.

"이제 의도가 좋아도 발표자가 저지르는 이런 기본 오류는 피해야 합니다."

리뷰 사본에 주석을 달아라

프레젠테이션을 할 때 나는 청중들에게 슬라이드를 절대로 배포하지 않는다. 슬라이드를 배포하면 청중이 쉽게 메모할 수 있지만, 성급한 청중은 자료를 휙휙 넘기며 모든 사람의 주의를 산만하게 한다. 가끔 프레젠테이션 직전이나 직후에 사용할 수 있도록 주석이 달린 슬라이드 사본을 배포하기도 한다.

만약 상업적인 목적으로 청중에게 강연을 해달라고 요청받으면 내가 사용할 슬라이드 사본을 보낸다. 이 슬라이드에는 제목과 추가 캡션으로 주석을 달아 그들이 정말로 듣고 싶은 내용인지 확인할 수 있도록 한다.

프레젠테이션 후에도 발표했던 슬라이드 사본에 주석을 달아 제공하며, 때때로 주석이 달린 슬라이드를 남겨두기도 한다. 이는 일부 청중이 참석하지 않은 사람을 위해 요약문을 작성할 수 있기 때문이다. 어떤 사람은 후원자를 위해 내 연구를 평가하고, 보고서를 쓸 때 내가 발표한 내용을 사용하고 싶어 하기도 한다. 또 다른 사람은 스터디 그룹을 대신해 나의 권고 사항을 반영하고 싶어 하기도 한다.

나는 항상 제목과 캡션뿐 아니라 뒷부분의 권고 슬라이드에 설명하는 말을 덧붙인다. 권고 슬라이드가 인용되고 어쩌면 공격받을 가능성이 있는 것을 알면서도 그렇게 한다.

슬라이드에 단어를 더 많이 사용하라

발표 내용이 이해하기 어렵다면 슬라이드 곳곳에 단어를 더 많이 사용하여 비전-단계-뉴스…기여사항과 핵심 아이디어가 쉽게 이해될 수 있도록 해야 한다.

미리 읽게 되는 문제를 해결하라

나는 슬라이드에 글머리기호를 사용한다. 그런데 낸시 두아르테는 청중은 항상 먼저 읽는 경향이 있다고 지적한다. 즉, 발표자가 첫 번째 글머리기호를 설명하는 동안 청중은 마지막 글머리기호를 쳐다본다는 것이다. 이를 해결할 한 가지 대안은 화면을 클릭할 때마다 하나씩 나타나는 목록으로 변경하는 것이다.

• 읽지 마라	• 읽지 마라 • 가까이 서라
• 읽지 마라 • 가까이 서라 • 클립아트를 삭제하라	• 읽지 마라 • 가까이 서라 • 클립아트를 삭제하라 • 배경 패턴을 제거하라

▶ 5-10 목록을 하나씩 나타나는 형태로 교체하라.

그런데 이런 식으로 하나씩 목록을 공개하는 방식은 사람들을 답답하게 만들 수도 있다. 그래서 어떤 사람들은 하이라이트로 강조된 목록을 더 잘 수용한다. 발표자가 말하는 목록만 강조되고, 나머지는 희미하게 처리하라.

- **읽지 마라**
- 가까이 서라
- 클립아트를 삭제하라
- 배경 패턴을 제거하라

- 읽지 마라
- **가까이 서라**
- 클립아트를 삭제하라
- 배경 패턴을 제거하라

- 읽지 마라
- 가까이 서라
- **클립아트를 삭제하라**
- 배경 패턴을 제거하라

- 읽지 마라
- 가까이 서라
- 클립아트를 삭제하라
- **배경 패턴을 제거하라**

▶ 5-11 하나씩 공개하는 목록을 하이라이트로 강조하는 목록으로 교체하라. 말하고 있는 목록을 제외한 모든 목록은 희미하게 표시하라.

많은 사람들은 강조된 목록도 짜증스러워한다. 이런 경우 슬라이드에 항목 하나씩만 표시하는 것도 또 다른 대안이 될 수 있다.

읽지 마라	가까이 서라
클립아트를 삭제하라	배경 패턴을 제거하라

▶ 5-12 각 슬라이드에 말하고 있는 항목만 보여주어라.

각 슬라이드에 목록을 하나씩 표시하면, 각 장마다 여백이 너무 많다고 불평하는 디자이너들도 더러 있다. 다행스럽게도 목록을 표시하고, 이를 보강해주는 그래픽을 넣을 수 있는 충분한 공간이 있다. 글 전체를 없앨 수도 있다.

목록을 하나씩 공개하는 5-13의 슬라이드에서 나는 글머리 기호를 제거하는 방법을 보여준다.

첫 번째 슬라이드로 단어 수를 줄여야 한다고 설명하고 농담을 하면서 본문 몇 줄을 읽기도 한다. 두 번째 슬라이드로는 발표자가 어디에 있는지 물어본다. 슬라이드에 가까이 있지 않고 실종된 상태라는 점을, 그래서 발표자가 아니라 슬라이드가 중심이 된다는 점을 지적한다. 세 번째 슬라이드로는 클립아트를 사용하지 말라고 말한다. 마지막 슬라이드를 보면서는 산만한 배경 테마에 대해 격렬

▶ 5-13 너무 많은 글자, 눈앞에서 사라진 발표자, 우스꽝스러운 클립아트, 산만한 테마. (마이크로소프트 파워포인트의 클릭아트와 테마)

하게 비평한다.

글머리기호 목록은 조금만 사용하라

많은 프레젠테이션이 거의 전체를 글머리기호 목록으로 구성되는데 이런 프레젠테이션은 아주 지루하고 난해할 수 있다. 따라서 유혹을 피하고 글머리기호 목록은 조금만 사용하라. 그래야 글머리기호 목록을 꼭 사용해야 할 때, 즉 계획의 단계나 청중이 해야 할 일, 또는 기여사항에서 집중할 수 있다.

목록을 표현하는 가장 좋은 방법에 대한 논란은 있지만 어떤 방법이든 너무 자주 사용하면 짜증스러울 수 있다는 점을 염두에

두어라. 슬라이드 10장에 목록을 적고 연속으로 하나씩 공개하면 대부분의 사람들은 짜증을 느낄 것이다. 꼭 사용해야 한다면 프레젠테이션에서 2~3장의 슬라이드에 사용하고 이마저도 어떻게 줄일 수 있을지 고민해야 한다.

요소를 잘 결합한 결과물을 보여주어라

글머리기호 목록은 매우 지루할 뿐만 아니라 습관적으로 사용하면 사고를 경직시킬 수 있다. 이는 전통적인 개요 작성 방법과 유사하다. 글머리기호 목록을 사용할 때마다 글머리기호 요소와 잘 어울릴 수 있는 그래픽 방법이 있는지 스스로 질문해야 한다.

나는 인공지능 연구에서 인간 지능의 차별화된 특징이 무엇인지 지나칠 정도로 관심이 많다.

로버트 버윅과 노암 촘스키는 오직 인간만이 상징적 사고에 필요한 신경 메커니즘을 갖고 있다고 주장한다. 인간은 '병합'을 통해 관계와 사건에 대해 깊이 중첩된 상징적 설명을 구축한다. 설득력 있는 증거에 따르면, 인간과 거의 동일한 DNA를 가진 침팬지는 병합하지 못한다. 또한 네안데르탈인도 병합했다는 설득력 있는 증거는 없다.

나는 병합이 과학에 중요하다고 생각한다. 병합 아이디어는 인간이 사람과 사물에 관한 이야기를 어떻게 이해하고 전달하며 창의적으로 구성하는지, 그리고 이러한 능력이 어떻게 교육의 대부분, 어쩌면 모든 것을 가능하게 하는지를 밝히는 연구의 토대를 제공하기 때문이다. 병합이 가능한 이야기 능력을 통해 인간은 문화적 편견을 드러내고, 교육과 설득을 위해 재구성하며 새로운 상황을 이전 상황과 연결하고, 요약하고, 협상하고, 추론하며, 레시피를 따르고, 스스로 프로그래밍하고, 자각하는 등 다양한 인지적 능력을 수행할 수 있게 된다.

- 다른 동물들은 전후 순서를 인지하고 기억한다.
- 우리만이 '병합'한다.
- 병합은 이야기 처리 과정을 뒷받침한다.
- 이야기 처리 과정을 통해 레시피 처리가 가능하다.
- 레시피 처리 과정을 통해 추론과 자가 프로그래밍이 가능하다.

▶ 매력적인 이야기가 지루하게 전달된다.

나는 이 이야기를 글머리기호 목록을 사용하여 슬라이드 한 장에 담을 수 있다. 나는 그런 슬라이드를 사용하지 않는다. 대신 '병합'이 아치 꼭대기의 쐐기돌과 같고, 나머지 아치의 다른 기능과 함께 작동하여 이야기를 이해할 수 있게 한다고 언급한다. 쐐기돌을 사용한 은유는 작은 변화에 불과하지만 그 안에는 엄청난 가능성이 있다는 점을 강조한다.

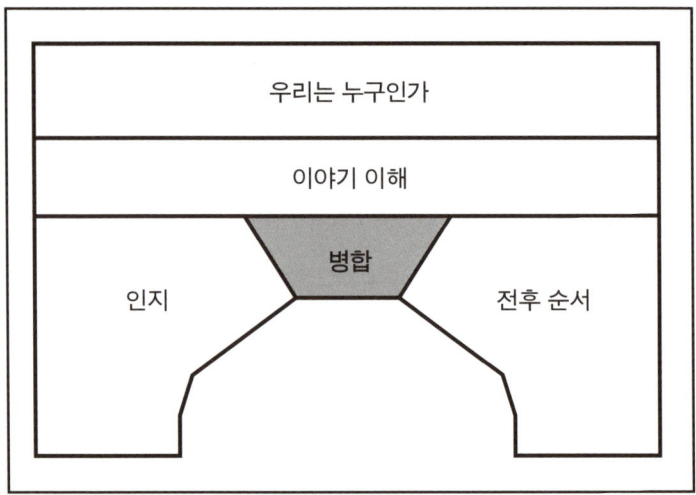

▶ 5-14. 병합은 아치 꼭대기의 쐐기돌 같은 역할을 한다. 그래서 이야기를 이해하고 독특한 인간 사고를 가능하게 한다는 점을 강조한다.

블랙아웃 슬라이드를 사용하라

발표할 때 드라마틱한 요소를 가미하기 위해 보여주고 싶은 이미지가 몇 개 있다고 가정해보자. 이럴 때는 5-15와 같이 보여주고 싶은 슬라이드 사이에 완전히 검은색 배경인 블랙아웃 슬라이드를 끼워 넣는 것이 좋다. 그렇지 않으면 상당한 시간 동안 발표 내용과는 무관한 슬라이드를 보여주게 될 수 있다.

리모컨에 있는 블랫아웃 버튼을 누르면 스크린이 검은색 화면으로 바뀐다. 만약 리모컨을 잃어버렸다면 눈에 띄지 않게 사전에 협의한 손짓을 해서 친구에게 슬라이드를 넘기라고 요청할 수 있다.

블랫아웃 슬라이드는 조명이 어두워지면 모든 사람이 어둠 속에 있게 된다는 점을 주의하라. 그러니 어떤 이유로든 조명을 어둡게 하면 안 된다.

 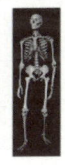  

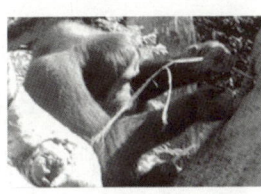

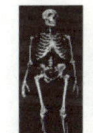 

▶ 5-15 사진 사이에 끼워넣는 블랙아웃 슬라이드. 슬라이드는 조미료이지 주요 리가 아니다.

애니메이션 전환을 제거하라

슬라이드 전체 또는 일부에 페이드 인*, 플라이 인**, 플로트 인, 바운스 인 효과나 또는 더 좋지 않은 애니메이션 효과를 설정할 수 있다. 하지만 이런 효과를 사용하지 마라.

애니메이션 전환은 배경 패턴과 마찬가지로 청중의 집중을 방해할 뿐이다.

진행률 표시줄을 고려하라

나 역시 발표자가 발표를 언제 끝낼까 궁금한 적이 종종 있다.

이럴 때 발표가 진행 중이고 끝이 있을 거라는 사실을 시각적으로 볼 수 있다면 훨씬 좋겠다는 생각이 들었다. 당신의 발표가 어려운 내용이고 그래서 청중이 지루해할 것 같은 느낌이 든다면 슬라이드에 진행률 표시줄을 넣어 주는것도 좋은 방법이 된다.

---

* 영화나 텔레비전에서, 화면이 처음에 어둡다가 차차 밝아지는 일.
** 멀티트랙 녹음기에 녹음된 프로그램의 반복 부분 가운데 좋은 부분을 복사해서 잘못된 부분을 편집하는 과정이다.

▶ 5-16 파란색 진행률 표시줄이 있는 슬라이드. 표시줄의 길이는 강연이 진행되면서 점차 증가한다. 발표가 거의 끝난 것 같다.

세련된 방법은 아니지만, 다른 접근법으로 페이지 카운터가 있다.

▶ 5-17 슬라이드 수가 표시된 슬라이드. 발표가 거의 끝난 것 같다. 그는 32장의 슬라이드 중 30번째 장을 발표하는 중이다.

슬라이드가 너무 많은 경우에는 페이지 카운터를 사용하면 안 된다. 첫 번째 슬라이드 구석에 200분의 1이란 표시가 있다고 생각해보라. 집중하는 척하는 사람도 아예 없을 것이다.

큰 폰트를 사용하라

직접 테스트용 슬라이드를 만들어보라.

이것은 25포인트 타임스 서체다.

이것은 30포인트 타임스 서체다.

이것은 35포인트 타임스 서체다.

이것은 40포인트 타임스 서체다.

이것은 50포인트 타임스 서체다.

이것은 60포인트 타임스 서체다.

이것은 72포인트 타임스 서체다.

▶ 5-18 마이크로소프트 파워포인트 슬라이드의 타임스 폰트 크기

발표할 장소에서 테스트용 슬라이드를 확인하는 것은 매우 중요하다. 멀리 앉아 있는 사람이 볼 수 있는 자리에 앉아 직접 슬라이드를 한 번 확인해야 한다.

40포인트보다 더 작은 글자를 사용하려면 타당한 이유가 있어야 하고, 35포인트보다 더 작은 글자를 사용하려면 매우 타당한 이

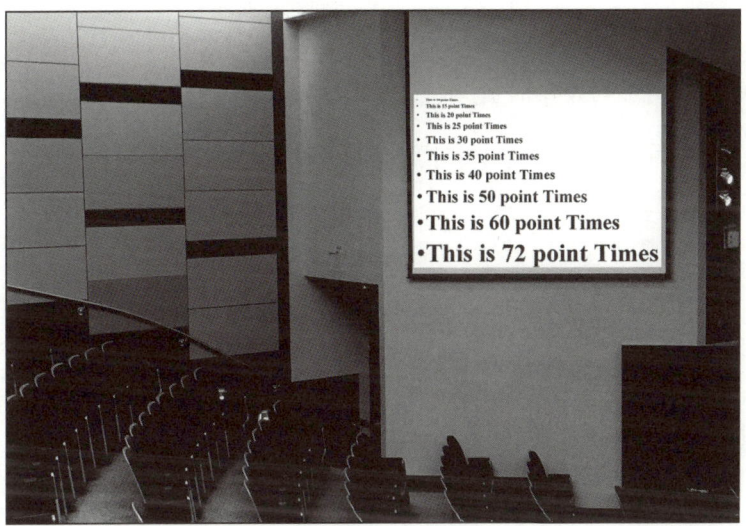

▶ 5-19 멀리 앉는 사람이 보는 테스트용 슬라이드

유가 있어야 한다. 폰트 크기가 클수록 슬라이드의 단어 수를 줄일 수 있어 가독성이 높아진다.

    대안으로, 화면의 너비와 뒷줄에 앉은 사람과 화면 간의 거리를 알고 있다고 가정해보자. 표준 크기의 종이에 테스트용 슬라이드를 출력하라. 인쇄된 테스트용 슬라이드를 보고 쉽게 읽을 수 있는 최소한의 폰트 크기를 선택해야 한다. 아래의 공식에서 산출된 것보다 더 작은 폰트 크기는 가급적 사용하지 않도록 한다.

$$글자\ 크기 = \frac{테스트용\ 종이\ 너비}{화면\ 너비} \times \frac{참석자와의\ 거리}{테스트\ 거리} \times 테스트\ 폰트\ 크기$$

    대형 강의실의 화면은 대체로 크기 때문에 특별한 공식이 필요하지 않다. 보통 40포인트 이상의 폰트 크기를 사용하며 35포인트

이하의 크기는 읽기 어렵다는 사실을 알고 있으면 된다.

종이에 인쇄할 때 72포인트 T의 상단이 72포인트 p의 하단보다 약 1인치 또는 2.54센티미터 위에 위치해야 한다. 물론 컴퓨터 화면에서의 차이는 있을 수 있고, 스크린에 띄우면 차이는 더욱 커질 수 있다.

'타입 패밀리'인 타임스Times나 헬베티카Helvetica는 레귤러, 이탤릭, 볼드 같은 관련 서체의 집합이다. '폰트font'는 특정 크기의 서체를 말한다. 세리프체 계열은 획 끝에 보충 선이 있는 특징이 있지만 산세리프체 계열은 그러한 선이 없다.

나는 슬라이드에 세리프체 계열을 사용하는 것을 선호하고, 책에서도(섹션 제목을 제외하고) 세리프체 계열을 고집한다. 세리프체 계열이 읽기 더 쉽다고 생각하지만, 타입 패밀리 선택은 논란의 여지가 있는 주제이다.

관련된 사람의 사진을 포함하라

많은 비즈니스 프레젠테이션에서 낯설지만 행복한 사람들의 사진이나 귀여운 아기 동물의 스톡 사진을 자주 볼 수 있다. 하지만 정말 무의미하고 바보 같은 방법이다. 특히 동일한 이미지가 전혀 상관없는 강연에서 갑자기 등장할 때 더욱 그렇다.

반면에 아이디어를 이야기할 때 그 아이디어를 고안한 사람들의 사진을 보는 것은 흥미롭다. 예를 들어 어떤 종류의 연구 프로젝트가 합당한지를 이야기할 때 다음과 같이 대중을 따르지 말라는

마빈 민스키:
모두가 그 연구를 한다면 하지 마라.

존 레어드:
어차피 이루어질 일이라면 다른 일을 하라.

▶ 5-20 인용문에 사진을 덧붙이면 슬라이드에 생동감을 불어넣는다. (존 레어드 John Laird의 이미지 제공)

경고의 인용문을 언급하는 것이 효과적일 수 있다.

적당한 장수의 슬라이드를 사용하라

기술 발표라면 몇 장의 슬라이드를 사용해야 할까? 그리고 슬라이드 한 장을 말하는 데 시간을 어느 정도 써야 할까? 물론 각 슬라이드에 내용을 얼마나 많이 집어넣느냐에 따라 달라진다. 슬라이드에 넣을 내용이 필요 이상으로 많으면 슬라이드 한 장당 3분 정도 소요할 것을 계획하라. 내용이 적당하다면 1~2분 정도 소요될 것이다. 따라서 슬라이드가 20장을 준비했다면 약 30분의 시간을 예상하고 준비하면 된다.

토끼굴을 포함하라

하지만 슬라이드 한 장당 배분하는 시간과 상관없이, 대부분 슬라이드를 너무 많이 작성하게 된다. 할당된 시간을 채워야 하는데 자료가 부족할까봐 두렵기 때문이다. 결국 발표 자료에 지나치게 많은 슬라이드를 포함하게 되고 나중에는 끝을 향해 전력 질주하듯 발표하거나 어색하게 슬라이드를 휙휙 넘기는 바람에 사람들을 짜증나게 할 수 있다.

이런 문제를 해결하기 위해《이상한 나라의 앨리스》에서 따온, 일명 '토끼굴' 슬라이드에 해결책이 있다. 불가피하게 시간에 쫓길 때는 없애도 되는 슬라이드가 무엇인지 생각해보라. 그런 슬라이드의 직전 슬라이드에 하이퍼링크를 삽입하면 그 하이퍼링크를 클릭하여 건너뛰고 싶은 슬라이드를 넘길 수 있다.

캐런 프렌더개스트의 그림으로 된 5-21 슬라이드를 보면, 하이퍼링크는 오른쪽 하단의 커다란 노란색 직사각형에 있다.

이 노란색 점 근처를 클릭하면 선택한 슬라이드를 건너뛸 수 있다. 물론 5-22와 같이 하이퍼링크의 노란색 경계선을 제거하고 노란색 점만 남겨둘 수 있다. 이 점을 보면 토끼굴을 떠올리게 될 것이다.

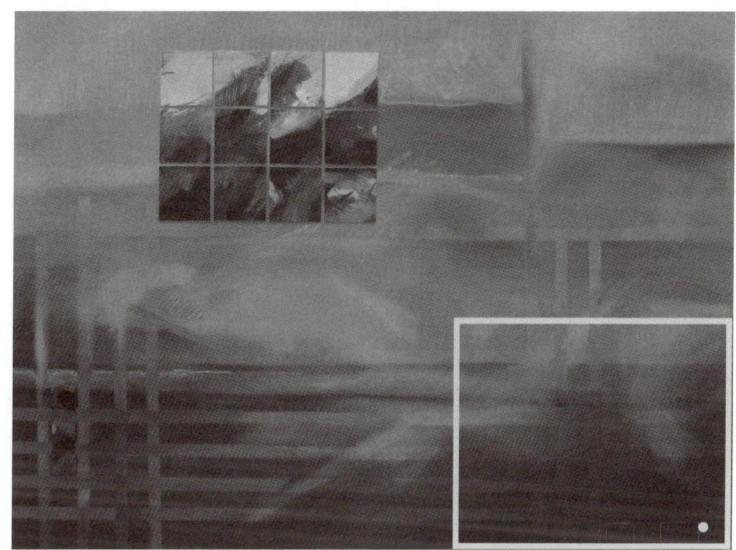

▶ 5-21 하이퍼링크 지역을 보여주는 토끼굴. (캐런 프렌더개스트의 이미지 제공)

▶ 5-22 눈에 띄지 않는 노란색 점으로 표시된 토끼굴.

청중의 기대를 존중하라

당신은 이제 적당한 장수의 간략한 슬라이드와 현명하게 배치한 토끼굴 슬라이드로 발표할 준비를 마쳤다. 사실 발표 주제가 시각적 지원이 필요하지 않다면 슬라이드를 보여주지 않고 그냥 가서 발표만 해도 된다. 많은 사람이 지금까지 본 슬라이드만으로 충분할 것이다.

하지만 발표자는 청중이 기대하고 요구하며 원하는 내용에 언제나 민감해야 한다. 자칫 헛발질하면 사람들은 곧바로 지루해하거나 적대적으로 변하고 만다.

기술 콘퍼런스에서 슬라이드 내용은 간략하게 하라

기술 청중을 대상으로 한 프레젠테이션의 슬라이드를 보면, 내용이 너무 많고 지나치게 장황하며 매우 복잡한 경향이 있다. 물론 내용의 성격상 복잡할 수밖에 없고 일부는 수학이 포함되어야 하는 주제도 있다.

그럼에도 불구하고 간략하게 하는 방법이 있다.

나는 그동안 모아놓은 슬라이드 컬렉션에서 5-23 슬라이드를 예시로 꺼내보았다. 기술 강연을 할 때 나는 제목을 거의 사용하지 않는 편이다.

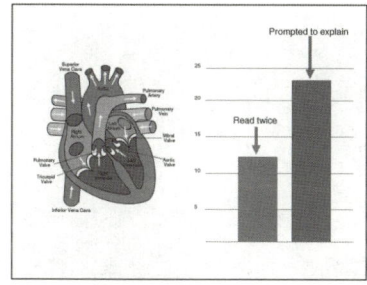 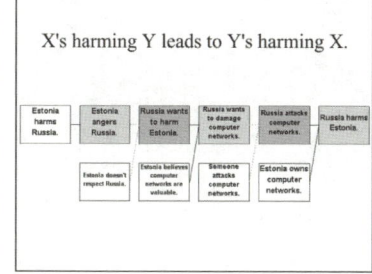

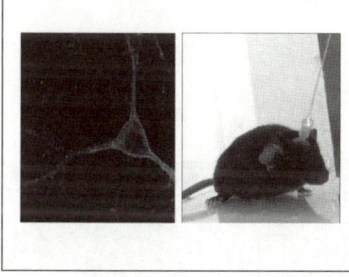
$$\int \frac{x^4}{(1-x^2)^{5/2}}dx = \frac{1}{3}\tan^3(\arcsin x)$$
$$- \tan(\arcsin x)$$
$$+ \arcsin x$$

▶ 5-23 (왼쪽 상단)이 슬라이드로 전달하려는 메시지는 자기 자신에게 자료를 설명하면 더 많이 배울 수 있다는 점이다. (오른쪽 상단)피해가 다른 방향으로 해를 끼칠 때 복수가 발생한다. (왼쪽 하단)생쥐가 광전 뉴런을 갖도록 만들 수 있다. (오른쪽 하단)MIT 학부생처럼 상징적 통합을 수행하는 프로그램으로 AI의 여명이 열렸다. (미셸린 치Michelene Chi의 이미지 제공)

개념을 아이콘으로 바꾸어라

비즈니스 리더십이 목적인 발표의 경우에는 대부분 슬라이드에 단어가 거의 없고 제목도 없다. 그 대신 사진이 많이 있고 전문적인 디자인이 포함되는 편이다.

5-24와 5-25의 예시는 인터넷을 탐색하여 확인된 몇 개의 슬라이드를 수정한 것이다.

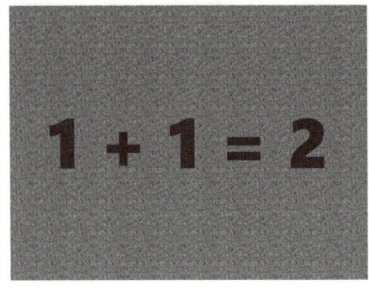 

▶ 5-24 이 비즈니스 리더십 슬라이드로 전달된 메시지는 이럴 것이다.
(왼쪽)단순하게 유지하라. (오른쪽)AI 경제가 폭발적으로 성장하고 있다.

▶ 5-25 이 비즈니스 리더십 슬라이드로 발표된 메시지는 이럴 것이다.
(왼쪽)오늘날 비즈니스 세상에는 많은 종류의 데이터로 넘쳐난다.
(오른쪽)고객은 디지털화되었다. 당신은 어떤가?

청중의 기대는 다양하다

5-26의 왼쪽 슬라이드는 기술 발표를 위한 청중이 대상이고, 오른쪽 슬라이드는 비즈니스 리더십 발표를 위한 청중이 대상이다.
    두 슬라이드 모두 동일한 요점을 전달하지만, 문장을 이미지로 대체하여 대상에 따른 대조적인 측면을 쉽게 확인할 수 있다.

▶ 5-26 단어를 이미지로 대체한다. 제목은 발표자가 직접 말할 내용이라 삭제되었다.

아래의 슬라이드도 왼쪽의 작은 이미지를 크게 확장하여 오른쪽 슬라이드처럼 화면을 가득 채우고 제목은 그림 안에 넣었다. 또한 왼쪽 슬라이드의 캡션이 오른쪽 슬라이드에는 발표자가 직접 설명할 내용으로 남겨두고 제거되었다.

▶ 5-27 이미지를 크게 확장하여 슬라이드를 가득 채운다. 그림 안에 넣은 제목.(오리올 빈알스의 이미지 제공)

다음의 5-28 슬라이드 역시 발표자가 말할 내용으로 오른쪽 슬라이드에는 제목이 삭제되었다.

▶ 5-28 인용된 사람의 사진 속에 넣은 인용문. 발표자가 말할 내용으로 제목이 삭제되었다. 다트머스 대학에서 강연하는 60대인 마빈 민스키. 1970년 11월 20일 《라이프 매거진》 브래드 다러치의 기사 인용문.

저녁식사 후 발표라면 사진을 첨부하라

여행담을 이야기하거나 혹은 저녁식사 후에 하는 발표에서 슬라이드를 보여주어야 한다면, 사진을 첨부하고 단어는 삭제하라. 앞서 비즈니스 리더십 미팅의 슬라이드에서 제안된 가이드 라인을 준수하라.

정치 연설에서는 그냥 말하라

많은 사람들이 말보다는 시각적인 자료를 더 기억하기 쉽다고 주장하지만, 정치인들은 슬라이드를 거의 사용하지 않는다. 몇 가지 이유가 있는데 그중 일부는 다음과 같다.

- 그들 자신이 중심이 되어야 하므로 사람들의 시선이 화면을 쳐다보기를 원치 않는다.

- 그들은 경기장이나 주차장 등 슬라이드를 실행할 수 없는 여러 장소에서 연설해야 하는 특성이 있기 때문이다.
- 그들은 TV 시청자들에게 말한다. 슬라이드가 전혀 보이지 않거나 얼굴에서 슬라이드로 어색하게 앞뒤로 전환이 일어날 뿐이다.
- 슬라이드 쇼는 여러 가지 이유로 실패할 수 있다. 프로젝터가 작동하지 않거나 화질이 떨어질 수도 있고, 화면이 너무 작을 수도 있다. 모든 것을 제대로 연결하려면 지연이 발생해서 곤란해질 수 있다.
- 슬라이드 자료가 희화화될까봐 두려워한다. 잘못한 말보다 사진이나 글로 작성된 내용을 처리하는 것이 더 어렵다는 사실을 그들은 잘 알기 때문이다.
- TV용 프롬프터의 내용을 따라가야 하기에 슬라이드를 보면 놓치기 쉽다.
- 뒤돌아서 슬라이드를 보면 집중을 방해할 수 있다.
- 그들은 눈에 띄게 색다르게 보이는 것을 원하지 않는다.

로널드 레이건 대통령은 서베를린의 브란덴부르크 문에서 동서 관계에 대해 연설할 때 슬라이드를 전혀 사용하지 않았다. 대신 그는 자신의 뒤에 있는 거대한 소품을 최대한 활용했다.

▶ 5-29 사람들을 진정으로 사로잡는 발표자는 그냥 말한다. 훌륭한 의사소통가인 레이건 대통령은 요구한다. "고르바초프 선생, 이 문을 여십시오! 고르바초프 선생, 이 장벽을 허무시오!" (로널드 레이건 도서관의 이미지 제공)

물론 레이건 대통령도 비즈니스 리더십 미팅*이라면 슬라이드를 사용할 수 있었을 것이다.

만일 레이건 대통령이 콘퍼런스에서 발표를 했다면 매우 빈번하게 볼 수 있는 훌륭한 디자인과 몇몇 글머리기호가 있는 슬라이드를 사용했을 수도 있다.

---

* 비즈니스 리더십 미팅을 위해 그래픽 디자이너가 작성한 훌륭한 슬라이드 예시를 보려면, 낸시 두아르떼 Nacny Duarte의 책 《슬라이드올로지》(2010년 국내 출간)와 가르 레이놀즈 Garr Reynolds의 책 《프리젠테이션 젠》(2008년 국내 출간)을 참고하라.

▶ 5-30 지극히 적은 단어, 제목도 없는 한 장의 사진과 전문적인 디자인이다. (로널드 레이건 도서관의 이미지 제공)

레이건 대통령은 인간 소품을 사용하는 것을 좋아했다. 슬라이드와 반대로 인간 소품은 효과적이고 신뢰할 만하다.

이 장벽에 대한 의견

- 소위 베를린 장벽은 자유 세계의 모든 지역에서처럼 사람들이 왕래하는 것을 막고 있다. 부끄러운 일이다.
- 그것을 유지할 합당한 이유가 없다. 우리는 더 평화롭고 편안한 세계 질서를 향해 나아가야 한다.
- 미국은 장벽 해체 비용을 기꺼이 부담할 것이다.
- 장벽의 일부는 귀중한 기념물이 될 것이다. 일부 보존된 조각은 관광 명소가 될 수도 있다.

▶ 5-31 많은 단어와 제목, 주의를 분산시키는 배경 테마, 어떤 청중에게도 적합하지 않다. (마이크로소프트의 파워포인트).

알아야 할 사항

- 글자 수를 최소화한 간략한 슬라이드를 사용하라.

- 리뷰 슬라이드, 특히 권고 슬라이드에 주석을 달아라.

- 글머리기호 목록은 조금만 사용하라.

- 아이디어가 어떻게 잘 결합되는지 보여줄 수 있도록 슬라이드 요소를 배치하라.

- 대체로 발표자가 말하고, 시각적 지원이 필요할 때는 가끔 블랙아웃 슬라이드를 사용하라.

- 청중이 발표가 진행 중이라는 사실을 알 수 있도록 진행률 표시줄을 사용하라.

- 크고 읽기 쉬운 폰트를 사용하라.

- 관련된 사람의 사진을 포함하라.

- 각 슬라이드에 1~3분이 소요될 것으로 예상하라.

- 제 시간에 슬라이드를 끝마치려면 토끼굴 슬라이드를 사용하라.

- 청중의 기대에 맞는 슬라이드를 사용하라. 비즈니스 리더십 미팅의 경우 개념 슬라이드를, 기술 콘퍼런스의 경우 상세한 슬라이드를 사용하고, 정치 연설의 경우는 슬라이드를 사용하지 마라.

- 배경 패턴, 클립아트, 스톡 이미지를 사용하지 마라.

- 슬라이드에 텍스트를 너무 많이 기재하지 마라. 큰 폰트를 사용하면 이 유혹을 피할 수 있다.

- 목록을 한 개씩 공개하는 슬라이드를 사용하지 마라. 글머리기호

목록을 지나치게 많이 사용하지 마라.

- 슬라이드의 텍스트를 읽지 마라.
- 애니메이션 전환 효과를 사용하지 마라.

"

밥, 그 애가 MIT에 간다니!

"

제임스 호너 윈스턴 James Horner Winston | 미국 변호사

6장
소품을 사용하는 방법

 이번 장에서는 한두 개의 물리적 소품을 사용해서 기억에 남을 만한 프레젠테이션을 발표하는 방법과 인간 소품을 사용하는 방법에 대해 알아보자.

의사소통을 잘하는 사람은 소품을 사용한다

저명한 각본가인 A.R. 거니가 MIT 학부에서 인문학을 가르쳤을 당시 나는 그에게서 소품에 대해 배웠다. 그는 자신은 물론이고 다른 모든 각본가들도 배우들이 무대에서 다루는 소품을 매우 신중하게 생각한다고 설명했다. 거니는 소품의 중요성을 공부하려면 우리에게 헨리크 입센의 희곡 《헤다 가블레르Hedda Gabler》(2019년 국내 출간)를 읽어보라고 권했다.

이 희곡은 불행하고 까다로운 여성 헤다와 다소 지루한 그녀의 남편, 교수직을 놓고 경쟁하는 남편의 라이벌에 대한 이야기다.

연극이 시작되면 타다 남은 장작 잿불이 희미하게 빛나는 배불뚝이 난로가 등장한다. 남편의 라이벌은 훌륭한 원고를 끝마쳤고 그 원고로 남편이 원하는 자리를 차지할 것이 확실하다. 난로의 잿불이 더 환해진다.

라이벌은 술에 취해 그만 원고를 잃어버리고, 어쩌다 그 원고가 헤다의 손에 들어간다. 난로의 불은 이제 활활 타오른다. 헤다는 손에 들고 있는 귀중한 원고를 난로 속으로 던져 넣는다. 원고는 난로에서 타버리고 재가 되어버린다.

나는 그 희곡의 내용은 대부분 잊어버렸지만 난로와 원고는 절대로 잊히지 않았다. 거니가 주장한 대로 청중은 소품에 집중하는 것이 확실하다.

소품은 기억에 도움이 된다

나는 포인터 사용을 격렬히 반대한다. 발표하는 방법에 대한 연례 강연에서 나는 포인터를 싫어하는 점을 강조하려고 실제로 나무로 만든 포인터를 탁 하고 부러뜨렸다.

몇 년이 지난 후에도 이날 내 강연을 들었던 사람들은 포인터에 관한 내용은 여전히 기억한다고 말한다.

"내가 대학원생이었을 때만 해도 컴퓨터는 다들 놀랍게 여기던 기계였다. 그런데 이 핸드폰이 5만 배는 더 많은 성능과 메모리를 갖

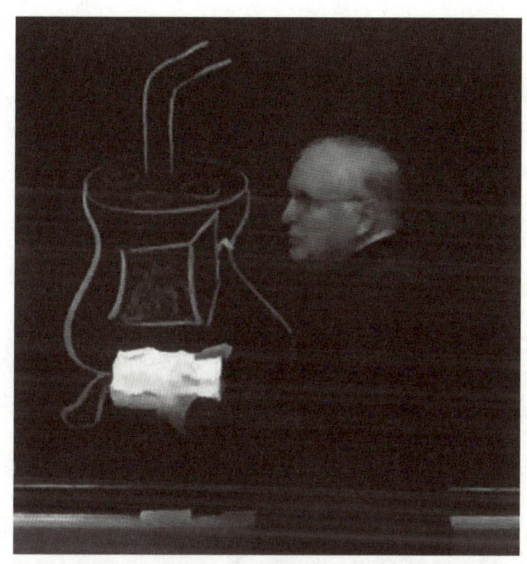

▶ 6-1 아주 귀중한 원고와 활활 타오르는 불. (캐런 프렌더개스트의 이미지 제공)

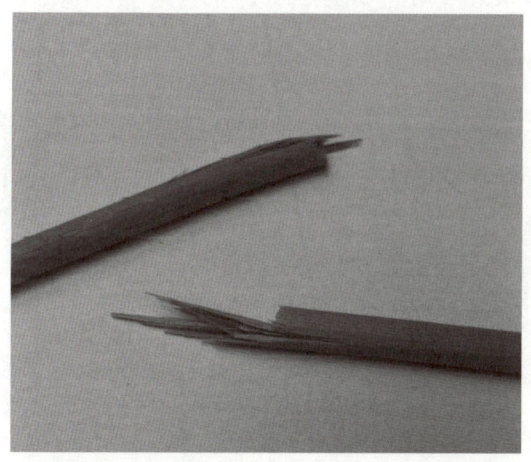

▶ 6-2 포인터를 사용하지 마라. 포인터를 부러뜨리면 이 내용을 오래 기억한다.

고 있다."라고 하면서 자연스럽게 핸드폰을 꺼내 보여준다. 그 순간 핸드폰은 소품이 되는 것이다.

다른 사람들이 보기에 너무 작은 소품이라도 여전히 효과적이다. "집파리보다 더 작은, 세상에서 가장 작은 로봇이 제 손안에 있습니다."

소품은 강조 역할을 한다

소품의 효과는 단지 연극에서만 일어나는 것이 아니다. 어느 해인가 나는 몬타나에 있는 목장에서 아내와 딸과 함께 머무르고 있었다. 하루는 우리가 저녁 식사를 하고 있는 식당으로 카운티 보안관이 성큼성큼 걸어오더니 산불이 빠르게 접근하고 있다고 말했다. 그는 "떠나실 필요는 없습니다. 그런데 계속 머무르실 생각이라면 여기 펜이 하나 있습니다."라고 말하면서 펜을 들어 올리더니 극적인 효과를 내려는 듯 잠시 멈추었다.

"이 펜으로 여러분의 배에 이름과 주민등록번호를 쓰셨으면 합니다. 그래야 우리가 나중에 누구인지 식별할 수 있을 테니까요."

우리는 그가 말하는 메시지를 바로 이해했고 곧바로 그곳을 떠났다. 펜이라는 소품은 효과가 있었다.

물리적 소품이 사진보다 더 좋다

물리적 소품을 사진이 담긴 슬라이드로 대체하지 마라. 소품을 사용하는 것이 더 좋다. 소품은 강조 역할을 하고 기억에 도움이 되기 때문이다.

소품은 단조로움을 막는다

많은 프레젠테이션은 끝이 없을 것만 같은 일련의 슬라이드로 구성된다. 그래서 단조롭다. 이런 단조로움을 피하려면 아래 사진과 같이 소품을 사용하라.

▶ 6-3 회전하는 자전거 바퀴를 이용해 각 운동량 보존을 시연하면 재미없는 딱딱한 강의보다 훨씬 효과적이다. (폴 킬Paul Keel의 이미지 제공)

▶ 6-4 인간 소품으로 사용된 레니 스쿠트니크. (로널드 레이건 도서관의 영상 제공) QR코드로 영상을 시청할 수 있다.

의사소통을 잘하는 사람은 인간 소품을 사용한다

소품을 사용하면 정치 연설도 오래 기억될 수 있다. 로널드 레이건 대통령은 연두교서에서 인간을 소품으로 사용하는 전통을 시작했다. 그는 관람석에 있던 다양한 사람들을 언급했다. 그는 특히 에어 플로리다 90편이 1982년에 워싱턴 DC의 포토맥 강으로 추락했을 때 물에 빠진 승무원의 생명을 구한 레니 스쿠트니크Lenny Skutnik의 영웅심을 언급하였다.

알아야 할 사항

- 소품으로 강조할 수 있다.
- 소품은 단조로움을 피하는 데 도움을 준다.
- 물리적 소품이 동일한 물체의 사진보다 기억하는 데 더 도움이 된다.
- 신중하게 소품을 선택하여 사용하면, 진정 잊을 수 없는 발표로 만들 수 있다.

7장
좋은 습관을 길러라

이번 장에서는 본받을 만할 훌륭한 연사들의 특징을 알아볼 것이다. 반면에 활력을 파괴하는 나약한 연사들의 습관을 알아보고 회피하는 방법을 배워보자.

오프닝과 클로징 멘트를 구성하라

시작부터 마무리까지 청중에게 깊은 인상을 주고 싶다면 몇 가지 잘 짜여진 문장으로 슬라이드 프레젠테이션을 시작하고 끝마칠 수 있도록 노력해야 한다. 따라서 미리 연습한 몇 개의 오프닝 문장으로 그 자리에 있어서 기쁜 이유를 설명하고, 비전을 명확히 표현하면서 시작할 수 있다. 이렇게 처음 1~2분 동안 청중의 관심을 끌어야 한다.

앞서 몇 개의 오프닝 문장을 암기했던 것처럼, 몇 개의 클로징 문장도 미리 준비함으로써 "감사합니다."와 같은 진부한 표현과 약해 보이는 태도를 피할 수 있다.

그렇다고 전체 발표 내용을 작성하고 암기할 필요는 없다. 너무 많은 내용을 암기하면 글을 읽는 것처럼 들려서 즉흥적인 발표의 느낌을 살리지 못한다. 게다가 암기에 실패하면 크게 당황하여 숨어 버리고 싶을 것이다. 암기 문장은 발표를 순조롭게 시작하고 끝마칠 수 있기 위해서 사용하면 된다. 그러나 예외는 있다. 15분 내의 짧은 발표를 할 때 발표 내용을 모두 암기하면 불필요한 말을 줄이고 자연스러운 속도로 더욱 자신감 있게 발표할 수 있다.

정치인들은 프롬프터를 사용하여 작성한 연설 내용을 읽는 경우가 많다. 연설문 작성자는 미리 쓴 문장이 자연스럽게 들리도록 작성하는 방법을 알기 때문에, 암기해서 발생하는 문제를 피할 수 있다. 상대 정당은 연설 문장을 연구해서 흠집 내기에 혈안일 테니 연설 내용을 작성해서 미리 공부하면 많은 문제를 피할 수 있다. 한 가지 예로 윈스턴 처칠은 흥미롭게도 자신의 연설문을 직접 작성했다. 그는 약간의 언어 장애가 있었기 때문에 s로 시작하거나 끝나는 단어를 피하기 위해 직접 연설문을 작성해서 읽었다.

그러나 훌륭한 연설 작성자가 있거나 처칠처럼 언어 장애가 있는 것이 아니라면, 또는 유창하지 않은 언어로 발표하는 경우가 아니라면 발표할 때 읽기만 하는 것은 좋은 인상을 줄 수 없다.

발표 내용을 여러 부분으로 나누어라

대다수 청중의 집중력은 지속되는 시간이 짧다. 지속시간이 6분 정도에 불과하다는 사람들도 있다. 따라서 발표할 때 구두점을 사용하여 내용을 여러 부분으로 나누면 집중력이 짧은 청중에게 도움이 될 수 있다. 다음과 같이 말하면 된다.

"저의 발표 내용은 세 부분으로 나누어져 있습니다. 첫 번째는 우리가 여기까지 도달한 방법에 대한 것입니다…." 그리고 나중에 이렇게 말한다. "그럼 이제 두 번째 부분을 이야기하겠습니다."

구두점을 사용하면 집중력이 떨어진 청중에게 다시 듣기 시작하는 때를 알려줄 수 있다. 파트가 바뀌는 부분을 강조하고 싶다면 전환 슬라이드로 보강할 수 있다.

여기까지 도달한 방법 : 시작	현재 위치 : 흥미로운 일
다음에 할 수 있는 일 : 인식에서 인지로	다음 단계 이후의 계획 : 자기 인식 측면

▶ 7-1 이 4장의 전환 슬라이드는 인공지능에 대한 40분 강연을 항목 당 6~10분인 5개 항목으로 나누었다.

강연대를 피하라

회의가 열리는 장소에는 거의 항상 강연대가 등장한다. 그 이유는 잘 모르겠지만 조심해야 한다. 강연대는 정상적인 사람도 마치 움직이지 않는 좀비로 만들어버린다.

일부 긴장한 사람들은 짜증스럽게 앞뒤로 서성이지만, 대부분의 사람들은 강연대 뒤에 숨는다. 넘어질까 두려운 듯 강연대를 꽉 붙잡는 사람들도 있다. 훌륭한 발표자는 조용히 움직이며 제스처를 취하면서 발표한다.

▶ 7-2 강연대 뒤에 숨지 마라. 강연대는 물이나 노트, 노트북을 올려놓는 용도로 사용하라.

발표 장소가 크다면 무선 마이크를 사용하라. 사용할 수 있는 마이크가 강연대에 부착되어 있어 발표 내내 강연대에 갇혀 있어서는 안 된다.

리모컨을 사용하라

발표할 때 리모컨이 없으면 새로운 슬라이드로 넘어갈 때마다 컴퓨터로 돌아가야 하거나, 아니면 강연대나 테이블에 구부정한 자세로 서 있어야 한다. 어느 쪽이든 노트북에서 올바른 키를 찾기 위해 어색하게 내려다보면서 슬라이드를 넘겨야 한다. 이렇게 하면 말하는 내용과 무관하게 일종의 스타카토처럼 발표가 멈추어버릴 수 있다.

리모컨을 가지고 오는 것을 깜빡했을 경우를 생각해보자. 걱정하지 마라. 친구에게 리모컨 조작을 부탁할 수 있다. 손가락을 까딱하는 것처럼 사전에 약속한 눈에 띄지 않는 제스처를 보고, 컴퓨터의 전진키를 클릭해 달라고 요청하라.

레이저 포인터를 사용하지 마라

한번은 프레젠테이션을 지켜보고 있는데 한 학생이 내게 몸을 돌려 속삭였다.

"우리 모두 나가도 돼요. 어차피 발표자도 모를 거예요!" 우리가 볼 수 있는 것은 강연자의 뒤통수뿐이었다. 그는 계속 슬라이드에 레이저빔을 쏘고 있었기 때문이다. 그렇게 빔을 쏘아대도 청중에게 간질 발작이 일어나지 않은 게 신기할 정도다.

레이저 포인터를 사용할 때 화면을 겨냥하려면 등을 돌려야 하고 청중은 기껏해야 발표자의 머리 옆면만 볼 수 있다. 그리고 7-3과 같이 내 머리가 반복적으로 내 머리를 가리키는 기발한 이미지처럼 내 뒤통수를 보여줄 가능성이 크다.

▶ 7-3 레이저 포인터, 나쁜 아이디어다.

그런데 정말로 슬라이드에서 확인해야 할 사항이 있다면 어떻게 해야 할까?

강의실이 작은 경우에는 화면으로 다가가 직접 손으로 가리킬 수 있다. 강의실이 큰 경우에는 7-4와 같이 슬라이드에 화살표를 삽입하고, 화살표가 많으면 화살표에 번호를 매겨 넣는 방법이 있다.

▶ 7-4 삽입된 화살표, 좋은 아이디어다.

일부 프레젠테이션 발표자는 취향에 따라 레이저 포인터를 사용할 수 있지만, 대부분은 그럴 수 없다.

리모컨 기능을 갖춘 레이저 포인터인 경우에 버튼을 사용하여 슬라이드를 이동시키고 싶다면 레이저 부분을 테이프를 사용해서 감싸놓는 방법도 있다. 그러면 레이저를 사용하려는 유혹에 빠지지 않을 것이다.

그렇다면 일반적인 지시봉을 사용하면 어떨까?

지시봉을 사용하는 것도 별로 추천하지 않는다. 발표할 때 자신도 모르게 지시봉을 흔들면서 사용하기 쉬운데 품위가 떨어져 보일 수 있다. 그리고 지시봉을 사용할 정도로 화면과 가깝다면, 그냥 손으로 가리켜도 충분하다.

발표자와 청중 사이에 디스플레이를 두어라

레이저 포인터를 사용하면 발표자가 뒤돌아서 화면을 보게 된다. 레이저 포인터가 없어도 꿀벌이 곰을 유인하듯 화면은 발표자를 끌어당긴다. 어떤 슬라이드가 표시되는지 확인하려고 뒤돌아서 화면을 보기 때문이다.

최고 수준의 영상과 음향 장비가 마련되어 있다면 뒤를 돌아보지 않아도 된다. 커다란 디스플레이가 발표자와 청중 사이 전면에 위치해 있어, 돌아서서 뒤에 있는 화면을 확인하지 않아도 된다.

디스플레이는 7-6과 같이 즉석에서 만들어 진행할 수 있다. 강연대나 의자를 사용해서 노트북을 올려두어라.

▶ 7-5 커다란 디스플레이 장치가 발표자 뒤 화면 내용을 보여주면 뒤돌아보지 않아도 된다. 또 다른 디스플레이는 시간을 보여준다.

▶ 7-6 즉석에서 만든 디스플레이. 이렇게 하면 뒤에 있는 화면을 쳐다보지 않아도 된다.

컴퓨터와 디스플레이 장치를 연결하는 선은 바닥에 테이프로 고정시킨다. 발표자 본인은 괜찮을지 몰라도 느슨하게 늘어져 있는 선에 청중의 주의가 분산될 수 있기 때문이다.

일반적으로 전문적인 프로덕션 팀에는 '개퍼gaffer'로 알려진 수석 전기기술자가 있다. 이들은 바닥을 지나는 선을 일종의 개퍼 테이프로 확실하게 고정시킨다.

머리카락을 만지작거리지 마라

수염을 쓰다듬거나 손가락으로 머리카락을 돌돌 말아 감는 행동을 하지 마라. 이는 당신이 긴장하고 있다는 것이 역력히 드러나는 부끄러운 행동이다.

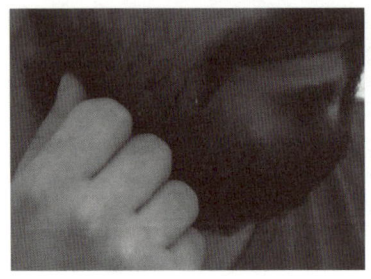 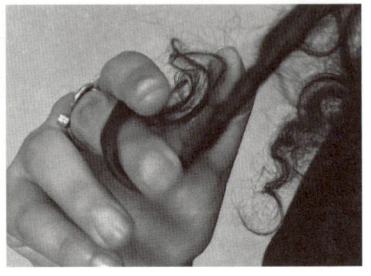

▶ 7-7 턱수염이나 머리카락을 만지작거리느니 차라리 "나는 긴장하고 있다."라고 쓴 표지판을 들고 있는 게 낫다.

주머니에서 손을 빼라

주머니에 손을 넣고 있는 행동도 당신이 긴장하고 있음을 드러내는 것이나 다름없다. 평소에 주머니에 손을 절대로 넣지 않는 사람도 발표할 때 긴장하다 보면 자신도 모르게 손을 넣게 된다. 마치 그들의 손은 청중에게 보여서는 안 되는 사적인 신체 부분처럼 보인다.

▶ 7-8 주머니에 손을 넣느니 차라리 "나는 긴장하고 있다."라고 쓴 표지판을 들고 있는 게 낫다.

예전에 나는 세르비아에 있는 수녀원을 방문한 적이 있었다. 예의 바르게 행동하기 위해 나는 두 손을 등 뒤로 돌려 마주잡고 있었다. 그런데 한 수녀가 서둘러 다가오더니 마주잡은 두 손을 풀라고 말했다. 많은 곳이 그렇듯이, 그 문화에서는 무기를 감추고 있지 않다는 사실을 보여주기 위해 손을 보여야 한다는 것을 알게 되었다. 발표할 때도 마찬가지로 주머니에 손을 넣거나 뒷짐을 지는 것은 좋지 않다. 그렇다면 손을 어떻게 해야 할까?

먼저 손으로 가리킬 수 있다. 언젠가 나는 시모어 페퍼트 Seymour Papert*의 강의를 듣고 크게 감탄했다. 그의 강의가 왜 그렇게 매력적인지 알고 싶어서 나는 강의 내용보다는 발표 기술에 집중했다. 그리고 나는 페퍼트가 칠판을 많이 가리킨다는 사실에 주목했고, 놀랍게도 그가 현재 말하고 있는 내용과는 상관없는 곳을 자주 가리키고 있다는 사실을 알아냈다.

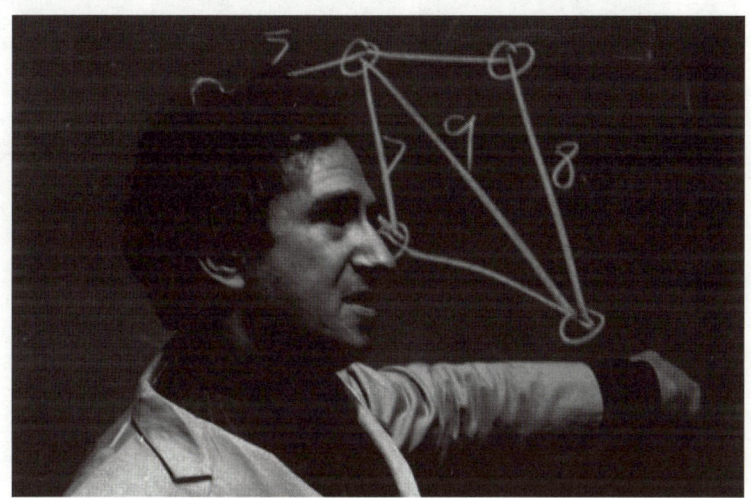

▶ 7-9 특별히 중요한 아이디어를 강조하려고 칠판을 가리키는 페퍼트. (1968년 페퍼트 강의에 대한 제럴드 제이 서스먼의 이미지 제공)

---

* 남아프리카 공화국 출신 미국의 수학자, 컴퓨터 과학자, 교육자이다.

만약 당신이 테이블 의자에 앉아있다면 예외적으로 손깍지를 낄 수 있다. 또는 웅장한 제스처를 취할 수 있는데, 스티브 잡스는 아이폰을 소개하는 2007 맥월드 키노트 연설에서 아이팟의 선례에 대해 말할 때 커다란 제스처를 사용했다.

▶ 7-10 2007 맥월드에서 애플 역사에 관련한 이야기를 하는 잡스. (QR코드로 영상을 시청할 수 있다.)

주의해서 가리켜라

일부 문화권에서는 검지로 무언가를 가리키는 것은 무례한 행동으로 생각한다. 일반적으로 손을 펴서 가리키면 안전하지만 이조차도 불쾌감을 줄 수 있다. 그러므로 만약 낯선 장소에서 발표하게 된다면 현지 규범을 잘 아는 사람에게 반드시 확인하고 시작하라.

적절한 옷을 입어라

자신에게 편안한 옷을 입어라. 평소에 넥타이를 매지 않거나 높은

▶ 7-11 일부 국가에서는 검지로 가리키는 행위를 의도치 않게 무례한 행동으로 볼 수 있으므로 반드시 손을 펴서 가리켜야 한다.

힐을 신지 않으면 프레젠테이션을 할 때도 하지 않는 것이 좋다. 평상시와 다르게 차려입으면 광대 의상을 입은 것처럼 어색하게 느껴질 테고 그 어색함은 겉으로 드러날 수밖에 없다.

즐겨 입는 편안한 옷 중에서 강연을 찾는 청중의 분위기에 맞게 차려입어라. 분위기에 맞지 않는 옷을 입고 나타나면, 사람들은 발표 내용이 아니라 입었던 옷을 기억하여 발표가 실패할 수 있다. 마지막으로 거울로 자신의 앞뒤 모습을 확인하라. 청중에게 보여주고 싶은 모습인지 점검하라.

청중과 눈을 맞추어라

훌륭한 발표자는 시선이 청중에게서 멀어지지 않는다. 자신의 말을 알아듣지도 못하는 천장이나 빈 의자, 기둥, 벽 등을 쳐다보지 않는다. 대신 청중 전체에 흩어져 있는 아는 사람 몇 명을 선택해서 그 사람들 사이로 시선을 옮겨 다닌다.

W 패턴을 사용하는 사람들도 있다. W 패턴은 청중의 왼쪽 뒤쪽을 바라보다가 오른쪽으로 4분의 1 정도 이동하여 앞쪽을 바라

▶ 7-12 W패턴. 확실하게 청중과 눈을 맞추려면 주기적으로 이런 방식으로 눈을 움직여야 한다.

보고, 최종적으로 W 모양을 그리게 되는 방법이다.

의미 없는 군더더기 말을 하지 마라

강당은 사람들로 가득 찼다. 주제는 매력적이었고 프레젠테이션도 탁월했다. 발표자는 평생에 한 번 받을 만한 영광을 받았다. 그런데 그때 나는 '어'라는 군더더기 말에 주목했다. 그 군더더기 말은 너무 빠르게 등장했는데, 5분 간격으로 세어보니 '어'라는 소리가 평균 5초마다 한 번씩 나왔다. 발표자는 자신이 '어'를 말한 사실을 알아차리지 못했고, 대다수 청중도 눈치채지 못했다.

이럴 때 어떻게 해야 할까? 발표자는 자신이 의미 없는 군더더기 말을 사용하는 것을 눈치채지 못할 것이다. 발표 비평을 요청받은 사람은 그런 말에 주목하지 않거나, 굳이 언급하여 기분을 상하게 하고 싶지 않을 수도 있다. 이때 당신이 할 수 있는 것은 발표를 비평하는 사람이 참고할 지침 목록을 구체적으로 작성하는 것이다. 그리고 이렇게 부탁한다. "제가 어, 아, 음과 같은 군더더기 말을 하는지 잘 봐주세요. 그리고 제가 한 번이라도 하면 멈추라고 해주세요."

평서문 끝을 올리지 마라

어떤 발표자는 평서문 끝을 올리면서 끝내는 습관이 있다. 그래서 문장이 질문처럼 들린다. "많은 사람들은 이 습관이 불안함을 드러낸다고 생각합니다."라고 말할 때 문장 끝을 올리면서 말해보라. 자신도 불안하게 들릴 것이다. 문장을 끝낼 때 올리는 습관이 조금이라도 있는지 스스로 점검해보라.

시간을 신경 써라

발표를 너무 오래 질질 끌면 청중을 잃어버린다. 비록 몸은 자리에 있어도 영혼은 벌써 떠나버린다. 손목시계를 사용하지 말고 걸려 있는 시계를 보라. 발표하면서 의식적이든 무의식적이든 손목시계를 많이 본다면 사람들은 당신이 매우 바쁜 사람이거나 예의 없는 사람이라고 생각할 것이다. 어쨌거나 둘 다 좋은 인상을 얻지 못한다.

만약 걸려 있는 시계가 없으면 친구를 활용하라. 친구를 뒷자리에 앉힌 다음 10분이 남았을 때 일어나라고 부탁하는 것이다. 그때는 토끼굴을 적극적으로 사용해야 한다. 정말로 발표를 끝내야 한다는 표시로는 팔짱을 낀다거나 하는 신호를 친구와 미리 정하라.

한두 가지 핵심 주제에 집중하라

한번은 보스턴 대학의 생물학자들에게 '말하는 법'에 관한 강연을 한 적이 있었다. 강연 후 한 교수가 내게 다가와 이렇게 말했다.

"대다수 교수진 후보가 가진 문제는 그동안 수행했던 모든 일을 우리에게 말해야 한다고 생각한다는 겁니다. 그것은 결국 아무것도 말하지 않은 것과 같은데 말입니다."

하지만 성공적인 연구를 많이 수행했다는 사실을 정말로 사람들에게 알리고 싶을 수도 있다. 그럴 때 이렇게 말해본다.

"지난 몇 년 동안 저는 x를 했고 y를 증명했으며, z를 입증했습니다. 오늘은 저의 최근 연구와 현재 집중하고 있는 연구에 중점을 두고 싶습니다. 모든 사람이 부엌에서 쉽게 볼 수 있는 평범한 화학제품을 사용해서 납을 금으로 바꾸는 방법을 보여드리겠습니다."

긍정적으로 말하라

만약 당신이 발표 준비를 제대로 하지 못했다고 말하면 사람들은 당신을 신뢰하지 않을 것이다. 긴장하고 있다거나 대중에게 발표하는 것이 익숙하지 않다는 표현을 한다면, 청중은 발표에 귀를 기울이기보다 불안한 시선으로 당신을 바라볼 것이다. 게다가 시청각 장치의 오류를 굳이 드러내거나 자신의 말이 모국어가 아니라서 미안하다고 계속해서 사과한다면, 청중은 그 문제에만 관심을 집중하게 되어 발표 상황이 악화될 수 있다. 불필요한 말을 하지 않고 청중이 발표에만 집중할 수 있도록 긍정적인 말투와 언어를 사용하는 것이 매우 중요하다.

때때로 발표 내용이 이해하기 어려울 때 너무 많은 단어를 사용할 수 있지만 이런 오류는 용서받을 수 있다. 이 경우 슬라이드에 발표의 가장 핵심적인 사항을 적어놓으면 된다.

무반응이나 냉담한 관객을 대비하라

발표자가 신이 나 있는데 청중은 그렇지 않다면 어떻게 해야 할까? 발표자가 농담을 했는데 아무도 웃지 않는다면, 마치 그랜드 캐니언의 바닥에 있는 돌들에게 말하는 것처럼 느껴질 수 있다. 이럴 때 당신은 무엇을 해야 할까?

먼저 혼자만 겪는 일이 아니라는 사실을 상기하고 낙심하지 말아야 한다. 이런 상황은 대체로 발표자와 무관한 이유로 발생하곤 한다. 그다음에는 농담으로 승화시키는 것이 좋다. 코미디언 밀턴 베를Milton Berle은 이렇게 말했다.

"지금 이 상황은 뭐죠? 청중인가요? 아니면 유화인가요?"

질문에 답변하는 방법을 생각하라

갑작스럽게 질문을 받으면 대응할 방법을 생각할 여유가 없다. 따라서 대응하기 위한 몇 가지 표준 방법을 미리 알아두어야 한다.

각 질문을 반복하라

한 사람의 갑작스러운 질문을 그 자리에 있는 대부분의 청중은 제대로 듣지 못했을 수도 있다. 따라서 질문을 받을 때마다 반복해서 다시 말해주어라. 어떤 질문인지도 모르는 상태에서 대답을 듣고 싶은 사람은 아무도 없다. 그리고 질문을 반복하면 발표자 자신도 질문을 제대로 이해했는지 확인할 수 있다. 하지만 습관이 안 되어 있다면 모든 질문을 반복해야 한다는 것을 쉽게 잊어버릴 수 있다. 이때를 대비해서 잊어버리면 앞줄에 있는 사람에게 신호를 보내달라고 미리 요청해 놓는다.

답변할 수 없는 질문을 받더라도 자신감을 잃지 마라

때로는 제대로 답변할 수 없는 질문을 하는 사람들이 더러 있다. 그럴 때 허세를 부리려고 하지 마라. 그리고 사과하지도 마라. 그냥 "훌륭한 질문이네요."라고 말하고(모든 질문은 훌륭하다) 다음의 대안 중 한 가지를 실행하라.

고백 전략

- 처음 받아본 질문이네요. 그래서 질문에 대해 생각해봐야겠습니다.
- 지금 답변 드리기 어렵네요. 하지만 다시 연락드리겠습니다.

그러나 이 방법을 너무 자주 사용하지는 말라. 페이스북 CEO

마크 저커버그는 2018년 상원법사위원회와 상무위원회에서 개인정보 보호와 고객 데이터의 사용에 대해 증언했다. 그중 20건이 넘는 답변이 "그 문제에 관해선 저희 팀이 다시 연락드리겠습니다."를 다양한 버전으로 말한 것이었다. 이런 유형의 답변을 과용한 일로 많은 논란이 있었다.

후속 논의 전략
- 쉽게 대답할 수 있는 질문이 아닙니다. 발표가 끝난 후에 같이 논의해 보시죠.

질문자가 많다면 긴 답변이 필요한 질문은 나중에 처리하고 싶다고 말할 수 있다.

아직 준비되지 않은 전략
- 지금 대답할 수 있는 질문이 아닙니다. 그러나 많이 생각해 볼 만한 질문입니다.
- 그 질문을 계속 생각해왔지만, 아직 결론을 찾지 못했습니다.

어려운 문제 전략
- 그 질문에 답변하는 것은 현재의 수준을 넘어서는 일입니다.
- 그 질문에 대답하려면 수년이 걸릴 것입니다.
- 그 질문은 지금보다 더 많은 고민이 필요합니다.

- 더 많은 사람들이 그 질문에 대답할 수 있도록 연구하길 바랍니다.

적대적인 질문에 대비하라

어떤 질문자는 자신이 똑똑하다는 것을 보여주기 위해 질문으로 위장하여 의견을 표현하기도 한다. '이야기 이해' 강연에서 나는 가끔 셰익스피어의《맥베스》를 100문장으로 요약한 요약본을 사용한다. 그리고 창세기 이야기의 이해 체계가 이 요약본에서 국왕 살해, 복수, 희생이 너무 커서 패배와 다를 바 없는 이른바 피로스의 승리를 어떻게 바라보는지를 설명한다. 이들 단어나 유의어는 100문장에 나타나지 않는데도 말이다.

한번은 청중 중 한 적대적인 사람이 엘리자베스 시대 영국의 정치적 현실을 언급하지 않고는《맥베스》를 이해할 수 없다고 길게 이야기하기 시작했다. 그는 자신이 셰익스피어에 대해 많이 알고 있다는 사실을 모두에게 보여주고 싶어 하는 듯했지만, 그 과정에서 예시의 핵심을 놓치는 중요한 실수를 하고 말았다. 이런 경우 나는 대체로 후속 논의 전략이나 다음 전략 중 하나를 사용하여 대답한다.

감사 전략

- 의견 주셔서 감사합니다. 사고의 전환을 불러일으키는 말이네요.

질문자가 너무 무례해서 극도로 화나게 하면 좀 더 공격적으로 대응할 수도 있다. 특히 청중이 내 편이라는 확신이 든다면 더욱 그렇다.

존중 전략

- 죄송하지만, 질문이 논점을 약간 벗어난 것 같습니다.

사실 이런 말은 적대적인 답변이므로 공격을 피하지 않고 맞받아치는 것을 보여주고 싶을 때만 사용해야 한다. "죄송하지만"이라고 말할 때 존중의 정도가 0이라는 것을 암시한다. "논점을 약간 벗어난"이라는 말은 완전히 논점을 벗어났다는 뜻이다.

문제점 지적 전략

- 의견을 줄 의도인지, 모욕을 줄 의도인지 잘 모르겠네요. 어느 쪽이든 예의는 지키면서 따로 논의하시죠.

질문이 없는 경우를 대비하라

질문을 전혀 하지 않는 청중도 더러 있다. 이때는 발표가 말할 수 없이 명확해서 질문이 없거나, 반대로 명확한 내용이 전혀 없어서 질문을 어디서부터 해야 할지 몰라서일 수도 있다. 그것도 아니면 청중이 그냥 피곤해서 질문이 없을 수도 있다.

그렇더라도 발표자가 질문할 시간이라고 했는데 아무도 질문하지 않는다면 어떻게 해야 할까? 이런 상황에 대처할 수 있는 몇 가지 질문을 미리 생각해두면 좋다. 이렇게 말하면 된다.

"그럼 여러분이 생각하시는 동안 제가 중요하게 여기는 질문을 하나 해보겠습니다."

질문을 한두 개 한 이후에도 질문이 없다면 질문 시간이 끝났다고 선언하고 마무리 인사를 하면 된다.

훌륭한 연사를 모방하라

나는 훌륭한 강의나 강연, 연설을 보고 들을 때마다 그것이 왜 좋은지 스스로 질문하고 녹화된 영상을 다시 본다. 우리 인간은 훌륭한 모방가이기도 하다. 좋은 강연의 특징이 무엇인지 연구하고 훌륭한 강연을 목격했을 때 그러한 특징에 집중한다. 그래서 직접 강연할 때 자연스럽게 그 특징을 다양하게 적용해보는 것이다.

훌륭한 강연자를 보면서 오프닝과 클로징 아이디어, VSN-C 전달, 슬라이드 구성, 소품 사용, 전체적인 구조, 제스처, 눈 맞춤, 열정을 표현하는 방법을 흡수했다. 만약 훌륭한 강연자를 보며 "왜?"라는 질문을 하지 않았다면 나는 발표하는 법에 대해 많은 내용을 쓸 수 없었을 것이다.

앞서 나는 강연대에 매여서 말하는 것, 지나치게 많은 단어로 너무 많은 슬라이드를 보여주는 것, 레이저 포인터를 흔드는 것, 주머니에 손을 넣는 것, 군더더기 말을 하는 것, 문장 끝을 올려서 말하는 것에 대해 설명했다. 내가 만약 강연자들의 단점을 보고 '왜'라는 질문을 하지 않았다면 나쁜 습관에 관한 많은 내용을 쓰지 못했을 것이다.

감동적인 문구를 작성하라

훌륭한 강연자는 정말 소중한 아이디어를 최고급 옷을 입혀서 전달한다. 그들의 말을 듣거나 읽다 보면 나도 모르게 그들의 말을 새로운 요구에 맞는 새로운 표현으로 수정한다.

다음은 내가 가장 좋아하는 표현들이다.

1775년에 패트릭 헨리는 독립전쟁이 시작되었을 때 즉각적인 행동을 요구했다.
"우리 형제들은 이미 전장에 나갔습니다! 왜 우린 여기 멍하니 서 있는 겁니까?" (코플랜드와 램, 1973)

제2차 세계대전 초기는 영국 역사상 가장 암울했던 시기였다. 윈스턴 처칠은 나치 독일에 패배가 확실해 보이는 상황에서 뒤로 물러서지 않고 국민에게 저항할 것을 촉구했다. 그는 이렇게 말했다.

"우리의 의무를 다합시다. 그리고 우리의 각오를 다집시다. 그래서 대영제국과 그 연방이 천년이 지속된다고 해도 사람들은 여전히 이렇게 말할 것입니다. '이때가 가장 좋은 시절이었습니다.'" (처칠, 1940)

이 연설은 처칠의 '가장 좋은 시절' 연설로 알려지게 되었고 이 감동적인 문구는 슬로건이 되었다.

감동적인 문구에는 종종 같은 소리로 시작하는 일련의 밀접하게 연결된 단어들인 운율이 포함되어 있다. 존 F. 케네디는 자유를 향한 미국의 헌신을 표현할 때 운율을 사용했다.

"그들이 우리가 잘되기를 원하든 원하지 않든 전 세계의 모든 국가에 알립시다. 우리는 자유의 생존과 성공을 보장하기 위해 어떠한 대가도 치를 것이며, 어떠한 짐도 질 것이며, 어떠한 어려움에도 맞설 것입니다. 우방을 지지하고 어떠한 적에게도 저항하겠다는 것을 말입니다." (케네디, 1961)

알아야 할 사항

- 오프닝과 클로징을 계획하라.

- 발표를 여러 부분으로 나누어라.

- 강연대에 갇혀 있지 마라.

- 레이저 프린터 대신 리모컨을 사용하라.

- 슬라이드를 쳐다보지 마라. 발표자와 청중 사이에 디스플레이 장치를 두어라.

- 걸려 넘어지지 않도록 느슨한 전선을 테이프로 고정시켜라.

- 턱수염과 머리카락을 만지지 마라.

- 검지 대신 손을 펴서 가리켜라.

- 적절하게 옷을 입어라. 편안한 옷을 입되 청중의 기대를 존중하라.

- 청중과 계속 눈을 맞추어라.

- 군더더기 말을 하지 마라.

- 평서문 끝을 올리는 어조로 말하지 마라.

- 예정된 시간에 발표를 끝내라.

- 한두 가지 핵심 주제에 집중하라.

- 자신을 비하하지 마라.

- 청중에게 들은 질문을 항상 반복하라.

- 답변할 수 없는 질문에 대비하여 일반적인 전략을 연습하라.

- 적의 있는 질문과 아무런 질문이 없는 상황에 대비하라.

- 훌륭한 강연자를 연구하고 '왜?'라는 질문을 하면서 좋은 습관을 배워라.

- 훌륭한 아이디어를 전달하는 감동적인 문장을 작성하라.

- 감동적인 문장은 종종 슬로건이 된다.

3부

교수법

"
매일의 업무 계획을 세우고 계획대로 실행하세요.
"

마거릿 대처 Margaret Thatcher | 영국 정치가, 총리

1장
강의를 준비하는 방법

이번 장에서는 전통적인 강의의 특별한 요구 사항에 주의를 기울이며 강의를 준비하는 방법과 널리 적용할 수 있는 핵심 사항에 대해 알아볼 것이다.

강의와 의사소통이 교차하는 지점

디지털 이전의 세상에서 인문학 전공 학생들은 주로 책을 읽고 수업에서 토론하며 논문을 썼다. 반면 과학과 공학 전공 학생들은 수업을 듣고 과제를 수행하며 문제 풀고 시험을 보았다.

현재의 디지털 세상에서는 플립드 러닝(역진행 수업)과 온라인 수업 등 다양한 방법이 등장했다. 역진행 수업 방식에서는 학생들이 온라인 강의를 시청하는데, 온라인 강의는 10분 분량의 강의와 짧은 퀴즈로 구성된다. 학생들은 수업 시간에 강의를 토론하고 실험을 수행하며, 문제를 해결하거나 팀 프로젝트를 진행한다. 강의 전체가 온라인으로 진행될 때는 온라인 토론 그룹이 수업을 대체한다. 이처럼 새롭게 등장한 방법을 고려해서 가르치는 올바른 교수법은 무엇일까?

어떤 교수는 최신 기술을 받아들이지만, 반면에 칠판과 분필을 여전히 고수하는 교수도 있다. 어떤 학생은 대면 강의를 선호하는 반면, 그 시간에 잠을 자고 강의는 온라인으로 듣기를 원하는 학생도 있다. 결국 올바른 방법은 교수, 학생, 과목, 학습 내용에 따라 달라질 수 있다.

본인 상황에 따라 올바른 방법이 무엇이라고 결정하든 널리 적용되는 커뮤니케이션의 핵심 요소가 중요하다. 이번 장에서는 이러한 핵심을 다룰 것이다.

널리 적용될 수 있는 핵심에 집중하라

토론이든 강의이든, 역진행 수업이든, 온라인 강의이든 무엇을 준비하는지에 상관없이 많은 단계에는 공통점이 있다. 대학과 기업 교육도 마찬가지다. 이처럼 어디에든 적용되는 공통된 핵심에 집중해야 한다.

학습 결과를 확인하라

한번은 강의실에서 슬라이드를 사용하는 문제를 놓고 동료 교수와 이야기를 한 적이 있다. 나는 "슬라이드를 제법 많이 사용하더군요." 라고 말했다. 그는 "네, 그렇게 하면 더 많은 자료를 다룰 수 있거든요." 하고 답했다.

나는 속으로 생각했다. '강의에서 다루고 싶은 내용뿐 아니라 가르치고 싶은 것이 무엇인지 생각해보아야 한다.' 다시 말해 수업을 통해 바라는 결과가 무엇인지 확인해야 한다는 것이다.

교육자인 벤저민 블룸Benjamin Bloom은 1956년에 학습 결과의 분류체계를 개발하는 위원회의 의장이었다. 현재는 살짝 개정되어 블룸의 분류체계는 바닥에서 꼭대기까지 총 6단계로 구성되어 있다. (앤더슨&크래스월, 2001)

▶ 1-1 블룸의 분류체계

많은 교수들은 블룸의 분류체계를 사용하여 결과에 대한 자세한 설명에 많은 시간을 투자한다. 그들은 이런 노력이 시간을 배분하고 시험을 계획하는 데 도움이 된다고 주장한다. 그러나 블룸의 분류체계는 비판의 여지가 있다. 어떤 사람들은 단계별 차이가 모호하다고 주장하면서 분류체계에서 상위 3단계는 능력을 설명하는 것으로, 하단에서 순차적으로 올라가는 것이 아니라 1-2와 같이 동시에 획득되어야 하는 능력이라고 주장한다.

분석하기	평가하기	창조하기
응용하기		
이해하기		
기억하기		

▶ 1-2 수정된 블룸의 분류체계

따라서 학습 결과에 대해 생각해야 하는 한편, 분류체계에 어떻게 접근할지 자신만의 간략한 방법을 개발하기로 결정할 수 있다. 예를 들어 기억하기, 이해하기, 분석하기와 같은 요소는 자동적인 부산물로 생성될 것으로 기대하고, 응용하기와 평가하기 요소를 주로 생각하는 것으로 선택할 수 있다.

당신이 어떤 분류체계를 사용하든 시간을 배분하고 시험을 계획하는 데 도움을 준다. 다만 주의할 사항은 어떤 분류체계도 몰입도가 높은 강의를 구성하는 방법을 도와주지는 못한다는 것이다. 이를 위해서는 2장 강의하는 방법(216쪽)을 자세히 읽어야 한다. 또한 블룸의 분류체계는 영감을 고취시키는 데도 도움이 되지 못한다. 이를 위해서는 3장 영감을 주는 방법(236쪽)을 읽어야 한다.

역량 강화 약속은 흥미를 일으킨다

수업은 시작과 끝이 가장 중요하다. 신중하게 만든 역량 강화 약속으로 수업을 시작하고, 약속을 이행했다는 사실을 언급하면서 수업을 마무리해야 한다.

일반적으로 역량 강화 약속은 은연중 블룸의 분류체계 중 하나와 연결된다. 예를 들어 게임에 대한 강의에서 학생들에게 딥블루 Deep Blue 체스 게임 프로그램이 어떻게 작동하는지 이해하게 될 것이라고 약속할 수 있다(블룸의 분류체계2 : 이해하기). 또는 기본적인 게임 플레이 프로그램을 만들 수 있을 것이라고 약속할 수 있다(블룸의 분류체계3 : 응용하기). 유명한 논문을 토의하는 수업에서는 논문이 훌륭한 이유를 더 잘 이해할 수 있을 것으로 약속할 수 있다(블룸의 분류체계5 : 평가하기).

약속을 전달하는 구체적인 방법에 대한 예시는 마찬가지로 '2장 강의하는 방법'(216쪽)을 참고하라.

질문은 참여를 유도한다

많은 분야의 교수들은 소크라테스가 했던 것처럼 가르친다. 즉, 교재를 읽고 수업에 와서 읽은 내용을 토론한다. 그리고 교수는 질문하고 학생은 질문에 답한다.

나는 그런 수업을 가르칠 때 읽기 자료에 형광펜으로 표시하고 여백에 메모를 작성하며 큰 물음표와 반복적인 핵심 내용을 표시한다. 이러한 추가정보 표시는 역량 강화 약속을 전달하기 위해 질문을 작성할 때 중요한 소재가 된다.

1950년, 수학자이자 논리학자인 앨런 튜링Alan Turing은 튜링 테스트*를 소개했다. 이 테스트에서 질문자는 컴퓨터와 사람에게 동시에 질문을 한다. 컴퓨터는 사람처럼 대답하려고 노력하며 모든 상호작용은 텍스트를 통해 이루어진다. 만약 평균적인 질문자가 5분 후에 사람의 대답과 컴퓨터의 대답을 정확하게 구분할 가능성이 70% 이하라면, 그 컴퓨터는 지능적이라고 할 수 있다.

내가 가지고 있는 튜링 논문의 사본에는 추가 정보가 가득 담겨 있다. 나는 이 정보를 바탕으로 수업에 활용할 질문을 도출해 냈다.

- 튜링 테스트를 통과한 기계가 인간 지능에 대한 새로운 실마리를 제공한다고 생각하는가?
- 어떠한 입장을 찬성하거나 반대할 때, 생각할 수 있는 모든 주장을 사용하는 것이 항상 가장 좋기만 할까?
- 컴퓨터는 프로그래밍된 일만 수행할 수 있다는 주장에 대해 어떻게 생각하는가?
- 튜링이 초감각적 인식을 믿는 이유가 무엇인가?

토론 기반 수업에서는 질문과 대답이 중심이지만, 좋은 질문은

---

* Turing test, 기계가 인공지능을 갖추었는지를 판별하는 실험

강의할 때도 참여를 유도하는 데 도움이 된다.

강력한 아이디어는 큰 그림을 보여준다

시모어 페퍼트는 어린이를 위한 로고 프로그래밍 언어 개발자이다. 그는 사람들에게 큰 그림에 집중하고 강력한 아이디어에 초점을 맞추도록 장려함으로써 아이들부터 동료들까지, 주위의 모든 사람을 더 똑똑하게 만들었다. 학생들에게도 동일한 방법을 적용할 수 있다. 수업 자료가 널리 적용될 수 있도록 강력한 아이디어가 일반화되는 방법을 강조하면 된다.

나 역시 강력한 아이디어를 강조하는 방법으로 수업 시작 전에 아이디어를 커다란 금색 별로 표시하여 보드판에 붙여놓는다. 게임 플레이 프로그램을 강의할 때도 두 개의 아이디어에 금색 별 표시를 해놓는다.

▶ 1-3 금색 별 표시의 아이디어

페일 패스트 원칙 프로그램은 최선일 수 없는 수를 절대로 탐색해서는 안 된다는 원칙이다. 애니타임 알고리즘은 즉각적인 답을 제공하지만, 더 많은 시간이 주어지면 더 좋은 답변을 도출할 수 있는 속성을 가진 프로그램이다.

분석하고 평가하며 창조할 때 강력한 아이디어가 필요하다. 이 강력한 아이디어에 관한 토론을 통해 블룸의 분류체계에서 3가지 (창조, 평가, 분석) 가장 높은 단계의 교육을 제공할 수 있다.

수업 규모가 중요하다

강의 내용은 수업 규모에 따라 달라진다. 학생 수가 1~5명이면 자유롭게 대화하면서 수업할 수 있다. 학생 수가 5~25명이라면 읽기 과제를 토대로 토론할 수 있다. 준비 시간은 주로 논문을 읽는 데 소요되고, 추가로 물어볼 질문을 생각하는 데 한두 시간이 소요된다. 만약 예전에 했던 수업이라면 논문을 다시 읽고 검토하며 기억을 떠올리는 데 한 시간 정도 소요된다.

수업 규모가 토론하기에는 너무 크거나 주제가 토론에 적합하지 않다면 강의를 하면 된다. 학생 수가 70명이 넘으면 강의는 마치 연극처럼 진행되고 강의자는 연기자가 된다. 그냥 가르치는 사람이 아니라 등장인물이 되는 것이다. 학생들은 주위를 둘러보며 학생들이 많이 있다는 사실을 확인하고는 수업 규모에 비례하여 준비 시간을 많이 투자했을 거라고 기대한다.

난처한 순간에 대비하라

강의를 하다 보면 사회적으로 성숙하지 못한 한 사람이 강의하는 사람을 비웃을 의도로 잘못된 행동을 할 수 있다. 이런 행동은 성차별, 인종차별, 외국인 혐오 발언이 될 수도 있으며 또는 자신도 모르게 부적절한 주제를 소개하는 프로젝트 발표가 될 수도 있다. 이런 끔찍한 순간에 맞닥뜨리면 생각할 여유가 없고 머릿속이 하얘질 뿐이다. 그러므로 이런 순간을 어떻게 대처할지 미리 준비해야 한다. 다음과 같이 시작할 수 있다.

- 분명 불쾌하게 할 의도는 아니었겠지만, 나를 비롯해 여기 있는 많은 분들이 그 발언에 아주 기분이 상할 거라는 사실을 알아야 합니다.
- 그 발언에 제가 불쾌할 거라는 사실을 알았으면 합니다. 앞으로는 그런 말을 내뱉기 전에 방금 했던 일을 곰곰이 생각해보길 바랍니다.
- 방금 그 발언은 고의적으로 불쾌하게 하려고 했다는 생각이 드네요. 그 정도의 어리석음은 자연적으로 나올 수 있는 게 아니거든요.

심한 경우 극단적인 방법으로 그 무례한 사람에게 나가라고 요청할 수 있다. 만약 무례한 사람이 나가지 않으면 강의하는 사람이 나갈 수도 있다.

강의 준비는 추가 단계가 필요하다

어떤 수업이든지 학습 결과에 대한 성찰, 역량 강화 약속과 질문, 강력한 아이디어를 개발하는 데 전념하는 것이 필요하다. 특히 대규모 청중이 대상인 강의를 준비한다면 당연히 훨씬 더 많은 노력이 필요하다.

적정한 준비 시간을 할애하라

강의 준비를 할 때 나는 평균 20시간 정도를 할애한다. 동료들도 그 정도 시간을 사용한다고 한다.

하지만 강의 자료가 어려우면 시간이 더 소요되기도 한다. 가르칠 때는 노트나 슬라이드를 사용하면 시간이 약간 줄어들긴 하지만, 데모의 문제가 있다. 내 수업에 필요한 데모는 내가 직접 작성하는 프로그램이기 때문에 일주일이 걸릴 수도 있다.

이럴 때 나는 가끔씩 손쉬운 방법을 이용하기도 한다. 새로운 자료를 소개하고 싶은데 동료 교수가 만약 그 주제의 전문가라면 그에게 한두 강의를 해달라고 부탁한다. 그의 강의를 들으면서 나는 미친 듯이 메모를 한 다음 내 목소리로 직접 그 이야기를 재구성한다. 그리고 강의를 시작할 때 새로운 약속을 하고, 사례를 수정하고, 명확히 설명하고, 새로운 방식으로 결론을 내린다. 이런 접근법을 사용하면 대부분 평균 준비 시간이 10시간으로 단축될 수 있다.

또한 누군가의 교과서를 참고하거나 가끔씩 온라인 과정을 공부하는 것도 준비 시간을 줄이는 방법이다. 그러나 도움이 될 만한 내용이 많지는 않다. 이런 소스들은 50분이라는 MIT 강의시간을 채우기에 충분하지 않다.

전에 같은 과목을 몇 번 강의한 적이 있다면, 준비 시간은 검토와 갱신, 리허설의 문제일 뿐이다. 물론 다양한 과목을 가르친다면 한 강의를 준비하는 데 20시간을 쓸 수 없을 것이다. 그럴 때는 교과서 출판사의 도움을 받을 수 있다.

등록 인원이 많은 과목의 경우 출판사는 온갖 종류의 개요와 노트, 슬라이드를 제공해준다. 슬라이드 일부를 없애고 다른 내용을 추가하거나 단어가 너무 많으면 삭제하는 작업을 하라. 그리고 프로젝터를 끄고 보드에서만 진행할 내용을 추려내는 데 집중해야 한다.

사례를 선택하라

당신이 이야기하고 싶은 내용을 노트에 정리할 때, 개념을 설명할 수 있는 사례를 찾아야 한다. 나는 사례를 바꾸지 않고 그대로 사용하거나 수정하기도 하고, 직접 사례를 만들기도 한다. 그리고 사례에는 항상 그림이 포함되도록 한다. 인간은 입과 귀뿐만 아니라 눈으로도 생각하기 때문이다. 예를 들어 나는 1-4와 같이 탐색 프로그램에 대한 강의에서 시작점 S에서 목표 G로 가는 경로를 찾는 방법을 이야기한다.

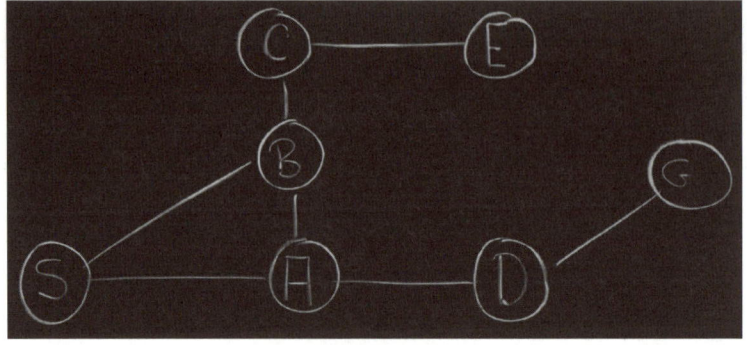

▶ 1-4 간단한 탐색 프로그램. 프로그램은 시작점 S와 목표 G 사이의 경로를 찾는 것이다.

나는 이 예시가 너무 단순하여 루프를 포함하지 않는 가능한 모든 경로를 쉽게 그릴 수 있다는 점을 지적한다. 이런 경로는 1-5와 같이 깊이 우선 탐색, 너비 우선 탐색 같은 다양한 탐색 기법을 논의하는 데 기초 역할을 한다.

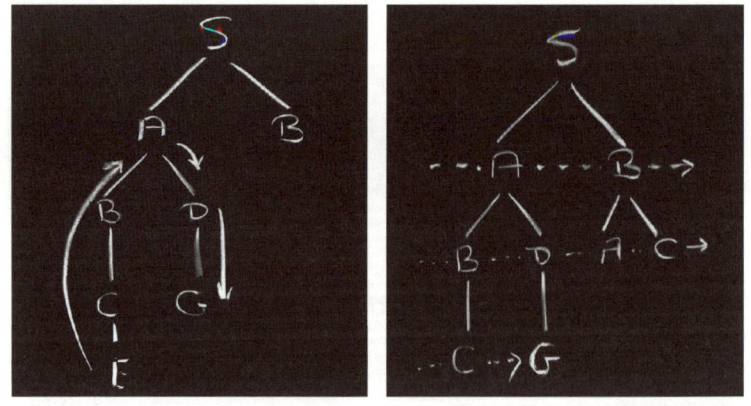

▶ 1-5 깊이 우선 탐색은 경로 트리로 들어가서 계속 탐색하다 막다른 길을 만나면, 다시 돌아서 탐색하지 않은 경로를 탐색한다. 반면 너비 우선 탐색은 한 층씩 이동하며 모든 가능한 경로를 조사하며 완전한 경로를 찾는다.

이 두 가지 탐색 기법을 설명하고, 강의에서 가장 짧은 경로를 탐색하는 다양한 방법을 계속 설명한다.

세부 사항을 작업하라

만일 주제가 수학과 관련이 있다면 예시를 개발할 때 논의하고 싶은 수학을 언제든지 스케치할 수 있다. 나는 항상 수학을 그림과 함께 설정한다. 1-6은 내가 사용하는 그림이다. 무차별 대입 방식의 게임 플레이 프로그램이 게임 플레이어에게 가능한 움직임을 찾을 때 발생할 수 있는 상황을 보여주려고 이 그림을 사용한다.

그림은 플레이어의 상대방이 할 수 있는 움직임을 고려하고, 그다음에는 플레이어가 상대방 움직임에 대응하는 방식을 고려하며 이런 식으로 계속 깊이 'd'까지 내려간다.

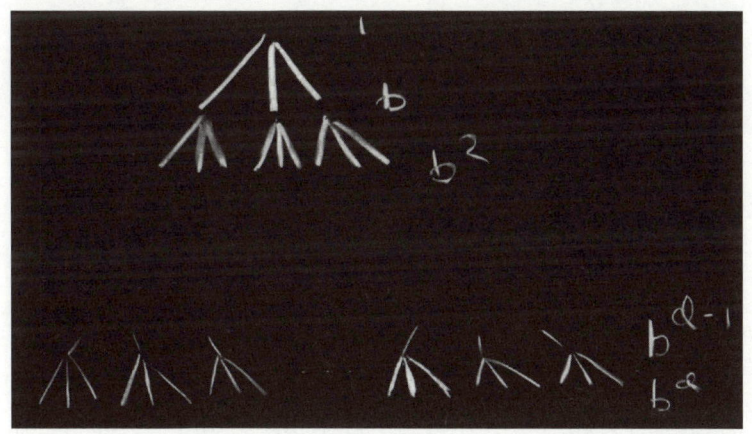

▶ 1-6 각 게임 플레이어가 이전 레벨에서 발생한 모든 상황에 대해 각 레벨에서 사용할 수 있는 b개의 움직임이 있는 균일한 게임 트리.

개요를 작성하라

개념, 사례, 수학을 결정했다면 거의 끝낸 셈이다. 이제 개요를 통해 순서를 결정할 시간이다. 이럴 때 나는 항상 '깨진 유리 개요' 방식을 사용한다. 이 방식을 계속 준비하면서 수정하고 세부내용을 추가해나간다.

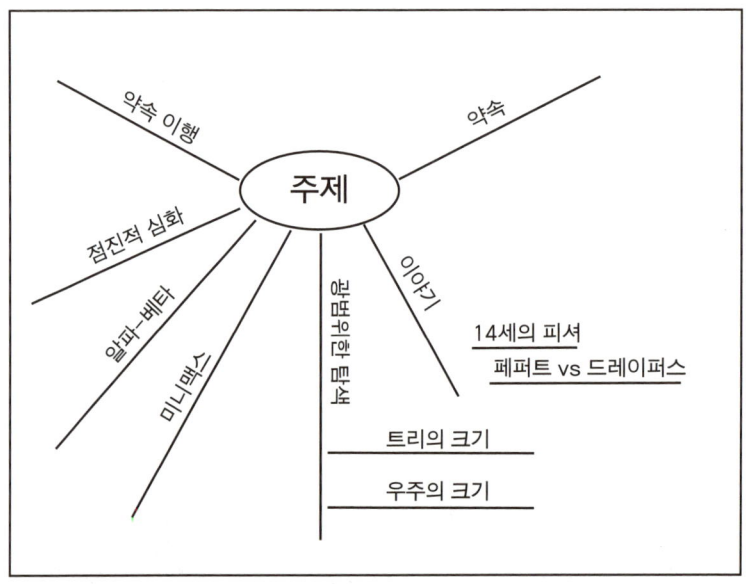

▶ 1-7 게임 강의를 위한 첫 번째 개요

리허설을 하라

나는 인공지능 과목에서 대체로 350~400명의 학생들을 대상으로 강의한다. 그래서 이 수업은 연극으로 분류된다. 리허설 없이 〈맥베스〉의 맥베스 연기를 하지 않는 것처럼, 리허설 없이 커다란 강연장에 들어간다는 것은 상상할 수 없는 일이다.

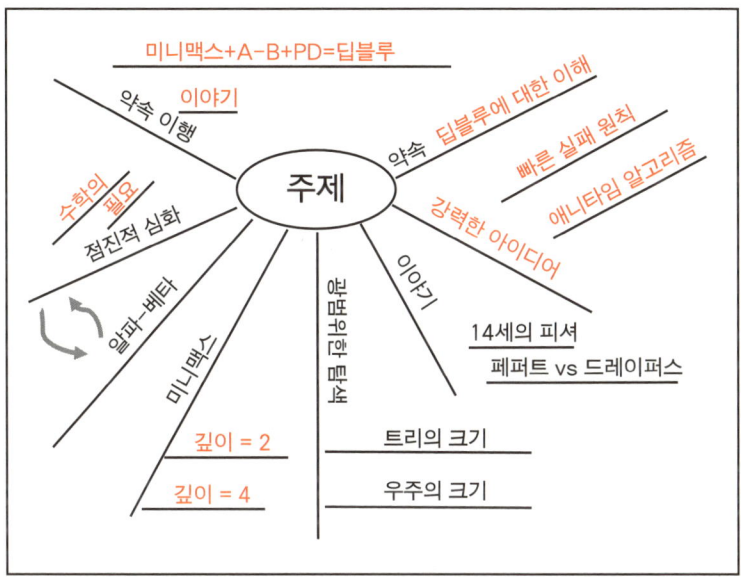

▶ 1-8 게임 강의를 위한 마지막 개요. 약속과 약속 이행에 대한 확장된 스포크, 강력한 아이디어에 대한 추가된 스포크, 화살표는 순서가 바뀌었음을 나타낸다.

강의는 운 좋게도 오전 10시다. 강의실 건물인 스테이타 센터의 커뮤니티 센터에는 커다란 칠판이 있다. 마지막 리허설을 위해 나는 대부분의 학생이 일어나기 한참 전인 오전 7시에 칠판 앞으로 달려

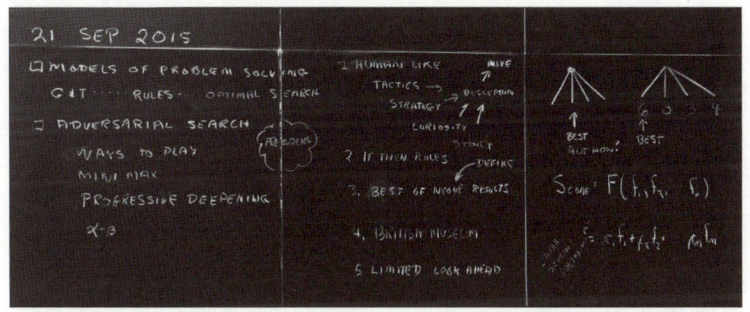

▶ 1-9 게임 플레이 프로그램 강의를 위한 다섯 번의 리허설 칠판 중 첫 번째. 개요 상단에 첫 번째 칠판 위의 날짜를 주목하라. 개요는 주제와 구조 측면에서 현재 수업의 위치를 보여준다.

갔다.

나는 실제 강의시간처럼 리허설을 하지 않는다. 어떤 자료는 실제 시간보다 더 빠르게 훑어본다. 다른 자료는 몇 분 동안 쳐다보며 혼잣말을 하고, 하고 싶은 말을 정확히 정리하며, 종종 이전에 생각해본 적이 없는 설명을 덧붙이기도 한다. 수학이 포함되거나 예시가 복잡하다면 확실히 기억에 남을 때까지 그 내용을 적고 지우고 다시 실행한다. 그리고 색깔 분필로 그림에 명확함을 추가할 수 있는 위치를 계획한다. 위아래로 움직이는 칠판으로 작업할 때는 그림을 정렬할 방법도 생각한다. 이렇게 하다 보면 최종적으로는 특별한 노력 없이 내용을 암기하게 된다. 물론 단어의 뜻 그대로를 암기한다는 것이 아니라 메모 내용을 참고하지 않고도 강의할 수 있다는 뜻이다. 안전망으로써 리허설 보드 사진이 있지만, 몇 년 동안 그 사진을 사용해본 적은 없다.

리허설을 마쳤을 때는 나중에 참고하기 위해 칠판을 사진으로 찍어둔다. 그리고 나서 훗날 전에 했던 강의를 준비할 때 그 전년도

▶ 1-10 어떤 날에는 내가 얻을 수 있는 모든 도움을 사용할 수 있다.

리허설 칠판 사진을 확인하고 현재의 리허설 보드판에 개선 사항을 함께 적어놓는다.

스테이타 센터에는 어린이집이 있는데, 나는 종종 그곳에서도 연습한다. 어린이들이 지나가면서 종종 다양한 통찰력을 제공하기도 하기 때문이다.

알아야 할 사항

- 학생들에게 가르치고 싶은 내용을 결정하라. 블룸의 분류체계 또는 직접 고안한 분류체계를 사용하라.
- 역량 강화 약속과 몰입을 고취시키는 질문을 개발하라.
- 강력한 아이디어를 도출하여 능력 이상을 가르쳐라.
- 성차별적, 인종차별적, 외국인 혐오적 상황에 대비하라.
- 개념, 예시, 과학과 공학, 수학에 특별한 관심을 가지고 수업자료를 학습하라.
- 예시를 개발하거나 선택하고, 세부 사항을 작업하라.
- 수업자료를 구성하는 데 도움이 되는 '깨진 유리 개요'를 작성하라.
- 연극에서 연기할 때처럼 리허설 하라.

"
훌륭한 즉흥 연설을 준비하려면 보통 3주 이상 걸립니다.
"

마크 트웨인 Mark Twain | 미국 작가이자 유머 작가

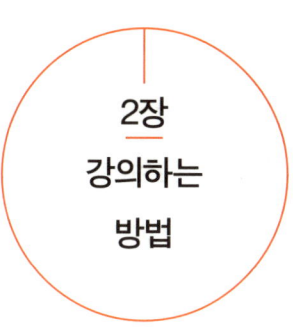

이번 장에서는 역량 강화 약속으로 강의를 시작하는 것을 배운다. 또 화면에 띄우는 슬라이드와 분필로 칠판에 쓰는 강의의 장점을 배우고, 핸드폰과 노트북을 금지해야 하는 이유도 알아보자. 마지막으로 약속을 이행함으로써 강의를 마치는 방법도 이야기한다.

현장 강의는 여전히 인기 있다

녹화 강의에는 명백한 장점이 있다. 먼저 일반적인 강의시간 분량에 맞추지 않아도 된다. 학생들은 강의 속도를 높일 수 있고, 완전히 이해하지 못한 부분을 다시 들을 수 있다. 그리고 역진행 수업에 시간을 쓸 수 있다.

내 강의 중 상당수는 온라인으로 진행된다. 그럼에도 학생들은 왜 굳이 강의를 들으러 오는지 의아한 생각도 든다. 심지어 온라인 영상을 보고 오프라인 수업에 참여하는 학생들도 있다. 이는 어쩌면 사회적 현상일지도 모른다. 연극이나 콘서트에 가면 신비스럽고 특별한 즐거움을 얻는 것처럼, 라이브 공연을 보는 듯한 특별한 무언가가 있나 보다.

역량 강화 약속으로 시작하라

강의에 오는 사람들은 대부분 이 강의를 들을 가치가 있는지 알고 싶어 한다. 따라서 이메일을 읽거나 친구에게 문자를 보내고, 또는 웹서핑을 하는 것보다 강의 한 시간을 듣는 게 더 좋다는 확신을 주어야 한다. 즉, 모든 청중에게 역량 강화를 약속해야 한다.

역량 강화는 다양한 형태로 이루어진다. 학생은 문제를 해결하거나 시험을 잘 볼 수 있을 때, 교수진은 새로운 시각으로 문제를 바라볼 수 있을 때 역량이 강화되었다고 느낀다. 유권자는 들은 내용이 마음에 들 때, 투자자는 돈을 벌 새로운 방법을 배울 때 역량이 강화되었다고 느낀다. 혹은 저녁 식사 자리에서 대화하기 좋은 주제를 배울 때 모든 사람들은 역량이 강화되었다고 느낄 수 있다.

강의가 시작된 후 처음 5분 이내에 역량 강화 약속을 해야 한다.

개요를 통해 약속하라

강의에서 역량 강화를 약속하는 방법으로, 계획에 대한 개요를 칠판에 쓸 수 있다. 이는 청중에게 곧 강의가 시작된다는 사실을 알리는 동시에 약속을 이행하는 매개체 역할을 한다는 면에서 바람직한 방법이다. 칠판에 개요를 쓰면 대화를 중단하고 휴대폰과 태블릿을 손에서 내려놓아야 할 때라는 사실을 알릴 수 있다.

다음은 인공지능 과목의 첫 강의에서 내가 썼던 개요이다.

```
□ WHAT ARTIFICIAL INTELLIGENCE
  IS ALL ABOUT
    □ DEFINITION
    □ ENGINEERING POINT OF VIEW
    □ SCIENCE POINT OF VIEW
  □ HISTORY 75,000 BCE TO PRESENT
  □ MODELS, REPRESENTATIONS, CONSTRAINTS
    METHODS, AND ARCHITECTURES
  □ STYLE AND RULES OF ENGAGEMENT
```

▶ 2-1 샘플 강의 개요. 개요에는 모든 학생이 강의가 끝날 때쯤 인공지능에 대해 무엇을 이해할 수 있는지에 대한 약속이 담겨 있다.

시스템 시연을 통해 약속하라

역량 강화 약속을 표현하기 위해 이해해야 할 시스템을 직접 시연할 수 있다. 나의 인공지능 강의에는 한 장소에서 다른 장소로 경로를 찾는 방법이 포함되어 있다. 탐색은 모든 상황에서 발생한다. 한 도시에서 다른 도시로 운전할 때뿐만 아니라 문제를 해결하고 자원을 배분하며 이야기를 다룰 때도 필요하다.

여기서 핵심 아이디어는 공통 경계가 있는 주에 동일한 색깔을 배분하지 않고 미국 지도를 색칠하는 방법을 찾는 것이다. 그리고 5분 이내에 모든 주를 빨간색, 노란색, 파란색으로 칠하는 방법을 찾는 탐색 프로그램을 시연한다.

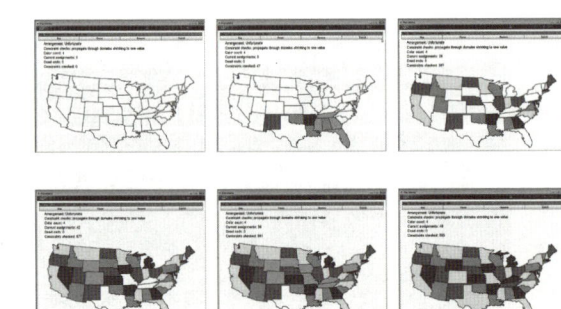

▶ 2-2 정교한 탐색 프로그램이 실행 중이다. QR 코드로 영상을 시청할 수 있다.

칠판을 이용하여 가르쳐라

MIT 학생들은 강의 피드백을 줄 때 종종 이렇게 말한다.

"분필을 더 많이 사용하고, 슬라이드는 적게 사용해주세요."

칠판이나 화이트보드를 사용하면 수업자료가 청중이 소화할 수 있는 속도로 흘러나온다. 그래서 학생들은 수업자료를 볼 수 있을 뿐 아니라, 그 자료에 대해 생각할 시간을 갖게 된다. 전기공학자가 말하는 것처럼 최적의 임피던스 매칭이 이루어지는 것이다.

보드가 더 좋은 이유로 속도가 유일한 답은 아니다. 또 다른 이유로 '거울 신경세포mirror neurons'를 들 수 있다. 머릿속에 있는 이 신경세포는 우리가 어떤 행동을 할 때, 그리고 타인이 그 동일한 행동을 하는 것을 볼 때 모두 활성화된다.

거울 신경세포의 목적은 논란의 여지가 있는 미스터리로 남아 있다. 그러나 다른 사람이 쓰는 것을 보는 것은, 슬라이드 한 장에 입력된 동일한 단어를 보는 것과는 확실히 다르다. 타인이 쓰는 것을 볼 때, 어느 정도는 마치 우리 자신이 쓰는 것처럼 느낀다. 하지만 이미 작성된 내용을 볼 때는 그렇지 않다.

그렇다면 칠판과 화이트보드 중에 어느 것이 더 좋을까? 개인적으로 나는 칠판을 선호한다. 손에 쥔 1인치 분필의 실질적인 느낌을 좋아하고, 그 분필로 쓸 때의 느낌을 좋아한다. 하지만 화이트보드의 마커는 좋아하지 않는다. 마커를 사용하면 어설픈 느낌이 들면서 선을 그릴 때 힘없이 미끄러진다. 냄새도 좋지 않으며 항상 꼭 필요할 때 잉크가 바닥나는 기분이 든다.

또한 나는 태블릿의 전자 프로젝션보다도 보드를 선호한다. 커다란 강의실에서 태블릿으로 작업하는 것은 청중의 운동 뉴런에 거의 자극을 주지 않을 수 있다. 그런데 오로지 슬라이드만 사용해서 강의하는 동료 교수가 여럿 있다. 그들에게 이유를 물어보니 더 많은 자료를 사용할 수 있기 때문이라고 말한다. 그들은 더 많은 자료를 다루는 것과 더 많은 자료를 가르치는 것을 혼동하는 것 같다.

슬라이드 한 장으로는 안 될까? 폰트를 더 작게 하라. 25장 슬라이드는 안 될까? 리모컨의 전진키를 더 빠르게 눌러라.

물론 슬라이드를 사용하면 강의하기는 쉽다. 특히 화면에 있는 내용을 큰 소리로 읽는 게 전부라면 더욱 그럴 것이다. 또한 웹상에 모든 슬라이드를 올려놓고는 학생들이 왜 강의실에 오지 않는지 궁

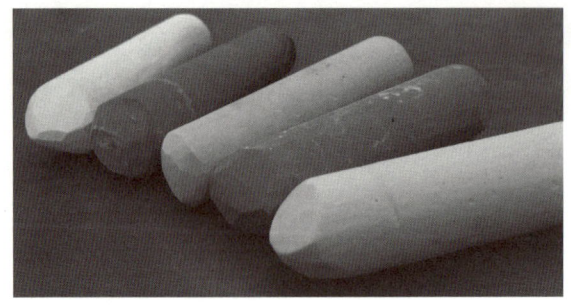
▶ 2-3 옛날식 1인치 지름의 분필은 여전히 훌륭한 강의 도구이다.

금해한다. 학생들은 이미 웹상의 슬라이드를 모두 읽었으니 이렇게 수업한다면 굳이 강의실까지 와서 슬라이드를 다시 읽을 필요가 없을 것이다. 이처럼 대학 교육에서 슬라이드만을 사용하는 경우를 나는 신랄하게 비판하고 싶다.

하지만 기업 교육은 이와 다르다. 대부분의 기업 교육은 청중이 시험 응시 수준으로만 가르치지 않는다. 더 많은 아이디어를 접하는 것이 목적이기에 슬라이드는 아이디어를 접하는 보다 바른 도구로 사용된다.

정자체를 사용하고 필기체 사용을 피하라

나는 초등학교 때 필기체를 연습하느라 애를 먹은 기억이 있다. 정말 못 썼다. 그 후로도 필기체를 잘 써본 적이 없다. 그러나 필기체가 아닌 정자체로 써야 누구에게든 읽히기 훨씬 쉽다.

슬라이드는 조미료로 사용하라

나는 주로 칠판에 쓰는 편이지만 종종 슬라이드를 조미료처럼 사용

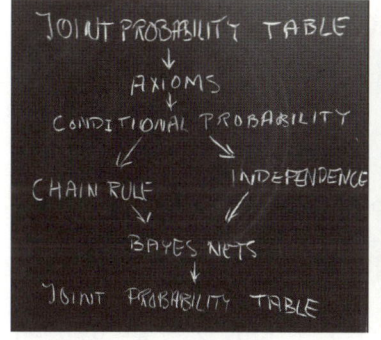 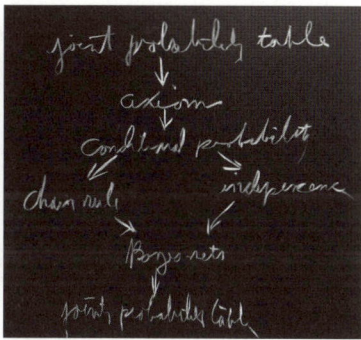

▶ 2-4 정자체로 쓰면 필기체보다 읽기 쉽다.

한다. 특히 역량 강화 약속으로 강의를 시작할 때와 약속 이행으로 강의를 끝마칠 때 그렇다.

인간 챔피언을 처음으로 이긴 IBM의 '딥블루 체스 인공지능 프로그램'에 대한 강의를 시작할 때 나는 한 유명한 토론으로 강의를 시작하면서 슬라이드를 사용한다. 1960년대 후반에 휴버트 드레이퍼스Hubert Dreyfus(반대)와 시모어 페퍼트Seymour Papert(찬성) 간의 토론으로, 컴퓨터를 과연 챔피언십 수준으로 체스를 둘 수 있도록 만들 수 있을까에 대한 토론이었다.

그런 다음 강의가 끝날 무렵에는 이제 학생들이 딥블루가 어떻게 체스를 두는지 근본적으로 이해했다는 사실을 말해주면서, 1963년에 있었던 14세의 바비 피셔Bobby Fischer와 그랜드 마스터인 로버트 바이른Robert Byrne 사이의 유명한 경기, 즉 피셔가 여왕의 희생으로 승리한 경기에 대한 슬라이드를 보여준다. 딥블루는 21단계의 미래를 내다볼 수 있어야만 여왕 희생의 가치를 볼 수 있었고, 그렇게 하려면 아마도 50년은 걸렸을 것이다.

교과서 출판사가 공급하는 슬라이드를 조심하라

교과서를 취급하는 많은 출판사는 바쁜 교수들에게 시험, 워크북, 강의 슬라이드 자료를 제공한다. 슬라이드 자료를 제공받는 것은 그리 나쁘지 않지만 그 느낌은 적어도 슬라이드를 보기 전까지만이다. 한때 널리 사용되던 컴퓨터 과학 교과서의 일부 샘플 슬라이드를 열어본 적이 있는데 슬라이드가 무려 78장이었다. 그 중 4개의 슬라이드에는 교재의 그림을 복사한 별로 좋지 않은 일러스트가 실려 있었다. 그리고 나머지는 지루한 글머리기호 목록뿐이었다. 너무 바빠서 그런 슬라이드라도 사용해야 한다면, 시간을 내서 단어 수를 줄이는 작업이라도 하라.

2-5의 슬라이드는 가상의 출판사인 '많은 단어 출판사'가 제공한 형식이다. 슬라이드를 읽어야 하지만 강의할 때 슬라이드를 읽으면 학생들은 잠을 자거나 잦은 결석을 할 것이다. 게다가 강의를 들으면서 동시에 빽빽하게 작성된 슬라이드를 읽을 수 있는 사람은 아무도 없다. 학생들이 모든 슬라이드를 훑어볼 수 있도록 교육 조교에게 주어진 시간에 조용하고 빠르게 슬라이드를 넘기도록 요청해야 한다.

강의 후에 스터디 목적으로 학생들에게 슬라이드를 제공할 계획이라서 슬라이드에 내용이 더 많이 필요하다고 생각한다면, 장황하게 작성된 원래 슬라이드를 게시하고 강의할 때는 더 간결한 내용으로 수정하여 설명하면 진퇴양난에서 벗어날 수 있다.

인공지능의 정의

- 인공지능은 인식, 사고, 행동에 관한 것이다.
- 핵심 아이디어는 모델을 만들어 사물이 어떻게 계산적으로 작동하는지 이해할 수 있게 하는 것이다.
- 좋은 모델을 만들려면 좋은 표현이 필요하다.
- 좋은 표현의 본질은 제약조건을 명확히 드러낸다는 것이다.
- 제약조건을 파악하면, 그 제약조건을 활용하는 알고리즘을 고안할 수 있다.
- 마지막으로 표준 아키텍처 중 하나를 사용하여 모든 알고리즘을 패키지화 할 수 있다.

많은 단어 출판사　　　　　　　　　　　파워러닝POWERED LEARNING

AI의 모든 것

인식, 사고, 행동의 모델로, 제약조건을 드러내는 표현과 아키텍처를 활용한 알고리즘으로 작동함.

▶ 2-5 가상의 리소스 슬라이드와 빠른 수정을 통해 불필요한 단어를 제거한다. 수정된 슬라이드가 한 번에 한 줄씩 공개되어 각 줄이 공개될 때마다 집중할 수 있다.

룸펠슈틸츠킨 전략을 사용하라

흥미로운 질문들을 개발하여 학생들의 참여도를 높이는 것도 준비해야 한다.

"2 더하기 2는 얼마죠?" 이렇게 질문하면 학생들은 너무 간단한 질문에 대답하는 것은 바보 같다고 생각하면서 멍하니 쳐다보다 시선을 피할 것이다. 반대로 너무 어려운 질문을 하면 어떨까? 마찬가지로 멍하니 쳐다보다 시선을 회피할 것이다.

너무 쉽지도 않고 너무 어렵지도 않은 질문을 해도 여전히 시선을 회피하는 눈빛과 멍한 시선만 보게 될 가능성이 높다. 대답이 틀리면 비웃음을 살까 두려운 학생, 호감을 사려는 듯한 인상을 주고 싶지 않은 학생, 그냥 내성적인 학생들이 있기 때문이다.

그러나 확실하게 응답을 들을 수 있는 쉬운 방법이 있다. 학생들의 이름을 기억하면서 이렇게 질문할 수 있다.

"음… x 학생, 어떻게 생각해요?"

나는 이것을 '룸펠슈틸츠킨 전략'이라고 부른다. 방앗간 주인의 딸이 작은 도깨비의 이름을 알아내어 그 도깨비를 제압하는 힘을 얻었다는 그림형제의 동화를 떠올리며 지어낸 것이다. 학생의 이름을 알면 학생을 제압할 힘을 얻을 수 있다. 시선을 회피하면 방금 던진 질문의 매력적인 표적이 된다는 사실을 눈치채고 더이상 시선을 회피하지 않을 것이다.

나는 사진과 이름이 적힌 플래시 카드를 이용해서 학생의 이름을 외운다. 이런 식으로 하면 학생 50명의 이름을 어렵지 않게 외울 수 있다. 학생이 수백 명인 큰 강의에서도 80% 학생의 이름을 외우는 편이다. 캠퍼스에서 학생을 만났을 때 이름을 부르면서 인사하면 그들은 놀라워하며 수업에 더 적극적으로 참여할 가능성이 크다.

비즈니스 스쿨에서 흔히 사용하는 방법으로 이름을 암기하는 대신 학생들에게 수업시간에 명찰을 가져오라고 하는 방식도 있다.

퍼즐과 투표 전략을 사용하라

참여도를 높이는 또 다른 방법은 흥미로운 퍼즐을 제시하고 투표를 진행하는 것이다. 훌륭한 금융경제학자이자 강의를 굉장히 잘하는 동료 앤드류 로Andrew Lo는 다음과 같은 퍼즐을 제시하는 것을 좋아한다. 18년 동안 4개의 자산에 각각 1달러를 투자한 경우 그 수익을 보여주는 차트이다.

그는 "누가 자산 A에 투자하겠습니까?"라고 질문한다. 그다음 자산 B, C, D에 투자할 사람을 물어본다. 거의 모든 학생이 투표에 참여한다. 그리고 대다수 학생들은 매년 우려할 만한 변동성이 거의 없이 약 10% 수익을 산출한다는 이유로 자산 C를 선택한다.

자산 A는 미국 국채이고 자산 B는 미국 주식 시장이다. 자산 D는 제약회사 화이자이고, 대부분의 사람이 선택하는 자산 C는 버니 마도프 폰지 사기에 포함된 펀드 중 하나이다. 버니 마도프 폰지 사기는 결국 수천 명의 투자자가 수십억 달러의 사기로 피해를 입은 사건이다. 그의 책《금융시장으로 간 진화론 : 생각의 속도로 진화하는 금융과 투자의 새로운 길》(2020년 국내 출간)에서, 로 교수는 이 모든 일이 어떻게 벌어졌는지를 설명했다. 그는 너무 좋아서 사실이라고 믿기 어려웠던 것이 실제로도 너무 좋아서 사실이 아니었다는

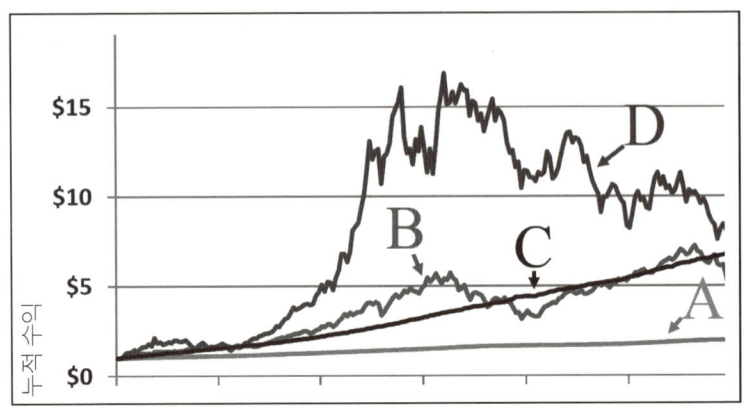

▶ 2-6 과거 자산 성과. 과거 성과를 토대로 A, B, C, D 중에 어느 것을 선택할 것인가? (앤드류 로의 이미지 제공)

점을 언급했다. 1990년에 자산 C에 투자된 1달러는 2008년 10월에는 6달러가 넘었다. 그리고 한 달 뒤에 마도프는 체포되었고, 그 펀드에 남아있던 투자금은 모든 가치를 잃었다.

도표의 시간 축에는 레이블이 없다. 그래서 추측하는 사람들은 2008년 세계 금융위기 동안 곡선 기간이 끝나는 것을 모를 때 자산 C를 선택할 가능성이 더 높다.

포용력을 발휘하라

많은 학생들이 폭넓게 수업에 참여할 수 있도록 해야 한다. 그렇지 않으면 25명의 수업이 서너 명만 이야기하는 토론으로 바뀔 수도 있다.

논쟁을 촉구하라

퍼즐과 투표 전략을 변형하여 실행할 수 있다. 협업해서 퍼즐을 해결하는 방식으로, 특히 작은 규모의 수업에서 사용할 수 있다. 자유롭게 협업할 수 있으면 수업은 곧 활기를 띤다. 많은 학생이 제스처를 취하기 시작하고, 일부 학생은 다이어그램을 그리며, 종종 논쟁이 벌어지기도 한다.

기술 기반 투표를 고려하라

가르칠 때 학생들이 전자형태로 질문에 응답할 수 있는 도구인 클리커를 사용하는 것을 좋아하는 강사들이 있다. 클리커를 사용하면 투표 결과를 바로 검토하고 화면에 그 결과를 띄울 수 있다. 오답이 많을 때 강사는 더 자세한 설명을 덧붙이거나 정답을 알고 있는 학생에게 다른 학생들을 설득하도록 요청할 수 있다.

클리커 투표에는 확실한 장점이 하나 있다. 오답을 선택해서 비웃음을 살까 두려운 내성적인 학생도 당황할 일이 없다는 점이다. 약간의 단점도 하나 있는데, 클리커를 선택하면 클리커를 사용해야 한다는 의무감을 느끼는 데다 흥미진진하고 정보를 제공할 만한 투표 질문을 생각해야 한다는 점이다.

필기를 통해 참여를 장려하라

수동적으로 가만히 앉아서 빠르게 진행되는 강의를 듣다 보면 졸리고 온갖 잡생각에 빠져든다. 그래서 나는 학생들에게 노트 필기를 하면서 쏟아지는 잠과 잡념을 이겨내라고 말한다. 나중에 그 노트를 보지 않아도 된다. 핵심 아이디어를 적고 도표를 그리면 집중력을 높일 수 있다. 노트에 필기하려면 상징적 능력과 지각 능력을 사용하기 때문이다.

핸드폰, 노트북, 주의를 분산시키는 기기 사용을 금지하라

MIT 학부생 시절에 나는 훗날 보스Bose 회사를 설립한 아마르 보스Amar Bose 교수에게 회로 이론을 배웠다. 전기공학 2학년생은 두 명이 앉는 테이블에 앉았다. 책상에는 오늘날에는 믿기 어려운 화려한 알루미늄 재떨이가 부착되어 있었다.

그 당시 학생들은 교수가 퀴즈를 발표하거나 특히 진부한 농담을 할 때마다 종종 뱀처럼 쉿 하는 소리를 냈다. 그런 행동이 모욕적이라고 생각한 보스는 그 소리를 좋아하지 않았다. 수업 첫날 그는 쉿 소리를 내지 말라고 공표했다. 그런데 몇 주 후에 누군가 또 쉿 소리를 냈다. 그러자 보스는 쉿 소리를 낸 사람이 누구든 강의실에서 나가라고 말했고, 그 학생은 밖으로 나갔다. 그러고 나서 한두 차례 강의를 한 후에 강의 초반에 누군가 또다시 쉿 소리를 냈다. 그러나 이번에 소리를 낸 범인은 자신의 정체를 밝히지 않았다. 그러자 보스가 강의실을 떠났고 그 강의는 영원히 사라졌다. 이후 보스 교수의 수업에서 쉿 소리를 내는 사람은 아무도 없었다.

보스는 학생들을 존중했고 가르치는 일에 아주 많은 열정을 쏟았다. 우리는 그를 존경했다. 그러나 그는 훌륭한 교육은 상호 존중에서 나타나는 것으로 생각했고, 자신이 모욕을 받았다고 생각한 것은 참지 않았다.

보스에게 영감을 받았는지 나 역시 강의를 듣는 학생들에게 강의시간에는 핸드폰이나 노트북을 사용하지 못하게 한다. 그 기기는 학생의 주의를 분산시키고, 연구에 따르면 주변의 학생까지 집중을 방해한다고 한다. 또한 강사의 주의도 분산시켜 강의의 질을 떨어뜨리고 결국 모두에게 영향을 미치는 것이다.

약속을 이행하라

강의하는 사람은 모두에게 들을 만한 가치가 있는 강의로 받아들여지길 바랄 것이다. 그러므로 강의를 시작할 때 처음 했던 약속을 반드시 이행하는 것이 중요하다.

성공을 보여주어라

데모를 시연할 수 있다. 예를 들어 패스트 프로그램은 불과 몇 초 만에 인접한 주에 동일한 색을 할당하지 않고 모든 주에 네 가지 색상 중 하나를 할당한다.

이러한 시연을 통해 약속을 이행한 것을 보여준다. "이제 됐습니다. 여러분은 이제 천년이 걸릴 일을 단지 몇 초 만에 해내는 효율적인 탐색 프로그램을 작성하는 방법을 알게 되었습니다."

이야기를 하라

도널드 사도웨이Donald Sadoway는 내가 인공지능 과목을 가르쳤던 강의실에서 고체 화학을 가르쳤다. 그는 나보다 1시간 먼저 그 강의실에서 수업을 했다. 덕분에 그의 모든 강의의 마지막 5분 정도의 수업을 볼 기회가 있었다.

사도웨이는 강의를 항상 이야기로 마무리한다. 예를 들어 DNA의 구조에 대한 강의는 영국 생물물리학자인 로잘린드 프랭클린Rosalind Franklin의 이야기로 끝을 낸다. 그녀는 20세기 훌륭한 과학적 성취 중 하나인 DNA 구조를 밝혀낸 공로로 노벨상을 받을 만했지만, 성차별과 사망으로 제대로 인정받지 못한 이야기를 했다.

▶ 2-7 사도웨이는 로잘린드 프랭클린이 제대로 된 인정을 받지 못한 이유를 설명한다. (도널드 사도웨이의 영상 제공) QR코드로 영상을 시청할 수 있다.

헌신을 보여주어라

수년 동안 월터 르윈Walter Lewin은 8.01 고전역학*을 가르쳤다. MIT에서 그가 가르치는 것을 보고 크게 감탄했는데, 그는 종종 직접 실험하면서 강의를 끝냈다.

1999년 녹화된 강의를 보면 르윈은 에너지 보존 법칙을 철저히

---

* MIT에서는 미적분 기반의 도입된 고전역학 코스를 '미적분'이 아닌 '8.01'이라고 불린다.

믿고 위험을 무릅쓰고 실험했다. 와이어로 천장에 매달린 커다란 강철 공이 머리에 부딪히지 않을 것을 확신했던 것이다.

▶ 2-8 르윈은 에너지 보존 법칙에 대한 자신의 신념을 증언한다. (월터 르윈의 동영상 제공) QR 코드로 동영상을 시청할 수 있다.

내가 8.01 수업을 훨씬 일찍 들었을 때 앨런 라자루스Alan Lazarus 교수 역시 같은 실험을 수행했고 나는 아직도 그것을 기억한다. 그 실험 장면을 보면 누구라도 이렇게 생각할 수밖에 없다. "음. 그는 정말 진심으로 이것을 믿는구나."

경고! 집에서 이런 실험을 절대로 따라 하지 마라. 물리학 강사도 때로는 공을 밀고 싶은 본능을 억제하지 못하는 바람에 공에 너무 많은 에너지를 실어버린다. 자칫 공이 돌아올 때 심각한 손상을 입을 수 있다.

농담으로 장식하라

역량 강화 약속을 이행한 후에 가벼운 농담으로 강의를 장식한다. 특히 강의 자료가 어려울수록 좋은 아이디어의 농담은 성공적인 마무리를 이끌어낼 수 있다.

언젠가 나는 친구이자 사이코프Cycorp 창립자인 더글라스 레나트Douglas Lenat와 함께 와인을 마신 적이 있다. 그는 훌륭한 강연자였다. 나는 이렇게 질문했다. "강연자로서 존경받는 이유가 무엇이라고 생각하나?" 그가 대답했다.

"아, 나는 항상 농담으로 강의를 끝마치지. 그렇게 하면 모든 청중은 강연 내내 재미있었다고 생각하거든."

알아야 할 사항

- 역량 강화에 대한 약속으로 시작하라. 개요나 시연을 통해 표현할 수 있다.
- 칠판은 아이디어를 가르치기 위한 도구이고, 슬라이드는 아이디어를 드러내기 위한 도구라는 점을 명심하라.
- 정자체로 작성하여 가독성을 극대화하라.
- 모두를 존중하라. 그러니 핸드폰과 노트북을 금지하라.
- 포용력을 발휘하라.
- 필기를 권고하여 참여도를 높여라.
- 질문하라. 그리고 특정 학생의 이름을 부르고 투표를 실시하며, 공동 프로젝트를 시키고, 논쟁을 장려하여 참여도를 높여라.
- 강의를 마칠 때 약속을 이행했다는 사실을 언급하라.
- 강의를 마칠 때 시연이나 농담, 이야기로 장식하라.

"
격정의 노예가 아닌 사람을 내게 알려주게.
그러면 나는 그를 내 심장의 중심,
그래, 내 심장의 심장에 지니겠네.
"

윌리엄 셰익스피어William Shakespeare, 《햄릿Hamlet》, 3막 2장 1950~1952행

이번 장에서는 다양한 사람에게 영감을 주기 위해 무엇을 고려해야 하는지를 배운다. 특히 열정을 표현하는 것이 영감을 주는 교수법의 핵심 요소라는 점을 배울 것이다.

많은 종류의 영감이 있다

몇 년 전에 아난따 찬드라카산Anantha Chandrakasan 학과장은 MIT 공과대학에 새로 올 교수진에게 강의에 대해 이야기해달라고 요청했다. "물론이죠."라고 대답하자 그가 말했다. "영감을 주는 방법에 대해 꼭 말해주세요."

오랫동안 강의하는 방법을 연구해 온 나는 강의를 어떻게 시작하고 끝내는지 등 강의 진행에 대한 모든 아이디어를 가지고 있었지만, 영감을 주는 방법에 대해서는 구체적으로 생각해본 적이 없었다. 그래서 나는 주위 사람들, 즉 신입생, 학부생, 대학원생, 주니어 교수진, 시니어 교수진에게 영감에 대해 물었다. "당신에게 영감을 주었던 사람은 누구이고, 어떤 식으로 영감을 주었나요?"

나는 곧 몇 가지 응답을 들을 수 있었다. 한 신입생은 자신이 도저히 할 수 없을 거라고 생각했던 일을 할 수 있을 거라고 말해주면서 자기에게 자신감을 준 고등학교 선생님에 관해 이야기했다. 시니어 교수진 중 한 명은 문제를 바라보는 새로운 방법을 보여주었던 사람들을 언급했다. 또 다른 한 사람은 거의 재난과 같은 상황에서도 평온을 잃지 않고 계속 낙천적인 태도를 보여준 사람을 존경한다고 이야기했다.

나는 '영감'이라는 단어는 마빈 민스키가 '여행가방 단어'라고 부르는 단어 중 하나라는 사실을 알게 되었다. 여행가방 단어는 아주 많은 의미를 포함하는 단어로 가방이 아주 커서 그 안에 무엇이든 넣을 수 있는 것과 같다. '영감', '지능', '창의성', '감정' 등이 그 예로, 다양한 의미를 지닌 단어이다.

따라서 '영감'에 대해 이야기할 때는 다양한 특징이 있을 수 있다. 그럼에도 불구하고 대다수 사람들은 한 가지 공통된 특징에 동의한다. 바로 사람들이 자신이 하는 일에 열정을 보일 때 영감을 준다는 것이다.

영감은 열정을 보면 흘러나온다

전기공학 학사 학위를 받고 MIT를 졸업했을 때까지 나는 무엇을 하고 싶은지 전혀 몰랐다. 이듬해 대학원에 진학하긴 했지만 대학원에 간 이유도 잘 몰랐다. 당시 아버지는 넌지시 로스쿨을 말씀하셨다. 어느 날 나는 한 친구의 손에 이끌려 마빈 민스키의 강의를 듣게 되었다. 그 강의는 제임스 R. 슬레이글James R. Slagle이 만든 프로그램을 설명한 것으로, 그 프로그램은 MIT 신입생이 문제를 푸는 것과 아주 흡사한 방식으로 계산 문제를 풀었다.

민스키의 강의는 딱히 명확하거나 체계적이지 않았고 교수 역시 확실하게 숙련된 모습도 아니었다. 그러나 민스키는 컴퓨터가 고급 수학 연산을 수행할 수 있다는 아이디어에 매우 열정적이었다.

▶ 3-1 인간 지능에 대한 계산적 설명을 개발하는 데 영감을 준 민스키의 강의. 1968년 제너럴 모터스 연구소에서 발표하는 민스키. (제럴드 제이 서스먼의 이미지 제공)

나는 강의실을 나오면서 친구에게 말했다. "나도 그가 하는 일을 하고 싶어." 나는 그에게 영감을 받았던 것이다.

열정을 분명하게 드러내라

지금 가르치는 과목에 열정적이라는 사실을 학생들에게 어떻게 알려줄 수 있을까? 한 가지 방법은 학생들에게 그대로 말하는 것이다.

> 자, 보세요. 이 프로그램은 맥베스의 복수와 피로스의 승리에 관한 작품이라고 말해줍니다. 정말 대단하지 않나요!

> 그러니까 말이죠, 이 프로그램은 다양한 의미를 지니고 있지만 자기를 인식하는 프로그램이라고 할 수 있습니다. 정말 설명하기 어려울 정도로 흥미진진하죠!

> 분명 여러분 DNA의 99%는 침팬지와 동일합니다. 하지만 확실하게 말할 수 있는 것은 남은 1%가 아주 중요하다는 겁니다! 피카소는 1937년 나치 독일과 파시스트 이탈리아 폭격기가 스페인 북부의 바스크 마을을 파괴한 것을 목격하고 '게르니카 Guernica'를 그렸습니다. 누구든 이 그림을 보면 놀라운 반전 메시지를 느낄 수밖에 없습니다!

> 말은 중요합니다. 그리고 케네디의 말은 아주 중요했습니다.

1962년에 그는 우리가 10년 안에 달에 갈 것이라고 말했고, 우리는 그 꿈을 이루었습니다. 이것은 위대한 업적이었습니다. 국민에게 영감을 주었습니다! 그리고 저에게도 영감을 주었습니다!

그런데 만일 당신이 가르치는 주제에 열정적이지 않다면 어떻게 해야 할까? 모두가 알아야 하지만 본질적으로 흥미롭지 않은 지루한 주제가 있을 수도 있다. 그때는 아예 말하지 않는 것이 좋다. 학생에게 무언가가 흥미롭지 않다고 말하는 것은 치명적이다.[*]

사람들에게 많은 존경을 받는 유능한 동료 한 명이 말했다.

"정말로 지루하기 짝이 없는 내용을 가르쳐야 할 때가 있죠. 그러면 가르치기 전에 한 시간 동안 이것은 흥미로운 내용이라고 주문을 외우며 단단히 마음의 준비를 해야 합니다. 그래야 적어도 수업에 가서 흥미진진한 내용을 가르치는 척할 수 있거든요."

또 다른 유능한 동료 교수는 "흥미로운 은유를 적용하면 재미없는 자료도 흥미롭게 만들 수 있으므로 흥미로운 은유를 생각하는 데 많은 시간을 쓴다."라고 말했다.

---

[*] 켄 베인Ken Bain은 《미국 최고의 교수들은 어떻게 가르치는가》(2005년 국내 출간)에서 최고의 교수는 학습 목표에 집중하고, 가르치는 수업자료에 대한 열정과 그것을 배울 학생에 대한 신뢰를 확실하게 표현한다고 주장한다(Bain, 2004).

알아야 할 사항

- 젊은 사람에게는 도저히 할 수 없을 것으로 생각했던 일을 반드시 할 수 있다는 확신을 주어라.
- 좀 더 나이가 많은 사람들에게는 새로운 시각으로 문제를 바라보는 방법을 알려주어라.
- 당신이 강의하는 주제에 대한 열정을 보여주어라. 그 주제 때문에 흥분하고 밤에도 잠을 잘 수 없을 정도라고 말하라.

4부

글쓰기

> 하늘은 스스로 돕는 자를 돕는다.

고대 그리스 속담

1장
이해할 수 있는 글쓰기 방법

이번 장에서는 능숙한 독자가 글을 읽고 말을 이해하는 데 도움이 되는 핵심 요소를 배운다. 또한 글을 쓸 때 적용해야 할 핵심 요소도 배워보자.

능숙한 독자는 경험 법칙을 활용한다

어떤 사람들은 닥치는 대로 모든 것을 읽는 것 같다. 합성생물학의 창시자 중 한 명인 토마스 나이트Thomas Knight도 그런 사람 중 한 명이다. 그의 논문을 보면 생물학에서부터 좁은 하위 분야까지 참고 문헌이 매우 방대하다는 것을 알 수 있다.

"토마스, 당신은 읽지 않은 책이 없는 것 같아요. 도대체 그 많은 책을 언제 다 읽어요?" 내가 물었다. "아, 저는 그냥 일러스트와 캡션을 보는 겁니다." 그가 대답했다.

많은 저자들은 자신의 논문에 중요한 아이디어를 드러내는 일러스트를 제공한다고 설명한다. 모든 저자가 그렇지는 않지만 확실히 그런 경우가 대부분이다. 토마스는 먼저 일러스트를 확인하고 표현된 아이디어가 중요해 보이면 논문을 더욱 주의 깊게 살펴본다고 한다.

토마스처럼 하든 더 나은 다른 무엇을 하든, 무엇보다 표면적으로 드러난 단서를 통해 논문의 기여사항을 파악하는 방법을 개발해야 한다. 참고할 만한 기여사항이 없다면, 굳이 시간을 내어 논문을 읽지 않아도 된다.

저자는 자신의 글이 명확하다고 착각한다

저자는 자신이 쓰려는 내용을 완벽히 이해하고 있다. 그래서 누락된 내용이나 모호한 점을 알지 못하고, 동기부여가 부족하다는 생각조차 하지 못하는 실수를 할 수 있다.

게다가 자신의 글을 읽는 대부분의 사람들은 그 주제를 잘 이해하는 동료 교수나 학생들이기 때문에 글은 완벽하고 명백하며 동기부여가 충분하다는 환상에 곧잘 빠져들곤 한다. 그러나 논문을 읽는 사람들은 실망할 수밖에 없다.

먼저 기여사항이 무엇인지를 살펴보라. 기여사항이 있더라도 불분명한 경우가 많으니 종합적으로 검토해야 한다.

능숙한 독자는 표면적인 단서에서 핵심을 찾는다

읽을거리가 지나치게 많고 대체로 형편없는 경우가 많아서, 빠르게 해독할 수 있는 도구를 개발해야 한다.

초록을 읽어라

논문의 핵심 내용이 잘 정리된 초록(抄錄)을 읽으면 논문에서 무엇을 배울지 알 수 있다. 그런데 불행히도 제대로 작성되지 않은 초록이 많다.

서론을 읽어라

많은 논문에서 서론은 초록의 내용을 반복한다. 그러나 훌륭한 논문의 서론은 초록의 내용을 확장하여 추가로 자세하게 기술하고 있어 논문을 계속 읽을지를 결정하는 데 도움을 준다.

결론을 살펴보라

많은 저자들이 결론 부분으로 논문을 마무리한다. 그래서 운이 좋으면 논문이 무엇에 대한 내용인지 그리고 기여사항이 무엇인지를 바로 알 수 있다. 저자가 만약 '기여사항'이라는 제목으로 현명하게 결론을 내렸다면, 그 저자는 아마도 이 책의 '기여사항으로 마무리하라'(35쪽)라는 제목이 붙은 섹션을 읽었을 것이다.

섹션 제목을 참고하라

일부 저자는 섹션 제목을 유익한 전체 문장으로 작성한다. 나는 논문에서 이야기를 연속적인 사건 묘사로 처리하는 프로그램이, 이야기를 다양한 단어를 포함한 가방처럼 처리하는 프로그램보다 더 나은 요약을 만들 수 있다고 설명하면서 다음의 예시를 사용했다.

> 비전 : 이야기를 잘 요약하려면 이야기에 대한 이해가 필요하다.
> 창세기 체계는 인간에 관한 이야기를 모델링한다.
> 창세기 체계는 수준 높은 이야기 요약을 가능하게 한다.

다른 저자들은 도입, 결론과 같은 단지 분리 기능만 수행하는 무의미한 제목을 사용한다. 이러한 섹션 제목을 사용하면 해독할 기회가 사라진다.

한편 어떤 분야는 '메서드', '결과', '토론' 같은 표준화된 섹션 제목을 사용하기도 한다.

일러스트를 확인하고 캡션을 읽어라

토마스 나이트의 말이 옳다. 일러스트와 캡션을 보면 핵심적인 내용을 알 수 있다. 다음의 예시는 나이트가 공저자로 참여한 논문 〈비정형 컴퓨팅Amorphous Computing〉에서 발췌한 것이다(Abelson 외, 2000)

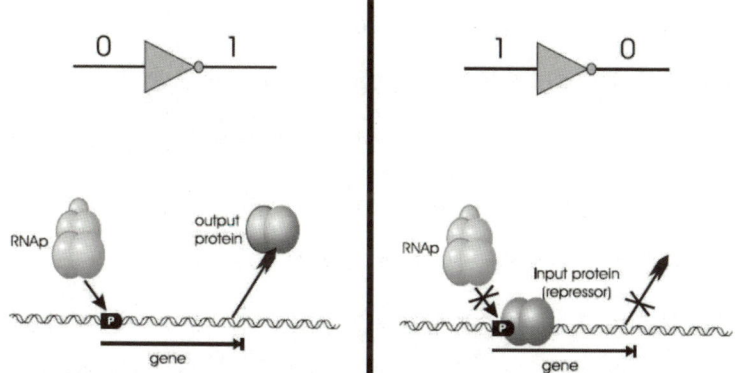

▶ 4-1 생물학적 인버터의 이상적인 두 가지 경우이다. 입력 억제제가 없으면 RNAP(RNA 중합효소)가 출력 단백질의 유전자를 전사하여 합성을 가능하게 한다. 입력 억제제가 존재하면 출력 단백질이 합성되지 않는다.

목록을 살펴보라

목록은 독자의 시선을 끈다. 목록이 있으면 독자는 다음의 핵심 요소를 찾을 수 있다.

- 목록 자체에서 대안을 확인한다.
- 명확한 단계 설명에서 저자가 수행한 일을 확인하고 저자가 독자에게 바라는 내용을 확인한다.
- 약속 선언에서 제안자의 약속을 확인한다.
- 요약에서 독자가 알아야 할 사항이나 해야 할 사항을 확인한다.
- 요약에서 기여사항을 확인한다.

글머리기호 목록을 사용할 경우 목록의 수를 적게 유지해야 시선을 사로잡는 효과를 유지할 수 있다. 목록을 너무 많이 사용하면 독자의 정신을 혼란스럽게 할 수 있다. 글머리기호 목록을 좋아하지 않는 일부 저자들은 글을 쓸 때 이를 전혀 사용하지 않는다. 대신 첫 번째, 두 번째, 세 번째 같은 항목을 사용하여 목록을 작성하는 것을 선호한다. 이들은 글머리기호 목록의 2가지 문제점, 즉 글머리기호 목록이 일부 독자에게 거슬릴 정도로 지저분하다는 점과 목록의 항목이 한 구문이나 한 문장을 넘어가면 특히 더 지저분해서 거슬려 보인다는 점을 지적한다.

인용을 확인하라

저자가 인용하는 사람을 통해 저자의 연구 커뮤니티에 누가 속하는지를 파악할 수 있다. 이런 이유로 나는 번호 [88]*로 인용하는 것을 싫어한다. 누가 인용했는지 알아보려면 참고문헌을 살펴보아야 하는데, 이 단계는 시간이 소요되고 집중력을 떨어뜨린다.** 따라서 이름과 연도로 인용해야 한다. 그래야 독자는 저자가 누구를 잡고했는지 알 수 있고, 참고문헌이 언제 출판되었는지 알 수 있다.

터프티는 그의 책 《양적 정보의 시각적 표시》에서 특이하게 각 인용을 책 여백에 넣는다. 이러한 터프티의 방식은 장점이 많다. 이 방식을 사용하면 제목뿐 아니라 저자와 연도를 바로 확인할 수 있다.

---

* 88은 예시일 뿐이다. 88로 참고문헌에서 확인할 수 있는 게 없다.
** 일반적으로 각주가 남용된다. 각주를 읽으면 독자는 본문에 포함시킬 정도로 중요하지 않은 자료를 읽어야 할지 판단해야 한다. 따라서 각주 사용을 제한하라. 각주 대부분은 검토자의 의견을 반영하기 위해 마지막에 추가된다.

요약 문단을 읽고 주제 문장을 훑어보라

자료가 어렵다고 생각하면 모든 섹션의 말미에 짧은 요약을 기재하는 저자도 있다. 시몬 울만Shimon Ullman의 책 《하이레벨 비전》(1996)에는 이와 같은 도움이 되는 요약이 많다.

> 요약하면, 시각적 루틴을 적용하는 과정에서 처리 중심을 이동시키는 한 가지 방법은 먼저 대상이 되는 장면에서 두드러진 위치를 추출한 다음, 이러한 위치 중 하나로 처리 중심을 이동시키는 것이다… (293쪽)

고등학교 때 배운 내용을 기억해보라. 대부분의 문단은 문단 내용이 무엇인지 말해주는 주제 문장으로 시작해야 한다. 그렇게 하면 훑어보는 방식을 사용할 수 있어서 편리하다.

독자에게 필요한 표면적 단서를 제공하라

능숙한 독자가 글을 어떻게 읽을지 안다면 좋은 일러스트와 캡션, 유익한 섹션 제목, 의미있는 인용, 신중한 목록, 요약 문단 같이 독자가 찾는 것을 확실하게 제공할 수 있다.

초록과 서론에서 수행한 내용을 확실하게 요약한다. 특히 '설득의 핵심'에서 논의한 '비전', '단계', '뉴스', '기여사항' 항목에 관심을 기울여야 한다. 상위 수준의 목차를 더 명확하게 하려면 서론 섹션을 '비전', '단계', '뉴스'라는 제목의 3가지 섹션으로 변경하고 결론 섹션을 '기여사항'이라는 제목의 섹션으로 교체한다.

그다음 어느 정도 완료되었다는 생각이 들면 친구에게 논문을 읽어달라고 요청하라. 단, 논문 주제와 관련성이 높지 않은 친구를 선택해야 한다. 이때 같은 주제를 다루는 친구를 선택하면 그 친구는 논문이 완벽하고 명확하며 동기부여가 잘 되어 있다고 착각할 것이다.

알아야 할 사항

- 독자가 더 읽을지 결정할 수 있도록 초록을 작성하라. 요약 형태로 작성하되 비전, 단계, 뉴스, 기여사항을 포함하라.
- 서론 섹션으로 시작하되 비전과 단계를 자세히 작성하고 몇몇 뉴스를 인용하여 초록에서 말한 내용을 좀 더 상세하게 작성하라.
- 기여사항을 설명하는 결론을 작성하라. 제목을 기여사항으로 지어라.
- 설명이 담긴 캡션을 통해 일러스트의 핵심 아이디어를 설명하라.
- 내용을 요약하는 완전한 문장으로 섹션 제목을 작성하라.
- 목록을 사용하여 대안과 단계, 요약 항목에 관심을 집중시켜라.
- 각 섹션의 끝에 요약을 작성하라.
- 주제 문장을 자유롭게 사용하라.
- 명확하게 작성하려면, 연구 주제와 친숙하지 않은 사람에게 논문을 읽히도록 하라.

> 책을 쓰는 것은 집을 짓거나 전투를 계획하거나 그림을
> 그리는 것과 같다. 기법과 재료는 다르지만 원칙은 같다.
> 기초를 다지고, 데이터를 수집하며, 결론의 무게를
> 지탱할 수 있는 전제가 마련되어야 한다. 그 후에야
> 장식품이나 개선 사항을 추가할 수 있다.

윈스턴 S. 처칠, 《처칠, 나의 청춘기 A Roving Commission: My Early Life》

2장
글을 구성하는 방법

이번 장에서는 기여사항에 집중할 수 있는 글쓰기에 대한 전략을 배울 것이다. '설득의 핵심'에서 언급한 내용을 기반으로 하고, 후반부에는 각 섹션을 구성하는 일반적인 방법을 더 자세히 설명할 것이다.

처음에 기여사항 섹션을 작성하라

논문은 '기여사항'이라는 제목의 섹션으로 끝나야 한다. 만약 기여사항을 전혀 생각할 수 없다면 당신은 아직 논문을 쓸 준비가 안 된 것이다. 독자에게 단순히 결과를 보고하는 게 아니라 자신이 기여한 사항을 알리고 싶다면, 마지막 섹션의 제목을 '결론'이라고 짓지 마라. 올바른 제목을 붙이면 체계적으로 글을 작성하고 독자에게 수행한 내용을 보여줄 수 있다. 자세한 사항은 '글의 끝에 작성할 내용'(271쪽)을 참고하라.

필요하면 일러스트를 준비하라

글을 쓰기도 전에 일러스트를 준비하는 저자가 있다. 이렇게 하면 글의 대부분이 일러스트 내용을 설명하는 것으로 끝이 난다.

목표 대상이 기대하는 섹션을 추가하라

많은 분야마다 기대하는 내용이 다르고 이에 대한 표준이 있다. 예를 들어 연구 논문이라면 관련 연구에 대한 논의가 있을 것으로 예상된다. 따라서 주어진 의무를 완수했다고 독자에게 명확하게 알리기 위해 다음 제목의 섹션을 포함해야 한다.

- 관련 연구 : 다른 사람의 연구를 설명한다. 특히 자신의 연구가 그 연구를 확장하고 그 연구에 영감을 받은 경우라면 더욱 그렇다. 자신의 연구에 담긴 새로운 특징을 강조하되, 특히 표면적으로 유사해 보이는 타인의 연구와 비교해서 강조해야 한다.

이와 비슷하게 많은 분야에서 다음과 같은 제목의 섹션을 포함하여 목표 대상의 기대를 충족한다.

- 목표 : 목표를 제시하고 목표가 중요한 이유를 언급한다. 그리고 목표에 도달하는 데 성공했는지 여부를 시험할 방법을 설명한다.
- 시기와 이유 : 방법이 효과가 있는 경우와 그 이유를 설명한다. 또한 미래 연구자에게 정보를 알리기 위해 방법이 효과가 없는 경우와 그 이유를 설명한다.
- 가설 : 가설을 제시하고 이 가설이 흥미로운 이유와 가설을 증명할 방법을 설명한다.

실험 과학에서는 일반적으로 다음의 섹션을 포함한다.

- 방법 : 다른 사람이 실험을 재생산할 수 있고 결과를 확인할 수 있도록 실험을 수행한 방법을 자세히 설명한다. 많은 독자는 이 섹션을 훑어보거나 건너뛸 수 있다.
- 결과 : 발생한 결과를 설명한다. 아무런 내용을 언급하지 않고 종종 표와 그래프의 형태로 설명한다. 독자는 자신만의 결론을 이끌어낼 수 있다.
- 논의 : 연구의 영향에 대해 의견을 표현하고 수행한 일을 더 큰 그림과 연결하여 후속 연구를 제안한다.

벤처 캐피탈리스트를 위한 비즈니스 계획이라면, 다음과 같은 제목의 섹션을 사용한다.

- 기회 : 해결하려는 문제, 도출된 솔루션이 가치 있는 이유, 솔루션에 대가를 지불할 고객 수와 지불할 금액을 설명한다.
- 왜 지금인가 : 새로운 기술을 이용할 수 있게 되었지만 관성에 사로잡힌 대기업은 기회를 포착하지 못했다. 그래서 지금이 기회라고 설명할 수 있다.
- 왜 우리인가 : 사람들이 기꺼이 돈을 지불하고 해결하려는 문제를 새로운 기술이 어떻게 해결하는지, 직접 연구를 수행했다는 점 등의 자신이 특별한 이유를 설명한다.
- 경쟁 장벽 : 특허나 영업 비밀, 시제품, 타인이 쉽게 경쟁에 진입할 수 없는 특징을 설명한다.
- 핵심 인재 : 자신과 팀의 경험을 설명하고 제안하는 사업을 과거에 수행해서 성공한 사례를 강조한다.

후원자 자문 목적으로 형성된 스터디 그룹의 연구 리포트라면 다음과 같은 섹션을 작성한다.

- 경영진 요약 : 너무 바빠서 전체 보고서를 읽을 수 없는 경영진을 대상으로 한두 페이지를 작성한다.
- 후원자의 가이드 라인 : 때로는 과업 지시서로 불리는 후원자의 가이드 라인을 포함하며 대체로 많은 질문이 담겨 있다.
- 구성원 : 연구에 참여했던 사람들을 밝힌다.

- 가이드 라인에 주어진 각 질문을 반영하는 섹션 : 각 질문은 연구 결과를 포함한다.
- 권고 사항 : 후원자가 취해야 할 활동

다음으로 비전, 단계, 뉴스 섹션을 작성하라

자세한 사항은 '서두에 작성할 내용'(261쪽)을 참고하라.

마지막으로 초록을 작성하라

자세한 사항은 '초록을 작성하는 방법'(275쪽)을 참고하라.

필요하면 과거에 대해 작성하라

많은 독자는 연구 대상의 과거 기록을 끝까지 읽기 전에 먼저 저자가 성취한 사항을 알고 싶어 한다. 그리고 어떤 독자는 저자의 이전 연구를 논의하여 과연 저자가 해당 분야의 전문가이고 지금의 이 연구는 이전에 수행했던 연구의 확장이라는 사실을 확인하고 싶어 한다.

이때는 이전 연구의 초기 논의와 후반 논의 사이의 좋은 타협점으로, 다음과 같은 비전 섹션으로 포함시킬 수 있다.

"과거 n년 동안 관련 연구가 많았다. 특히 여기에 보고된 연구는 x, y, z의 연구에 영감을 받았고 a, b, c를 보여줌으로써 x, y, z의 연구에 기반한다. 끝에서 두 번째 섹션의 '기존 연구' 부분에서 다른 관련 문헌과 함께 x, y, z의 연구를 자세히 검토한다.

필요하면 미래에 대해 작성하라

후속 연구는 미래에 속하는 일이다. 그러므로 논문 말미에 후속 연구에 관련하여 쓰는 것은 좋지 않다. 논문 끝에는 '기여사항'을 작성해야 한다. 많은 독자는 초록과 마지막에 있는 내용을 읽고 논문을 끝까지 읽을지 말지 여부를 결정한다. 그러므로 '후속 연구' 섹션은 '기여사항'이라는 제목의 섹션 직전에 넣는 것이 좋다.

이전 연구 섹션과 후속 연구 섹션이 모두 있다면, 이전 연구는 후속 연구 앞에 배치한다. 그런데 후속 연구 섹션은 종종 논문에서 가장 취약한 부분이다. 후속 연구 섹션은 저자가 시간이 부족해서 아직 수행하지 못한 자잘한 일로 채워지는 경향이 있다. 그러므로 후속 연구 섹션을 삭제하면 논문은 훨씬 더 좋아질 수 있다.

관례에 따라 감사의 글을 포함하라

일부 저널은 감사의 글을 끝부분에 일종의 후기로 추가하길 원한다. 또 일부 저널은 각주 형식을 따르는 관례가 있다. 저널이 원하는 대로 하되 감사의 글은 어딘가에 반드시 적어야 한다.

알아야 할 사항

- 맨 처음에 기여사항 섹션을 작성하라.
- 다음으로 일러스트 준비를 검토하라.
- 목표 대상의 기대를 채울 섹션을 추가하라.
- 비전, 단계, 뉴스 항목을 추가하라.
- 초록을 작성하라.
- 필요하다면 이전 연구, 후속 연구, 감사의 글에 대한 섹션을 포함하라.

"

바로 말하라!

"

마빈 민스키가 프레젠테이션과 글쓰기에 대해 학생들에게 자주 하는 조언

3장
서두에 작성할 내용

　이번 장에서는 당신이 수행한 연구에 대해 독자의 흥미를 일으키고 확신을 주기 위해, 글의 서두를 어떻게 시작할 것인지에 대해 배울 것이다. 체스 마스터들이 게임을 시작할 때 사용하는 일반적인 오프닝 방식이 있는 것처럼, 글쓰기도 원활하게 시작할 때 사용하는 일반적인 오프닝 방식이 있다. 그것을 배워보자.

비전으로 시작하라

　'설득의 핵심'에서 구두든 서면이든 기술 프레젠테이션을 할 때는 비전으로 시작해야 한다고 배웠다. 또한 비전은 두 부분, 즉 누군가 관심을 가지는 문제와 그 문제를 해결하는 접근 방식으로 구성한다고 배웠다.

체스를 둘 때 선택할 수 있는 오프닝 동작이 다양한 것처럼, 비전을 표현하는 방법도 다양하다. 연구 논문과 제안서, 비즈니스 계획 등에 다양한 방법이 적용된다.

대상에 맞게 비전 제목을 작성하라

분야별로 다양한 기대치가 있으므로 그 대상에 맞는 비전 제목을 사용해야 한다. 예를 들어 위협, 기회, 목표, 가설이 될 수 있다.

비전을 if-then 오프닝으로 표현하라

'~하려면 ~한다'는 if-then 방식은 첫 번째로 시도해야 할 오프닝 방식이자 다른 모든 것이 실패할 경우의 안전장치가 될 수 있다. 'if' 부분은 해결하려는 문제를 나타낸다. 'then' 부분은 문제를 해결하는 접근법을 간단히 소개한다.

인간 지능에 대한 계산적 이론을 구축하려면, 인간이 다른 영장류, 즉 생존하거나 멸종한 영장류와 다른 점이 무엇인지에 초점을 맞추어야 한다.

여기서 문제는 인간 지능에 대한 계산적 이론이 없다는 것이다. 접근법은 인간을 차별화하는 것이 무엇인지를 파악하는 것이다. 나는 if-then 오프닝을 사용하지만, 항상 눈에 띄게 드러나진 않는다. if와 then이 하나의 이야기로 엮이는 경향이 있기 때문이다.

앨런 튜링의 선구적인 논문인 〈컴퓨터 기계와 지능〉(Turing, 1950)이 발표된 이후로 상당 부분이 달성되었다는 데 동의한다. 그러나 한편으로는 기대했던 것보다 달성된 수준이 적다는 의견에도 동의한다. 인공지능은 모든 분야에서 적용되지만, 여전히 인간 지능에 대한 계산적 이론이 갖추어지지 않았기 때문이다. 헌신적인 최고의 공학자로 구성된 팀은 체스와 제퍼디에서 노련한 성인을 패배시키는 시스템을 만들 수 있지만, 아이의 상식을 나타내는 시스템을 만들 수 있는 사람은 아직 없다고 발표했다.[*]

……

우리가 인간의 초기 버전인 다른 영장류들과 다른 이유는 정확히 무엇일까? 우리는 이런 질문에 초점을 두는 접근법을 놓치고 있다. (Winston, 2011)[**]

비전을 흥미 있는 이야기 오프닝으로 표현하라

당황할 수 있는 상황을 설명하는 것이 더 큰 목적일 수 있다. 그래서 '비전' 섹션에서 당황스러워하는 누군가의 이야기를 들려줄 수도 있다. 바로 이것이 선구적 논문인 〈인공지능을 향한 발걸음〉을 썼을 때 마빈 민스키의 목적이었고, 그는 흥미로운 이야기로 시작하였다.

---

[*] 문제는 우리에게 인간 지능에 대한 이론이 아직 부족하다는 것이다.
[**] 접근법은 인간을 차별화시키는 것이 무엇인지 질문하는 것이다.

지구를 방문하는 이는 우리 기술의 역할에 대해 혼란스러울 수 있다. 한편으로는 놀라운 지적 능력으로 그들의 창조주를 당황스럽게 하는 놀라운 '기계 두뇌'에 대해 읽고 들을 것이다. 그리고 그는(또는 그것은) 이러한 기계가 힘이나 설득, 심지어 감당하기 어려운 끔찍한 진실의 폭로로 우리를 압도하지 않도록 억제되어야 한다는 경고를 듣게 될 것이다.

다른 한편으로, 우리 방문자는 기계의 노예 같은 복종, 상상력 없는 글자 그대로의 해석, 혁신이나 주도력 부재, 한마디로 비인간적인 둔함으로 인해 기계가 모든 면에서 비난을 받는다는 것을 알게 될 것이다.

......

이 정도면 깊은 우려는 물론이고 많은 관심을 받기에 충분하지 않은가? 나는 그렇다고 생각한다. 우리는 이미 지능적인 문제를 해결하는 기계에 강력한 영향을 받고, 어쩌면 지배당할 수도 있는 시대의 문턱에 와 있다. 그러나 우리의 목적은 미래에 어떤 일이 일어날지 추측하는 것이 아니라 '인공지능'을 구축하기 위한 첫걸음으로 보이는 지금의 상황을 묘사하고 설명하려는 것이다.

......

기존 문헌에는 이 분야의 뚜렷한 문제에 대한 일반적인 논의가 포함되어 있지 않다. 이 논문에서는 이러한 문제들 중 일부를 분리하여 분석하고, 관련성을 찾아보려고 노력할 것이다 (Minsky, 1961).

그래서 인공지능이 무엇인지 정리하는 것이 관심 있는 문제이고, 아이디어는 새로운 분야의 구조를 설명하는 것이다.

비전을 큰 질문 오프닝으로 표현하라

중요한 질문에 대답하는 것이 더 큰 목적일 수 있다. 그래서 '비전' 섹션은 질문을 분명하게 표현하고 질문에 대해 무엇을 할지 제안하는 것이다. 민스키는 기억의 목적에 대한 유명한 K-lines 논문을 '큰 질문' 오프닝으로 시작했다.

> 대부분의 기억 이론에 따르면, 무언가를 학습하거나 암기할 때 그 대상의 표상이 구축되어 저장되었다가 나중에 다시 검색된다고 한다. 이것은 다음과 같은 질문으로 이어진다.
> 정보는 어떻게 표현되는가?
> 정보는 어떻게 저장되는가?
> 정보는 어떻게 검색되는가?
> 정보는 어떻게 사용되는가?
> 새로운 사항은 결코 옛날 상황과 같지 않다. 그래서 오랜 기억이 유용해지려면, 그것은 어떤 방식으로든 일반화되거나 추상화되어야 한다. 또한 이것은 다음과 같은 질문으로 이어진다.
> 추상화는 어떻게 이루어지는가?
> 추상화는 언제 일어나는가?
> 저장 전인가, 후인가?

나중에 어떻게 구체화되는가?

우리는 '기억의 기능은 마음의 상태를 재창조하는 것이다.'라는 논제를 통해 이러한 질문을 한 번에 다루려고 한다. (Minsky, 1980)

그래서 8가지 큰 질문은 누군가가 관심 있는 문제를 구성하고, '기억의 기능은 마음의 상태를 재창조하는 것이다.'라는 논제는 그 아이디어를 구성한다.

비전을 미션 방해 요소 오프닝으로 표현하라

제품을 팔거나 지구를 구하거나 국가를 보호하는 것과 같은 미션이 있고, 그 미션을 달성하는 데 방해가 되는 요소가 있다. 필요한 것은, 미션을 방해하는 요소를 제거하는 방법에 대한 아이디어. 이에 대한 예시는 다음과 같다.

최근 인공지능에서 이루어진 발전은 지적이지만 통제 불가능한 시스템이 우리에게 해를 가할 것인지에 대한 우려를 불러온다. 이런 위험을 완화하기 위해 우리는 스스로 자신의 행동을 반성하고 결론에 도달한 방법을 설명하는, 인간다운 능력을 갖춘 시스템을 개발하는 것이 중요하다(Winston&Holmes, 2018).

비전을 새로운 기회 오프닝으로 표현하라

장기간에 걸쳐 중대한 문제가 있었고, 여기에 새로운 솔루션이 있다. 다음은 상상력을 동원한 기발한 예시이다.

> 사람들 모두 자신에게 맞는 배우자를 찾을 시간이 없다. 그리고 모든 데이트 서비스는 부족한 점이 너무 많아서 결혼했지만 결국 이혼으로 끝나는 경우가 많다. 이제 유전자 검사를 통해 서로 불가항력적으로 끌릴 수밖에 없는 영원히 두 사람을 맺어줄 방법을 알게 되었다.

상상하는 방법으로 오프닝을 표현하라

꿈이 있고 그것을 현실로 만드는 방법을 알고 있다. 새로운 기회를 창출하는 다음의 아이디어는 휴대폰이 보편화되기 전에 잘 먹혔을 것이다.

> 공중전화 박스를 찾지 않아도 언제든지 누구에게나 전화할 수 있다면 어떨까. 어두컴컴한 밤 인적이 드문 길에서 차가 고장났을 때 도움을 요청하기 위해 전화할 수 있다면 어떨까. 이런 기계를 이용하여 메모하고, 음악 듣고, 좋은 식당을 찾을 수 있다면, 거기다 셔츠 주머니에 쉽게 넣고 다닐 수 있다면 어떨지 상상해보라. 지금 눈앞에 보이는 기술을 통해 이 모든 것이 가능해지며 곧 우리의 모든 삶을 변화시킬 것이다.

이러한 오프닝에는 몇 가지 특징이 있다. 전문용어가 없다. 거부감을 일으키는 엘리트 분위기를 풍기는 어조가 없기에, 많은 부류의 독자들에게 흥미를 일으킨다.

단계를 보여주어라

'단계' 섹션을 목록으로 쉽게 작성할 수 있다.

다음은 자기 인식 시스템에 관한 논문에서 발췌한 것이다. 섹션 제목은 '단계 : 제네시스 기반 구축이다. 히바 아와드(2013)가 구축한 이 시스템은 폭력에 대한 태도에서 문화적 편향과 관련된 이야기에 관한 질문, 즉 "미국은 개인주의이기 때문에 루가 샨을 죽였는가?"와 같은 질문에 답한다고 설명했다. 제네시스에 대한 아와드 버전은 '예'라고 대답하지만 왜 그런지 이유는 설명할 수 없었다. 제네시스에게 이유를 설명하게 하는 것은 명백한 도전이었으므로 우리는 다음과 같은 단계를 수행하기로 결정했다.

- 문제 해결 행동에 대한 내부 언어 어휘를 작성하라.
- 제네시스의 문제 해결 방법이 해당 어휘를 사용하여 이야기할 수 있도록 구성하라.
- 내부 이야기를 사용하여 제네시스가 정교한 그래프를 작성하게 하라.
- 내부 이야기의 정교한 그래프를 제네시스의 외부화 방법과 연결하라.

이 논문에서 우리는 두 번째 단계, 즉 제네시스의 방법으로 이야기를 전달하도록 하는 과정에 집중한다. (Winston&Holmes, 2018)

뉴스를 추가하라

뉴스는 연구를 현재로 만든다. 논문은 역사에 대한 것이 아니라 역사가 만들어지는 과정이다. 최근에 일어난 흥미진진한 기여사항 중 하나를 선택하고 거기에 날짜를 추가하여 뉴스로 만들어라. 이렇게 작성하라. "지난 1월, 우리는 사람들이 자신의 차고에서 상온 핵융합을 실험하는 방법을 보여주었다."

알아야 할 사항

- 비전을 언급하면서 시작하라. 즉 문제를 식별하고 그 문제를 해결하는 접근법을 보여주어라.
- 일반적인 오프닝을 사용하여 비전을 표현하라. 가능한 오프닝 방법으로 if-then 방식, 큰 질문, 흥미로운 이야기, 미션을 방해하는 요소, 새로운 기회, 상상하는 방식이 있다.
- 계획에 따라 진행한다는 점을 보여주어라. 필요한 단계를 표시해주고, 앞으로 논의할 단계를 보여주어라.
- 최근에 일어난 주요 기여사항을 확인하여 연구를 최근의 것으로 만들어라. 날짜를 덧붙여서 뉴스로 만들어라.

4장
글의 끝에 작성할 내용

이번 장에서는 글의 끝에 작성할 내용을 배운다. 특히 '기여사항' 섹션의 중요성을 배우고 '기여사항' 섹션에 기여한 내용을 표현하는 몇 가지 일반적인 방법을 배울 것이다. 이런 방법을 사용하면 글을 확실히 세련되게 끝낼 수 있으며, 이는 체스 마스터가 승리하기 위해 사용하는 엔드게임 전략과도 같다.

기여사항 섹션으로 마무리하라

많은 저자는 자신의 글을 어떻게 마무리해야 하는지 확신이 없어 보인다. 그래서 예상치 못한 혼란스러운 결말로 끝나는 다양한 사례를 흔하게 볼 수 있다. '설득의 핵심'에서 배운 것처럼 습관적으로 기여사항 섹션으로 마무리하면, 독자가 논문을 더 자세히 봐야 할지 여부를 결정할 때 도움을 줄 수 있다.

기여사항을 열거방식으로 표현하라

'기여사항' 슬라이드를 작성했던 것과 같이 기여사항을 열거하는 방식으로 표현할 수 있다. 그런 다음 슬라이드를 발표할 때 당신이 말할 내용을 텍스트로 추가하라. 이에 대한 예시는 다음과 같다.

나는 이야기를 요약하는 원칙을 명료하게 표현했고, 이런 원칙이 제네시스 스토리 요약에 어떻게 반영되는지를 보여주었다. 특히 다음의 일을 수행했다.

- 이야기 요약을 잘하려면 리더 모델이 꼭 필요한 토대가 된다고 주장했다.
- 연결의 원칙, 개념 중심, 지배적인 개념 중심, 해석의 투명성을 확인했다.
- '수단' 압축을 제안하고 '사후적 추론' 처리를 도입했다.
- 라이브러리 제네시스[*]의 대표적인 이야기에 원칙 기반 요약기를 적용하여, 84%의 압축률을 보여주는 맥베스의 요약 작업을 선보였다. (Winston, 2015)

---

[*] Library Genesis, 약칭 립겐LibGen은 학술 논문 및 단행본 검색엔진이다.

기여사항을 직설적인 문장으로 표현하라

아인슈타인은 상대성에 관한 논문인 〈운동하는 물체의 전기동역학에 관하여〉를 기여사항에 대한 요약 문장으로 끝마쳤다.

> 여기서 발전된 이론에 따르면, 전자가 움직여야 하는 법칙을 완벽하게 표현한 것이다. (Einstein, 1905)

아이슈타인 예시와 이어지는 역사적 예시는 '기여사항' 섹션 내에 포함되지는 않았다. 그러나 '기여사항' 섹션 내에 포함되었다면 더 즉각적으로 기여한 사실을 알릴 수 있었을 것이다.

기여사항을 좋은 뉴스로 표현하라

미션 방해요소 오프닝을 사용한다면(267쪽) '좋은 뉴스' 기여사항과 짝을 이룰 수 있다.

> 지능형 시스템이 자신이 하는 일을 스스로 설명할 수 있다면, 자신이 하는 일을 모르는 지능형 시스템으로 인한 피해의 위험을 줄일 수 있다. (윈스턴 & 홈즈, 2018)

기여사항을 거창한 통찰력으로 표현하라

앨런 튜링은 자신의 유명한 튜링 테스트 논문인 〈계산 기계와 지능〉을 거창한 통찰력으로 끝마쳤다.

앞이 조금밖에 보이지 않지만, 해야 할 일이 많다는 것을 알 수 있다. (Turing, 1950)

물론 튜링이 쓴 내용은 어떤 논문이든 적용될 수 있는 문장으로, 그렇게 거창한 결말은 아닐 수도 있다.

기여사항을 스프레드 시트로 표현하라

거의 모든 글이 기여사항으로 끝나야 하지만 '기여사항'이 모든 목적에 적합한 제목은 아니다. 예를 들어 사업계획서를 작성하고 있다면 수익을 얼마나 낼 수 있는지, 낙관적이거나 비관적으로 예상하는 금액을 스프레드시트 형태나 그래프, 명세서 형태로 결론 내릴 수 있다. 그러므로 '예상 수익' 같은 제목을 사용하라. 결국 돈을 버는 것이 투자의 핵심이다.

결론 섹션으로 마무리하지 마라

'결론' 제목의 섹션을 채울 수 있는 방법은 여러 가지가 있다. 이런 예시가 있을 수 있다.

- 내 논문 주제와 관련된 많은 문헌이 있다.
- 그 문제는 어렵다.
- 다른 사람들은 그 문제를 다른 방법으로 접근한다.
- 앞으로 할 일이 훨씬 많다.

- 얼음은 차갑다.

아무도 관심을 갖지 않을 것이다. 논문을 기여사항 섹션으로 마무리하면 사람들이 실제로 관심을 가지는 내용으로 글을 쓸 수밖에 없다.

> **알아야 할 사항**
> - '기여사항' 제목의 섹션으로 끝내면 기여한 사항을 자연스럽게 떠올리면서 정리할 수 있고, 독자에게도 알릴 수 있다.
> - 기여사항은 적절한 동사를 사용해서 목록 형태로 작성한다.
> - 직설적인 문장, 절제된 문장, 거창한 통찰력, 좋은 뉴스 형태로 기여사항을 나타내고, 사업계획서의 경우 스프레드시트 또는 그래프 등으로 표현할 수 있다.
> - '결론'이라는 제목의 섹션으로 끝내지 마라. 앞에서 이미 결론을 내렸기 때문에 독자는 관심이 없을 것이다. 독자는 저자가 기여한 사항에 관심이 있을 뿐이다.

이번 장에서는 비전, 단계, 뉴스, 기여사항 항목이 모두 포함된 초록을 작성하는 방법을 알아보자. 그러면서 체크리스트를 사용하는 것, 그리고 세부 사항을 포함하여 기여사항을 더욱 명확하게 작성하는 방법에 대해서도 배울 것이다.

VSN-C 체크리스트를 사용하라

'초록抄錄'은 개인의 목적과 공공의 목적 두 가지를 수행하는 미니 논문이다. 먼저 '초록'을 통해 전체 논문을 들여다볼 수 있다는 개인적 이점과, 사람들이 논문을 읽어보다가 뒤늦게 자신들이 찾던 내용이 아님을 깨닫는 시간적 낭비를 하지 않도록 하는 공공의 목적이 있다. 초록은 미니 논문이기 때문에 일반적인 VSN-C 항목을 포함해야 한다.

중요한 것은 확실하게 뉴스가 있어야 한다. 새로운 내용이 없다면 논문이 아니기 때문이다. 반면에 비전을 구성하는 문제가 잘 알려진 내용이라면 접근법을 설명하는 것으로 내용을 제한할 수 있다. 단계는 기여사항에서 나타낼 수 있으므로 포함하지 않을 수 있다.

세부 사항은 사람을 매료시킨다

식당 경영자는 세부 사항의 판매 가치를 높이 평가한다. 언젠가 나의 제자 중 한 명인 토안 트란-파우는 이런 말을 했다.

"레스토랑에 가서 음식을 주문하려고 메뉴판을 볼 때 그냥 간단하게 '채소를 곁들인 연어'라고만 적혀 있는 메뉴판의 요리들은 어떤 맛의 음식인지 감이 잘 오지 않아요. 하지만 반대로 '부추 크림과 버섯을 곁들인 연어 요리(대서양 연어 필레를 팬에 구운 후 다진 부추와 표고버섯을 얹고 풍미가 좋은 마늘 샬롯 크림소스를 얹은 요리)'와 같이 자세한 설명을 곁들인 메뉴판을 보면, 순간 식욕이 돌고 어떤 음식으로 완성되어 나올지 쉽게 상상할 수 있지요."

독자도 레스토랑의 손님과 같다. 독자가 읽고 싶은 대상인지 결정하려면 레스토랑의 메뉴판처럼 자세한 설명이 필요하다. 따라서 번호를 사용하면서 보다 상세한 내용을 넣도록 하라. 예를 들어 다음과 같은 질문들에 일일이 상세하게 답하라.

"증명은 얼마나 긴가? 보조정리는 몇 개인가? 얼마나 많은 신생 페럿의 뇌를 재배선했나? 그 재배선된 페럿들이 청각 피질에서 시각 세포를 발달시키는 데 얼마나 걸렸나? 학습 프로그램에 제공한 훈련 샘플은 몇 개인가? 학습 속도가 얼마나 빠른가? 얼마나 정확한가? 프로그램은 어떤 종류의 이야기를 읽나? 특히 구체적으로 어떤 이야기인가? 어떤 종류의 지식을 갖고 있나? 얼마나 많이 갖고 있나?"

그런데 다음의 예시는 상세한 내용을 전혀 제공하지 않고 있다.

NIMA 시스템은 뇌 기능에 대한 최근의 발전에 기반하고 있다. 이 시스템은 여러 에이전트를 결합하여 문헌의 고전적인 어려운 문제를 해결한다. 이 논문에서는 전반적인 아키텍처를 설명하고, 아키텍처의 매개 변수를 미세 조정하는 방법을 설명하며, 추가 연구를 제안한다.

NIMA라는 약어의 뜻은 무엇인가? 발전은 무엇인가? 얼마나 최근인가? 여러 에이전트는 몇 개를 뜻하는가? 고전적인 문제는 무엇을 뜻하는가? 어떤 문헌을 뜻하는가? 어떤 종류의 매개 변수를 뜻하는가? 매개 변수는 몇 개인가? 무엇을 미세 조정하는가? 제안은 몇 개인가?

이와 대비되는 심층 합성곱 신경망에 관한 급증하는 관심을 자극했던 논문의 '초록'은 많은 궁금증에 대해 자세히 설명한다.

우리는 이미지넷 LSVRC-2010 대회에서 120만 개의 고해상도 이미지를 1,000개의 서로 다른 클래스로 분류하기 위해, 대규모 심층 합성곱 신경망을 훈련시켰다. 테스트 데이터에서는 상위 1 및 상위 5 오류율이 37.5%와 17.0%로, 기존의 최첨단 기술보다 훨씬 우수한 결과를 달성했다. 6,000만 개의 매개 변수와 65만 개의 뉴런을 갖추고 있는 이 신경망은 5개의 합성곱 계층으로 이루어져 있으며, 그중 일부는 최대 풀링 레이어와 최종 1000방향 소프트맥스를 가진 3개의 완전히 연결된 레이어로 구성되어 있다. 훈련 속도를 높이기 위해 포화되지 않는 뉴런을 사용했고, 합성곱 연산의 매우 효율적인 GPU 구현을 사용했다. 완전히 연결된 레이어에서의 과적합을 줄이기 위해 최근에 개발된 '드롭아웃'이라는 정규화 방법을 사용했는데, 이 방법은 매우 효과적임이 입증되었다. 또한 이 모델의 변형을 ILSVRC-2012 대회에 출전시켰으며, 2위를 차지한 26.2%와 비교하여 15.3%의 상위 5위 테스트 오류율을 달성했다. (크리제브스키Krizhevsky 외, 2012)

'초록'에서 정확히 무엇이 달성되고, 그것을 달성한 시스템의 크기를 알게 되었다. 나는 논문 전체를 계속 읽었다.

쓰고 이후에 재작성하라

몇 년 전 나의 제자 사지트 라오Sajit Rao에게서 받은 논문의 초록은 엉망이었다. 알고 보니 학생에게 개인 사정이 있었고 그는 기한을 맞추기 위해 박사학위 논문(Rao, 1998)을 서둘러 썼다. 마감일보다 일찍 내게 초안을 주었는데 그 초안을 읽고 말문이 막혔다. 연구 결과는 훌륭했지만, 초록은 그렇지 못했다.

이 논문은 시각적 공간 표현과 프로세스가 사물을 인식하고 행동을 지시하는 데 사용될 수 있을 뿐만 아니라, 언어 이해나 산술 연산 같은 보다 추상적인 작업에도 재사용될 수 있는 방법을 설명한다. 여러 증거에 따르면 지각과 '고차원적인' 인지 사이에는 명확한 구분이 없을 수 있다. 휴머노이드 로봇을 만들려는 노력에 이러한 통찰력을 사용하려면, 다음을 이해하는 것이 중요하다.

- 추론에 재사용할 수 있을 만큼 지각 기계가 유연하게 작동하는 이유는 무엇인가?
- 언어와 추론을 이해하는 데 기초가 되는 지각적 지식에 대한 표현은 무엇인가? 이를 위해 이 논문에서는 시각적 주의력 모델을 구체화하는 데 중점을 둔다. 우리는 이 모델이 어떻게 작동할 수 있는지 논의한다.
- 필요에 따라 다양한 공간 관계를 추출한다.
- 경험을 통해 시각 공간적 활동 패턴(시각적 동선)을 학습한다.

라오 학생의 논문에서 비전, 단계, 뉴스, 기여사항을 파악할 수 없었다. 저자가 아니라 논문이 내용을 명확히 설명할 수 있어야 한다. '우리는 논의한다'라는 표현에서 '우리'는 장엄복수형으로 주의를 환기시킨다. 이전에는 할 수 없었던 일을 지금은 어떻게 할 수 있는지 자세히 설명하는 내용이 전혀 없다. 초록에서는 휴머노이드 로봇을 언급했지만, 논문에는 내용이 없었다. 결국 라오 학생은 나와 함께 앉아서 작업하며 논문을 완벽하게 재작성했다. 현재 나는 강의실에서 연습 활동을 위한 기초를 설명하기 위해 라오 학생과의 경험을 사용한다.

첫 번째로 우리는 논문이 주체로 작용하는 표현을 없앴다. 또한 장엄복수형 '우리'를 '나'로 변경하고, 모델이 아닌 프로그램이 계산하도록 몇 가지 단어를 수정했다.

~~이 논문은~~ 이 논문에서, 나는 설명한다….
~~우리는~~ 나는 모델에 기반한 프로그램이 어떻게 작동할 수 있는지 논의한다….

그다음으로, 휴머노이드 로봇에 관련한 내용을 지우고, 유연한 발언을 더욱 단호하게 작성했다.

나는 지각과 '고차원적인' 인지 사이에 명확한 구분이 없다고 믿기 때문에, ~~휴머노이드 로봇을 만들려는 노력에 이러한 통찰~~

~~력을 사용하려면~~, 이를 이해하는 것이 중요하다고 생각한다.

삭제하고 보니, 라오의 연구가 왜 중요한지 설명하는 내용이 부족해졌다. 비전도 결여되어 있었다. 그래서 우리는 첫 번째 전체 문단을 수정하기 시작했다.

우리가 인간 지능에 대한 계산적 설명을 개발하려면, 인간 시각 시스템의 문제 해결 능력을 이해해야 한다. 이 시스템은 일상 활동 과정에서 놀라운 범위의 문제를 해결하기 때문이다.

새로운 if-then 오프닝 방식은 2가지 경우의 '우리'를 포함한다. 그런데 이것은 장엄복수형의 '우리'가 아니다. 이들은 모두 저자가 아닌, 인간 지능의 계산적 설명을 개발하는 데 관심이 있는 연구자 집단을 언급한다.

다음으로 인간 시각 시스템이 해결하는 놀라운 범위의 문제를 나타내는 예시로 흥미를 자극한다.

우리의 시각 시스템은 의식적인 노력 없이도 테이블 위에 컵을 내려놓을 자리를 찾고, 식료품점에서 가장 짧은 계산대 줄을 선택하고, 길을 건너기 전에 차가 오는지를 확인한다.

그다음으로 라오가 단계를 구성하는 2가지 기여사항을 명확히 작성하기로 결정했다. 첫째, 시각적 주의력에 대한 이론을 개발한 것이고 둘째, 이를 기반으로 추출하고 학습하는 프로그램을 만든 것이다.

나는 시각적 주의력 하위 시스템 이론을 개발하여 인간 시각 시스템의 문제 해결 능력을 이해하는 데 한 걸음 내디뎠다. 필요에 따라 다양한 공간 관계를 추출하고 경험을 통해 주의력 이동 패턴을 학습하는 프로그램을 작성하고 시연하며 실험함으로써 또 한 걸음 나아갔다.

여기서 우리는 프로그램이 추출할 수 있는 관계의 종류를 자세히 설명하는 내용을 추가하여 기여사항을 강화했다.

추출 프로그램은 가리키는 사람과 큰 빨간색 큐브 사이의 가리키는 관계를 찾는다. 이 프로그램은 형태의 크기, 방향과 같은 저수준의 시각적 속성을 확립하는 기본 연산에 의존하여 주의를 집중시킨다. 이 기본적인 연산은 강력한 '주의집중의 언어'를 구성한다.

다음으로 우리는 학습 프로그램이 실제로 무엇을 학습하는지 설명하는 세부 내용을 추가했다.

이 학습 프로그램은 공이 테이블에서 떨어질 때마다 연상되는 시각 활동의 패턴을 학습한다. 이 프로그램은 '낙하'와 같은 개념이 주의집중 이동 패턴과 연결될 수 있다는 아이디어를 기반으로 한다. 나의 주의집중 언어가 경험에서 이러한 패턴을 추출하는 데 어떻게 도움이 되는지를 보여준다. ……

이처럼 명확한 세부 사항은 하나의 그림을 그린다. 이전에는 이와 같은 내용이 전혀 없었다. 이것이 바로 뉴스다.

우리는 시각 루틴에 관련한 시몬 울만의 선구적인 연구에 대해 알고 있는 독자에게, 라오의 이 연구는 시몬이 제안했지만 실행하지 못한 아이디어를 토대로 구축된 것임을 확실하게 알리기로 결정했다.

그리고 나는 이러한 학습된 패턴이 시몬 울만이 제안한 일종의 순차적 시각 프로그램인 '시각적 루틴'을 구성한다고 설명한다.

이 시점에서 초록은 더 좋아졌지만 너무 길었다. 몇몇 저널은 초록을 단 한 문단으로 제한하기도 한다. 우리는 인간 시각 시스템이 하는 일에 관한 내용을 쳐내고, 프로그램의 기능에 대한 일반적인 설명은 삭제하고 보다 세부적인 설명에 집중했다. 모든 내용이 서론에 들어갈 수 있으므로 소중한 내용이 완전히 손실되지는 않는다. 가지치기는 120단어 미만으로 남겨두었으며, 이것은 가지치기 이전 대비 약 56% 적은 단어 수준이다.

인간 지능에 대한 계산적 설명을 개발하려면, 인간 시각 시스템의 문제 해결 능력을 이해해야 한다. 나는 이러한 이해를 위해 2가지 단계를 취했다. 즉 나는 시각 주의 시스템 이론을 개발하였고, 이 이론에 기반한 프로그램을 만들어 시연하고 실험했다. 공간 관계 추출 프로그램은 주의를 이동시키고 형태를 찾고 형태의 방향을 결정하는 기본 연산을 사용하여, 가리키는 사람과 큰 빨간색 큐브 사이의 가리키는 관계를 찾는다. 이 학습 프로그램은 공이 테이블에서 떨어질 때마다 연상되는 시각 활동의 패턴에 주목함으로써 낙하에 대해 학습한다. 이러한 패턴은 울만의 '시각적 루틴'의 경우를 구성한다.

한 가지 결함이 남아 있다. 크리제브스키 등이 작성한 초록과 눈에 띄게 대조되는 점은, 라오의 초록이 평가 수치를 제공하지 않는다는 것이다. 그의 목표는 표준 데이터셋에 대한 성공률과 같은 간단한 지표를 사용하여 다른 사람들보다 나은 능력을 보여주는 것이 아니라 처음으로 능력을 입증하는 것이었다.

그럼에도 프로그램이 얼마나 자주 그리고 어떤 상황에서 실패하는지에 대한 정보를 제공했다면 라오의 초록은 더 강력했을 것이다. 이대로라면 적어도 때때로 가리키는 것을 인식하고 낙하 인식을 학습하는 프로그램의 시연으로 성공을 동일시하는 암묵적인 평가

방식에 만족할지 스스로 결정할 수밖에 없다.

그 외에도 최종 결과는 모든 중요한 요소를 보여준다. 비전 부분은 인간 지능을 이해하고 싶다면 인간 시각 시스템을 이해해야 한다고 주장한다. 단계를 열거한 부분은 라오가 이론을 개발하고 프로그램을 실행하고 시연하고 실험한 것을 설명한다. 그 모든 것은 기여 사항을 구성한다. 인용 부분은 라오의 연구가 울만의 시각적 루틴 제안을 토대로 구축된 점을 보여준다. 세부 사항은 몇 가지 뉴스를 제공하면서 기본 연산이 주의를 이동시키고 형태를 찾고 형태의 방향을 결정하며, 라오의 프로그램은 가리키는 것을 인식하고 낙하를 학습한다는 것을 말해준다.

따라서 수정된 초록을 읽는 독자는 라오가 언급하는 큰 문제, 접근법, 단계, 기여사항을 쉽게 확인할 수 있다. 그래서 독자들은 계속 읽을지 말지 결정하는 데 필요한 정보를 얻을 수 있다.

깨진 유리 개요를 이용하라

라오의 사례는 많은 수정이 필요한 초록으로 시작한다. 그런데 아예 처음부터 빈 종이로 초록을 시작한다면 무엇을 해야 할까?

앞서 '개요를 작성하라'(212쪽)에서 깨진 유리 개요를 배웠다. 글을 쓰는 준비 작업으로 하나를 작성하면 상위 프레임워크는 초록에 중점을 둘 사항을 말해주고, 하위 프레임워크는 포함할 세부 사항을 제안한다.

알아야 할 사항

- 초록에서 비전을 표현하고 수행했던 연구 단계를 확인하고, 몇 가지 뉴스를 뚜렷하게 밝히며 핵심 기여사항을 열거해야 한다.
- 초록에 기여사항을 구체화시키는 세부 사항을 포함해야 한다. 특히 초록은 성과를 수치로 자랑하기에 좋다.
- 깨진 유리 개요를 작성하면 초록의 구성을 시작하는 데 좋은 출발점이 될 수 있다.

"
보는 것만으로 많은 것을 관찰할 수 있다.
"

요기 베라Yogi berra | 미국 야구선수이자 매니저, 코치

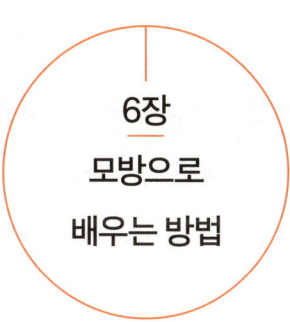

6장
모방으로 배우는 방법

이번 장에서는 좋아하는 글을 모방하고, 좋은 역사와 문학작품을 읽으면 글을 더 잘 쓸 수 있다는 사실을 배운다. 더 나은 작가가 되려면 좋아하는 작품을 읽고 감탄해야 한다.

훌륭한 작가에게서 배워라

제임스 왓슨James Watson의《왓슨 분자생물학》(Watson, 1965)은 내게 설명할 수 없을 정도로 깊은 인상을 주었다. 그 책이 인상 깊었던 이유를 생각해보고 나는 몇 가지 특징에 주목하였다.

- 책을 펼치면 한두 개의 섹션 제목이 보인다. 언제나 잠시 멈추고 생각하거나 커피를 마실 수 있는 휴식 지점이 있는 것

을 알 수 있다.
- 섹션 제목은 완전한 문장 형태로, 내용을 요약한다.
- 상세한 설명으로 된 캡션을 덧붙인 일러스트가 자주 등장하고, 일러스트는 내용을 요약한다.

나는 모방하고 싶은 왓슨의 스타일 요소를 자연스럽게 내 글쓰기에 접목하였다.

위대한 작가의 글을 읽으면 더 나은 작가가 될 수 있다. 인간은 위대한 모방가이다. 한두 잔의 와인을 마시면서 셰익스피어 작품을 읽으면, 엘리자베스 시대의 영어를 말하기 시작할 것이다. 명문으로 된 문학이나 역사책을 읽으면 글을 더 잘 쓰게 될 것이다. 셰익스피

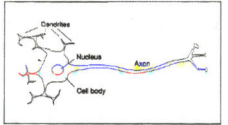
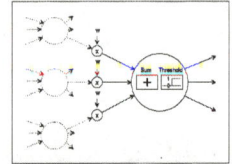

▶ 6-1 인공지능에 관한 교과서를 쓰던 당시, 나는 거의 모든 페이지에 완전한 문장으로 된 제목과 일러스트를 실었고, 각 일러스트에는 상세한 설명으로 된 캡션을 덧붙였다.(Winston(1992)).

어만큼 잘하진 못하더라도 분명 이전보다 더 잘 쓸 수 있다.

몇 년 전 동료 로버트 버윅 교수는 내 사무실로 오더니 "이 책은 꼭 읽어봐야 해요." 하면서 책 한 권을 건넸다. 그것은 제임스 맥퍼슨James McPherson의 책 《자유의 함성Battle Cry of Freedom》이었다. 그는 내가 미국 남북전쟁에 관심이 있다는 사실을 알고 있었다.

"그 책 어땠어요?" 몇 주 후에 로버트가 물었다. 나는 "끝내주더군요!"라고 대답했다.

그가 또 "이 책이 아주 잘 읽히는 이유가 뭔지 알아요?" 하고 물었고 나는 모르겠다고 대답했다. 사실 책이 잘 읽힌다고 느끼긴 했지만, 그 이유를 생각해볼 생각은 하지 않았다. 로버트는 아무 페이지(460쪽)나 펼치더니, 샘플 구절을 큰 소리로 읽기 시작했다.

> 잭슨은 쉴즈의 전진 부대를 궤멸한 다음 프리몬트를 공격할 계획이었다. 그러나 포트 리퍼블릭에 주둔한 쉴즈의 2개 여단의 완강한 저항으로 인해 계획이 실패했다. 3,000명의 북군 병력이 잭슨이 마침내 투입한 7,000~8,000명의 병력을 3시간 동안 막아냈다. 결국 수적 우위로 승리했지만, 그 무렵 잭슨의 군대는 너무 많은 타격을 입어 6월 9일의 피비린내 나는 아침 동안 잠잠했던 프리몬트를 상대로 공격을 진행할 수 없었다. 양측은 모두 철수하고 전열을 재정비했다. 그날 밤 잭슨은 블루 릿지의 브라운스 갭으로 철수했다.

왜 이 책이 잘 읽히는 걸까? 바로 맥퍼슨이 능동사를 사용하기 때문이다. 덕분에 독자는 책을 읽어가면서 상황을 생생하게 그려나갈 수 있다. 이 구절에서 수동형 동사를 사용한 것은 'was', 단 한 번이다. 만약 맥퍼슨이 수동태로 썼다면 다음의 글과 같은 모습으로 나타날 것이다. 능동사 대신 수동태를 형성하는 9개의 was와 were라는 단어로 대체되어 모든 생동감이 사라졌을 것이다.

쉴즈의 전진 부대는 잭슨에게 궤멸되고 프리몬트는 공격받을 상황이었다. 그러나 이 계획은 포트 리퍼블릭에 있는 쉴즈의 2개 여단의 완강한 저항으로 좌절되었다. 마침내 작전에 투입된 7,000~8,000명의 병력은 3시간 동안 3,000명의 북군 병력에 의해 저지당했다. 결국 수적 우위가 승리 요인이 되었지만, 그때까지 잭슨의 군대는 너무 많은 타격을 입어 6월 9일의 피비린내 나는 아침 동안 잠잠했던 프리몬트에 대한 공격은 실행되지 못했다. 양측은 모두 철수되고 전열이 재정비되었다. 그날 밤 잭슨의 군대는 블루 릿지의 갭으로 철수되었다.

이런 식으로 글을 쓸 때, 'by' 구문을 삭제하여 행동을 수행하는 주체를 쉽게 제거하는 경향이 있다.
다음의 처음 세 문장이 이런 형태다.

쉴즈의 전진 부대는 궤멸되었고, 프리몬트는 공격받을 상황에

처했다. 그러나 이 계획은 좌절되었다. 마침내 작전에 투입된 7,000~8,000명의 병력은 저지당했다.

공학과 과학 문헌은 종종 방정식의 형태를 띤 문장으로 가득하다. 변형된 'is' 동사 형태가 많이 사용되어 문장은 생명력을 잃고 지루해진다. 연구는 훌륭하지만, 글은 그렇지 못하다.

방금 문단을 아래와 같이 하면 더 잘 읽힌다.

'반대로 공학과 과학 문헌은 문장으로 가장한 방정식을 다수 포함하고 있다. 저자는 다양하게 변형된 'is' 동사로 글을 파괴하며 과학은 지루하고 생명력을 상실한다. 연구는 흥미진진하지만, 글은 활기가 부족하다.'

자신만의 훌륭한 글쓰기 사례를 수집하라

당신은 동사를 사용하는 저자의 방식 때문에 연구가 훌륭하다고 생각할 수 있다. 또는 짧은 문장과 긴 문장을 혼합하는 저자의 방식을 좋아할 수도 있다.

이러한 연구 결과를 담을 자신만의 특별한 서가를 마련하라. 가끔 아무 책이나 꺼내서 읽어보고 좋아하는 책이 있다면 그 이유를 생각해보라. 그러면 글은 그와 더 흡사한 형태로 발전한다. 좋아하는 표현의 글이 어떤 장르인지는 중요하지 않다.

알아야 할 사항

- 좋아하는 글이 있다면 왜 좋은지 스스로 질문해보라. 그리고 좋아하는 글을 모방하라.
- 이미지를 생생하게 떠올릴 수 있는 동사가 특징인, 잘 읽히는 역사나 문학작품을 읽어라.
- 수동형을 구성하는 is 동사를 능동사로 대체할 수 있는 문장을 찾아보라.
- 좋아하는 글을 담아둘 라이브러리를 만들라. 그리고 글을 쓰려고 준비할 때 모아둔 샘플을 다시 읽어보라.

"
작가를 꿈꾸는 어린 친구가 있다면
《글쓰기의 요소》를 선물해준다.
그러나 가장 큰 선물은 그들이 행복할 때
지금 바로 촬영하는 것이다.

"

도로시 파커 Dorothy Parker | 미국 시인이자 작가, 평론가

7장
스타일 실수를 피하는 방법

이번 장에서는 빨간색 연필을 자유자재로 다루는 유능한 편집자에게 자신의 글을 검토받은 적이 없는 작가가 흔히 저지르는 오류를 인식하고 피하는 방법을 알아보자.

글쓰기에 관한 저명한 책을 읽어라

첫 번째 교과서 초안을 작업할 때 나는 웰즐리Wellesley 대학에 다니는 한 학생에게 그것을 보여주었다. 그 학생은 MIT에서 내 인공지능 과목 수업을 우연히 들은 적이 있었다. "어떻게 생각하나?" 내가 물었다. 그리고 그토록 두려워하던 답변을 받았다.

"스트렁크Strunk와 화이트White를 읽어본 적이 있으세요?"

물론 스트렁크와 화이트가 지은 《글쓰기의 요소》(2016년 국내출판)를 읽어보았는지 묻는 것이었다. 사실 그 책을 읽어보긴 했지만 특별히 공부하진 않았다. 하지만 그 이후로 여러 번 그 책을 공부했다. 그 책이 일관성이 없고 책에 쓰인 규칙 중 상당수를 위반한다고 말하는 비평가들도 더러 있지만 나는 그들에게 에머슨Emerson의 유명한 격언을 거듭 인용하고 싶다. "어리석은 일관성을 고집하는 것은 도깨비의 좁은 마음과 같다."

그 후 교과서의 3판 또는 4판을 끝마쳤을 때 애디슨-웨슬리 출판사의 편집자는 내게 본문 편집자를 선호하는지 물어왔다. 당시는 본문 편집자가 말해줄 수 있는 사항이라면 당연히 나도 알고 있다고 생각했다. 그래서 나는 이렇게 말했다. "나를 울릴 수 있는 사람이 있다면 찾아주세요." 그러자 그는 "아, 린 뒤프레가 시간이 되는지 확인해볼게요."라고 대답했다. 그리고 실제로 나는 거의 울 뻔했다. 《글쓰기의 오류》에서 이야기하는 여러 가지 실수가 내 글에도 있다는 데 충격을 받은 것이다. 린 뒤프레는 본문 편집자뿐만 아니라 개발 편집자로서도 글의 구성에 대한 제안을 해주었다.

어떤 형태로든 글에 오류가 발생하는 것은 저자가 그 글을 읽을 독자에게 관심이 없다는 사실을 보여주는 것이다.

문법과 스타일의 핵심 사항을 준수하라

문법과 스타일에 오류가 있으면 독자는 저자가 부주의하거나 경험이 없다고 생각한다. 많은 독자, 그 중에서도 나처럼 지식이 풍부한 전문 편집자에게 두들겨 맞은 경험이 있는 독자라면 더욱 용서하지 않을 것이다. 그러므로 자신의 좋은 작품을 망치지 않도록 조심하고 핵심 사항을 반드시 준수하도록 하라.

단독 저자라면 '우리' 대신 '나'를 사용하라

'우리(we)'는 저자와 독자 또는 저자를 의미한다. 자신이 왕이나 왕비가 아니거나 여러 저자 중 한 명인 경우가 아니라면, 자신을 저자로 지칭할 때 '우리'를 사용하지 마라. 누군가는 '나(I)'라는 표현을 사용하는 것이 자기중심적이라고 판단할 수도 있겠지만, '우리'라는 표현은 실제로 누가 연구를 책임지는지에 대한 혼란을 초래할 수 있다. 앨런 튜링의 유명한 논문 〈컴퓨팅 기계와 지능〉의 첫 문장을 주목해보자.

> 나는 "기계가 생각할 수 있는가?"라는 질문을 생각해보라고 제안한다.

따라서 논문에서 '나'를 사용하는 것은 괜찮다. 그러나 문서를 작성할 때는 조직을 대리하여 작성하므로 '우리'를 사용해야 한다.

> 우리는 자주 작업을 백업할 것을 제안한다.
> 우리는 비밀번호 파일을 암호화할 것을 권고한다.

논문을 의인화하지 마라

논문에서 자신의 연구를 설명하지만, 논문을 마치 살아있는 사람인 것처럼 나타내는 경우가 있다. 논문 자체는 지각력이 부족하고 생각할 수 있는 능력이 없다.

MIT의 온라인 연구 아카이브인 디스페이스DSpace에서 몇 분 동안 논문을 보다 보면, 슬프게도 논문 초록에서 다음과 같은 예시를 많이 찾을 수 있다.

- 나쁜 예시 :
    이 논문은 … 효과를 시험하려고 한다.
    이 논문은 … 실험 내용을 설명할 것이다.
    이 논문은 … 을 탐구할 것이다.
    이 논문은 … 을 주장한다.
    이 논문은 … 을 논의한다.
    이 논문은 … 의 한계를 분석한다.
    이 논문은 … 기본 원칙을 탐구한다.

또한 이상하게도 MIT가 왕족에 대한 놀라운 입학 선호도를 보이는 것인지, 내가 살펴본 모든 논문은 저자가 한 사람이었지만 '나(I)' 대신 '우리(we)'라는 장엄복수형을 사용했다. 한편 나는 논문을 의인화하지 않는 감동적인 예외를 몇 개 찾기도 했다.

- 좋은 예시 :

  이 논문에서 나는 … 을 기술한다.

  이 논문에서 나는 … 을 설명한다.

  이 논문에서 나는 … 을 제안한다.

'이전', '전자', '후자'를 사용하지 마라

이전, 전자, 후자와 같은 단어를 쓸 때는 대신에 명백히 참고할 수 있는 사항을 기록하라.

- 나쁜 예시 : 나는 스포츠, 특히 내가 이전에 언급했던 스포츠를 좋아한다.
- 좋은 예시 : 나는 스포츠, 특히 스키를 좋아한다.
- 나쁜 예시 : 나는 스키와 하이킹을 좋아한다. 내가 전자를 좋아하는 이유는….
- 좋은 예시 : 나는 스키와 하이킹을 좋아한다. 내가 스키를 좋아하는 이유는….

'위'와 '아래'를 사용하지 마라

글에서 다른 장소를 언급할 때는 가능한 한 정확한 곳을 가리켜라.

- 모호한 표현 : 위에서 아래의 실수를 저질렀을 수도 있다.
- 보다 정확한 표현 : 이 섹션의 첫 문장에서 아래의 실수를 저

질렀을 수도 있다.

도표를 참고할 때 문서 처리 소프트웨어에서 도표가 이동할 수 있는 경우에는 도표의 번호를 사용하라. 그렇지 않으면 아래 도표를 참조하라고 언급하는 도표가 위에 표시되거나, 표시된 다음 도표가 그 도표가 아닐 수도 있다.

'때문에'를 의미할 때 '이후로'를 사용하지 마라
'때문에'는 인과관계가 있다는 것을 의미하고 '이후로'는 시간이 지났음을 의미한다. '이후로'를 '때문에'의 의미로 사용하는 것은 세련되지 못한 방법이다.

- 잘못된 선택 : 훌륭한 과정인 이후로 그는 6.034점을 받았다.
- 올바른 선택 : 훌륭한 과정이기 때문에 그는 6.034점을 받았다.
- 모호함 : 그는 법대에 가기로 결정한 이후로 학점을 따기 쉬운 과정을 수강했다.
- 모호하지 않음 : 그는 법대에 가기로 결정했기 때문에 학점을 따기 쉬운 과정을 수강했다.
- 모호하지 않음 : 그는 법대에 가기로 결정한 그날부터 학점을 따기 쉬운 과정을 수강했다.

'지난'을 의미할 때는 '마지막'을 사용하지 마라

마지막은 최종을 의미한다. 세상의 종말이 임박한 것이 아니라면 마지막 해, 마지막 달, 마지막 주, 마지막 날은 아직 경험하지 않았다. '지난'은 가장 최근의 것을 의미한다.

- 비관론자 : 마지막 한 해 동안 우리는 눈부신 진전을 이루었다. 안타깝게도 더이상 그런 해는 없을 것이다.
- 낙관론자 : 지난 한 해 동안 우리는 눈부신 진전을 이루었다. 좋은 소식이다. 내년에는 그 눈부신 진전을 바탕으로 더 큰 발전을 이룰 수 있기 때문이다.

'활용하다'를 활용하지 마라

'사용하다(use)'를 쓸 수 있다면 '활용하다'를 쓰지 말고 '사용하다(use)'를 쓰도록 한다.

- 나쁜 예시 : 그들은 구매할 수 있는 최고의 장비를 활용한다.
- 좋은 예시 : 그들은 구매할 수 있는 최고의 장비를 사용한다.

'것'을 사용하지 마라

'것(thing)'은 궁극적으로 추상적인 표현이다. 더 정확한 단어를 사용하라.

- 피해야 할 예시 : 그의 글에는 나를 미치게 하는 것이 있다.
- 더 좋은 예시 : 그의 글에는 나를 미치게 하는 문법적 실수가 있다.

대명사를 사용하지 마라

인간에게는 하나의 언어 처리 장치가 있으며 이 장치에는 최소화 원칙이 있다. 최소화 원칙은 독자의 언어 처리 장치가 문법이 아니라 아이디어에 집중할 수 있도록 독자의 불필요한 언어적 계산을 최소화하며 글을 쓰는 것을 말한다. 대명사가 등장할 때마다 독자는 불필요한 언어적 계산을 해야 한다. 따라서 일반적으로 대명사가 가리키는 명사를 그냥 반복해야 한다.

마빈 민스키는 컴퓨터는 어려운 뉴스 기사보다 쉬운 어린이 동화책을 더 이해하기 어려워한다고 농담했다. 생일파티에 관한 다음의 예시를 살펴보자.

피터와 폴은 존의 생일파티에 가려고 했다. 그들 중 한 명이 연을 사고 싶다고 말했다.
"그런데 그에게는 하나 있잖아."라고 그가 말했다.
"그는 너에게 그것을 돌려주라고 할 거야."

이때 상식이 부족한 컴퓨터는 모든 대명사에 대해 혼란스러워한다.

어린이를 위한 동화 작가와 달리 언론인은 다음의 과장된 뉴스 기사처럼 대명사를 피하고 덜 모호한 대용어를 선호한다.

피터는 최근 청년 존의 생일파티가 임박하자 존에게 연을 사주겠다는 의사를 밝혔다. 믿을 만한 소식통에 따르면 폴은 이 구매 제안을 비판했다고 한다. 폴은 피터에게 "존은 연을 가지고 있잖아."라며 "존이 선물을 가게에 반납하게 할 거야."라고 말했다.

믿을 만한 소식통이라는 문구는 기자가 실제 출처를 밝히지 않을 것임을 암시한다. 만약 모국어가 독일어나 러시아어와 같은 언어라면, 대명사 사용에 특별히 주의해야 한다. 이러한 언어에서는 성별이 대명사 참조를 명확히 하는 데 도움을 주므로 영어와는 달리 대명사를 사용하는 습관을 가질 수 있다.

'제한절'과 '비제한절'의 차이를 주의하라

'제한절(that)'은 지시하는 대상의 애매함을 없애주는 데 도움을 주는 구절이다. 지시하는 대상이 이미 명확하다면 '제한절(that)'을 사용하지 말고 '비제한절(which)'을 사용해야 한다. '비제한절(which)'은 추가 정보를 제공하지만 지시하는 대상을 명확히 하는 데 도움을 주는 문구를 삽입하기 위해 '비제한절(which)'을 사용하지는 마라.

- 명확히 설명하기(that) : 패트릭은 진입로에 흰색 볼보가 주차되어 있는 크리피 스트리트에 위치한 집에 산다.
- 정보를 추가하기(which) : 패트릭은 크리피 스트리트에 위치한 왼쪽의 마지막 집에 사는데, 진입로에는 흰색 볼보가 주차되어 있다.

절대로 '~해보다'를 쓰거나 말하지 마라

놀랍게도 전국 방송 프로그램의 전문 뉴스 진행자도 가끔씩 '~해보다(try and)'라는 말을 한다. "대통령은 그 주제에 대해 국민과 대화해보겠다고 말했습니다." 그들은 '~해보다'를 '열심히 ~하다(try to)'로 대체해야 한다. "대통령은 그 주제에 대해 국민과 열심히 대화하겠다고 말했습니다."

- 나쁜 예시 : 그는 밤새 공부해 보기로 결심했다.
- 올바른 예시 : 그는 밤새 열심히 공부하기로 결심했다.

인용부호는 누군가를 인용할 때만 사용하라

단어가 잘못 사용되었다는 것을 암시하기 위해 인용부호를 사용하지 마라. 예를 들어 '심층 신경망'이라는 표현을 쓸 수 있지만 인용부호를 사용해서 "심층 신경망"이라고 쓰면 안 된다. 인용부호를 사용하면 독자는 어휘 실력이 부족하거나 적절한 단어를 떠올리지 못한다고 생각한다.

자신의 이야기를 하라

독자는 인용된 사람의 아이디어가 아니라 저자의 아이디어를 알고 싶어 한다. 인용된 사람의 역할은 아이디어를 표현하는 것이 아니라 아이디어를 뒷받침하는 것이다.

- 저자의 이야기를 대체하는 인용문 : 윈스턴은 "수년 동안 인간의 지능을 이해하는 방식으로 AI 연구를 해왔다."라고 말한다.
- 저자의 결론을 뒷받침하는 인용문 : 윈스턴은 인간 지능을 이해하기 위한 연구에 전념하고 있으며 "나는 수년 동안 인간의 지능을 이해하는 방식으로 AI 연구를 해왔다."라고 덧붙인다.

불필요한 것을 제거하라

위대한 소설가이자 단편소설가, 저널리스트인 어니스트 헤밍웨이는 단순하고 군더더기 없는 간결한 글쓰기 스타일 작가로 유명하다. 1920년대 〈토론토 스타Toronto Star〉 신문사의 유럽 특파원으로 일하던 시절, 통신이 유선 통신으로 이루어지고 통신비가 비쌌던 그 시절부터 그의 글쓰기 스타일이 시작되었다는 이야기도 있다.

헤밍웨이처럼 단순하고 군더더기 없는 간결한 문체로 작성하라. 불필요한 단어와 구, 문장, 단락을 제거하라.

오류를 탐색하라

나는 이 책을 포함하여 책을 쓸 때마다 모든 작업이 끝난 후 잘못 사용된 예시를 모두 교체하는 찾기와 교체 작업을 수행한다. 많은 저자와 편집자는 이 과정을 '헌트'라고 부른다.

또한 '때문에'로 써야 할 '이후'가 있는지 살펴보고 제거할 수 있는 표현이나 '활용하다', '전자', '후자'와 같은 경우를 찾아본다. 수동형 동사를 찾아 능동형 동사로 교체한다.

필요한 도움을 받아라

모국어가 아닌 언어로 글을 쓸 경우 친구나 기관 리소스, 전문적인 본문 편집자에게 도움을 청하라. 가장 많은 노력을 기울여야 할 때는 논문이나 책, 기타 훌륭한 작품을 검토해줄 개발 편집자를 고용하라. 이런 편집자는 철자와 문법 오류를 찾아줄 뿐만 아니라 구성에 대해서도 조언해준다.

알아야 할 사항

- 글쓰기에 관한 저명한 책을 읽어라. 스트렁크와 화이트의 책《글쓰기의 요소》와 뒤프레의 책《글쓰기의 오류》를 읽어라.

- '우리' 대신에 '나'를 사용하라.

- 논문 자체가 저자인 것처럼 글을 쓰지 마라.

- '전자'와 '후자'를 사용하지 마라.

- '위'와 '아래'를 사용하지 마라.

- '때문에'를 의미할 때 '이후'를 사용하지 마라.

- '지난'을 의미할 때 '마지막'을 사용하지 마라.

- 더 구체적인 단어를 사용할 수 있을 때 '것'을 사용하지 마라.

- 대명사를 사용하지 마라.

- 단어를 함부로 바꾸지 마라.

- '제한절(that)'을 의미할 때, '비제한절(which)'을 사용하지 마라.

- '노력해서' 대신 '열심히'를 사용하라.

- 아이디어를 전달하는 것이 아니라, 아이디어를 뒷받침할 때 따옴표를 사용하라.

- 누군가를 인용하지 않는 한 따옴표를 사용하지 마라.

- 불필요한 단어는 삭제하라.

> "
> 나는 글쓰기를 싫어하지만,
> 글쓰기를 마치는 것을 사랑한다.
> "

도로시 파커 Dorothy Parker | 미국 시인이자 작가, 평론가

이번 장에서는 글을 쓰고 싶지만 시작할 수 없을 때, 무엇을 해야 할지 배워보자.

혼자만 그런 것이 아니다

이 책을 완성했다고 생각했을 때였다. 예전에 교과서를 집필했을 때처럼 애디슨-웨슬리 출판사의 기획 편집자와 이메일을 주고받게 되었다. 이메일로 잡담을 주고받을 때, 그는 이렇게 썼다.

가만히 앉아서 수십 년 동안 작업해 온 제 책을 조만간 완성할 수 있을 것 같네요. 오랜 출판 생활에서 배운 모든 핑계를 다 써 버렸고 더이상 원고를 먹어치울 가상의 개도 없으니까요.

그는 글을 전혀 쓰지 못하게 되는 증상인 '작가의 벽'에 시달리고 있었다. 그의 편지를 받고 나는 챕터 하나를 더 써야겠다고 결심했다. 그것이 바로 이번 챕터이다. 막상 시작하기 어려워서 시간이 좀 걸렸다.

많은 대안이 있다

많은 작가들이 작가의 벽을 경험한다. 이상한 일도 아니고 혼자만 겪는 일도 아니다. 어떤 사람은 말하고 싶은 내용을 완전히 구체화 시키지 못해서 작가의 벽에 부딪친다. 또 어떤 사람은 글쓰기를 일상생활로 습관화하지 못해서 작가의 벽에 부딪친다. 엄청난 노력을 투입해야 한다는 압박감에 작가의 벽에 부딪치는 사람도 있다. 다행히 작가의 벽에 맞설 수 있는 대안은 많다. 그 대안 중 하나 또는 여러 대안을 결합해서 사용하면 도움이 될 수 있다.

하고 싶은 말을 쉽게 전달하라

소설가는 이야기에 등장할 인물에 대한 개요를 상세하게 작성한다. 그런 다음 등장인물을 흥미로운 상황에 던져놓는다. 그 시점에서 이야기는 저절로 써지기 시작한다. 글을 쓰기 시작할 때 나중에 그 이야기가 어떻게 끝날지 모르는 작가들도 있다.

이와 마찬가지로 글을 쓰기 전에 끝내야 한다고 생각하면 안 된다. 개요를 작성하고 프레젠테이션을 하며, 예시를 개발하고 실제로 글을 쓸 때 떠오르는 아이디어도 있다. 글쓰기 과정이 사고를 자극하기 때문이다.

깨진 유리 아우트라인을 작성하라

첫 번째 작업은 깨진 유리 아우트라인을 작성하는 것이다. 나는 칠판에서 작업하는 것을 좋아한다. 그렇게 하다가 아우트라인이 마음에 들면 휴대폰으로 사진을 찍는다. 이 단계에서 내가 무엇을 하는지 보는 사람은 아무도 없다. 그래서 비웃음을 살까 두렵지도 않다.

깨진 유리 아우트라인을 작성하면 쓰고 싶은 내용이 떠오르기 시작한다. 스스로 질문한다. '비전은 무엇인가?' '어떤 예시를 사용해야 할까?' '누구를 대상으로 글을 쓰고 있는가?' 최소한의 대략적인 개요를 구성할 수 없다면 아직 말할 내용이 없는 것이다. 아우트라인이 완성되었을 때, 준비가 거의 다 된 것이다.

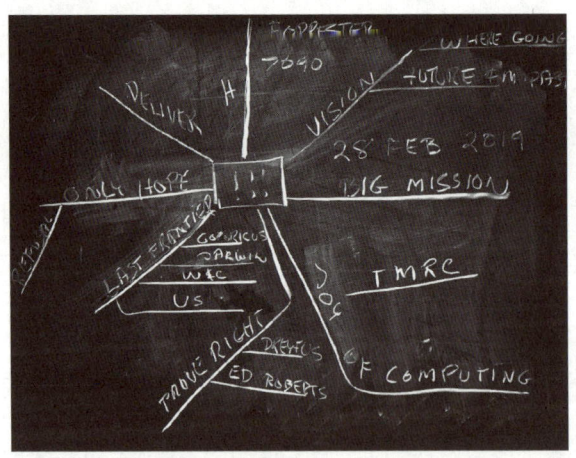

▶ 8-1 칠판에 깨진 유리 아우트라인을 작성하면, 쉽게 스포크를 추가할 수 있고 한 번 획 그어서 스포크를 없앨 수도 있다.

프레젠테이션 일정을 정하라

이제 무엇을 해야 할까? 깨진 유리 개요를 빠르게 작성한다. 이 개요를 사용하여 슬라이드 라이브러리에서 슬라이드를 선택하고 새로운 슬라이드를 몇 장 더 작성할 수도 있다. 봐라. 이미 글을 쓰기 시작했다. 많은 것을 완성했다는 사실을 거의 깨닫지도 못한 채 말이다.

프레젠테이션을 시작한 후 서면 버전을 만들어라. 텍스트를 주석이 달린 범례 형태로 만들고, 그림과 다이어그램은 슬라이드에 남겨둔다. 그리고 강연할 때 말한 내용을 주석이 달린 범례에 추가하라. 주석이 달린 슬라이드에 VSN-C 경영진 요약으로 서문을 작성하라. 거의 다 완성되었다. 이제 해야 할 일은 주석이 달린 슬라이드를 텍스트와 도표로 바꾸는 것이다.

상상의 친구에게 설명하라

프레젠테이션을 할 일이 없다면, 쓸 내용에 따라 슬라이드를 만들거나 슬라이드 없이 상상의 친구에게 발표할 수 있다. 자신이 말한 내용을 녹음하고 기록하여 이 내용을 바탕으로 작업을 시작할 수 있다.

이처럼 상상의 친구에게 발표한 내용을 받아쓰기하는 방법은 일부 작가들에게 효과적인 접근법일 것이다. 윈스턴 처칠도 6권이나 되는 방대한 책《제2차 세계대전》(2016년 국내 출간)과 그 밖의 많은 책들이 이러한 받아쓰기를 통해 초고가 만들어졌고 이어지는 대량의 편집 과정을 거쳐 세상에 빛을 발할 수 있었다.

예시를 작성하라

기술적 내용을 작성한다면, 깨진 유리 아우트라인에 일러스트를 담은 예시를 덧붙여라. 예시와 일러스트를 설명하면서 상당 부분 작성할 수 있다.

그냥 써라, 나중에 고칠 수 있다

오래전 컴퓨터를 사용하기 전에는 타자기를 사용했다. 그런데 이 타자기가 작가들, 특히 완벽주의적인 작가들을 방해했다. 실수라도 하면 페이지는 쓰레기더미처럼 보였다. 페이지를 조각조각 잘라내고 문장과 단락을 테이프로 이어붙이다 결국 또 다른 실수를 하게 되어 모든 내용을 다시 타이핑해야 하는 일들이 허다했다. 그래서인지 당시에는 타이핑하기 전에 머릿속에서 직접 편집하는 습관이 있었다. 이로 인해 단어가 천천히 흘러나오거나 어느 순간 흐름이 멈추기도 했다.

지금은 컴퓨터로 작업하면서 물 흐르듯 대화하듯이 스스럼없이 작성할 수 있다. 나중에 실수를 고칠 수 있다는 것을 알기 때문이다. 수동형 문장은 '스타일 실수를 피하는 방법'(295쪽)에서 살펴본 다른 모든 오류와 함께 능동형으로 바뀌게 될 것이다.

자유롭게 써라

컴퓨터로 글을 써도 머릿속에서 스스로 편집하는 습관이 있다면 고치는 게 좋다.

글쓰기를 가르치는 피터 엘보Peter Elbow 교수는 자신의 문제를 언급하면서 하루에 10분이나 15분 자유롭게 글을 쓰는 습관을 추천한다. 중단하지 않고, 편집하지 않고, 문법에 신경 쓰지 말고, 타인에게 보여주지 않는다고 생각하고 그냥 써라. 그리고 써야 한다면 글을 쓰다가 막히거나 더이상 쓸 내용이 없더라도 계속 반복해서 그냥 써라. 흘러가듯 자유롭게 써라.

결국에 자유롭게 연습하면서 쓴 내용 중 일부는 저장할 가치가 있을 것이다. 그래서 눈앞에 단어가 떠오를 때까지 편집을 미루는 법을 배우는 것이 중요하다.

노트를 가지고 다녀라

아이디어는 예기치 않은 순간에 떠오를 수 있고 곧바로 사라질 수 있다. 그래서 많은 작가는 항상 노트를 가까이에 둔다. 우연히 발생한 헤프닝이 깨달음으로 이어질 때 노트에 적어라. 커다란 아이디어가 꿈속에 등장할 때 한밤중에도 노트에 적어라. 밤낮을 가리지 않고 노트에 생각을 표현하고, 어려운 문제에 대한 획기적인 접근 방식을 찾으며 새로운 프로젝트에 대한 아이디어를 얻어야 한다.

습관처럼 글을 쓰라

파블로프의 실험에서 개가 종소리에 침을 흘리는 것처럼, 우리 역시 길들여질 수 있다. 특히 우리는 스스로 글을 쓰는 습관을 만들 수 있다.

글을 쓸 시간을 마련하라

일부 파트타임 저자는 다른 사람들이 등장하기 전에 일찍 일을 시작한다. 그래서 집중에 방해되기 전에 조용한 시간에 글을 쓴다. 토요일 아침에 시간을 내서 글을 쓰는 사람들도 있다. 결국에는 규칙적인 패턴이 중요하다.

글을 쓸 공간을 마련하라

재택근무를 하는 저자들이 있다. 창고에서 일하는 저자도 있다. 나는 《인공지능Artificial Intelligence》(Winston, 1977) 1판의 대부분을 동네 카페에서 썼다. 카페의 소음에 둘러싸였지만 집중하여 글을 쓸 수 있었다. 동료 교수는 수업 노트와 상세한 개요를 손에 들고 일주일 동안 호텔방에 칩거하며 글을 마쳤다.

산만한 일상에서 분리되어 글을 쓸 특별한 장소가 필요하다. 미디어, 소셜미디어, 가족과 친구, 방문객의 접근에서 비롯되는 유혹에 물리적 또는 심리적 장벽을 세워야 한다. 또한 특별한 장소에 가는 행위 자체가 글쓰기의 일부 의식이 되기도 한다.

산책하고 조깅하고, 휴식을 약속하라

때때로 글을 쓰다가 막힐 때는 생각을 멈추고 쉬는 게 필요하다. 가끔 글이 막히면 나는 생각하면서 걷는다. 때로는 조깅이 더 좋다. 조깅을 하면 기분이 좋아지는 엔돌핀이 분출되기 때문이다. 가끔 결심이 약해지면 나 자신에게 휴식을 주기로 약속한다. '딱 한 단락만 더 쓰면 잠시 목공소에 가서 퍼터질을 해야지.' '이 섹션을 다 쓰면 씨앗을 심을 거야.' '이 일러스트를 그리면 커피를 내릴 거야.'

무슨 일이 있더라도 글을 써라.

자면서 생각하라

잠은 일종의 휴식이다. 실제로 잠을 자고 있을 때 진전이 있는지 확실하진 않지만, 글을 쓰다 막힐 때 나는 가끔씩 낮잠을 잔다. 그리고 잠이 오는 동안 어떻게 풀어나갈지를 생각한다.

두려움을 극복하라

글쓰기는 창의적인 활동이다. 그림을 그리는 활동과 흡사하다. 이런 식으로 글쓰기를 생각하기 전에는 글을 쓰는 것은 용기가 필요한 일이었다. 용기가 필요하면 아이번 서덜랜드Ivan Sutherland의 조언에서 도움을 얻을 수 있다. 컴퓨터 그래픽 분야의 선구자로 유명한 서덜랜드는 해야 할 일이 있지만 용기가 나지 않을 때 간단한 절차를 실행하는 방법을 알려준다. 그는 설거지에 관한 이야기로 이를 설명한다.

나는 설거지를 싫어했다. 그래서 가능한 미루는 편이었다. 쌓여 있는 설거지 더미를 바라보며 '평생 여기서 있어야겠지.'라고 혼잣말을 하곤 했다. 할 일이 너무 거대해 보여 시작할 수 없었다. 그런데 이제 설거지는 바로바로 한다. 아내의 삼촌한테 일하는 간단한 절차를 배웠기 때문이다. 그 절차는 바로 '첫 번째 접시를 씻는 것'으로 시작한다.

유추하면 글쓰기 절차는 이렇다. 먼저 첫 번째 문장을 쓰고 첫 번째 단락을 써라. 또한 윈스턴 처칠처럼 먼저 첫 번째 챕터를 작성하라.

> **알아야 할 사항**
>
> - 먼저 아우트라인을 작성하라.
> - 프레젠테이션 일정을 잡아 강제로 진행하라.
> - 예시를 설명하고 일러스트를 묘사하라.
> - 아무렇게나 글을 써라. 일단 초안을 작성하고 나중에 고치면 된다.
> - 노트를 가지고 다니면서 아이디어가 떠오르면 바로 적어라.
> - 글을 쓸 특별한 시간과 장소를 마련하라.
> - 산책하거나 조깅을 하고, 다른 종류의 휴식을 자신과 약속하라.
> - 자면서 생각하라. 잠이 들 때 문제를 생각하라.
> - 첫 번째 작은 단계에 집중해서 두려움을 몰아내라.

5부

디자인

"

아름다움은 전체의 형태와 대응 관계에서 비롯된다.
전체와 부분, 부분과 부분, 다시 부분과 전체가 이루는
형태와 대응 관계에서 발생한다.
구조는 하나의 완전한 신체와 같다.
각 부분은 다른 부분과 서로 조화를 이루며,
의도하는 형태를 구성하는 데
이 모든 부분은 필수적이다.

"

안드레아 팔라디오 Andrea Palladio | 16세기 베네치아의 건축가

결과물이 어떻게 보이느냐에 따라 사람들의 반응에 영향을 미친다. 이번 장에서는 전문 그래픽 디자인의 기본과 좋은 디자인은 어떤 것인지에 대해 자세히 알아보자.

디자인은 중요하다

명확하고 따라 하기 쉬우며 기억에 남는 의사소통을 하려면 적절한 단어가 필요한 것처럼 디자인도 마찬가지다. 디자인이 좋은 슬라이드나 포스터, 논문, 제안서, 책들은 매우 전문적으로 보인다. 디자인이 나쁘면 말과 글에 쏟은 모든 노력이 수포로 돌아간다.

다른 사람이 대신 선택해줄 수 있다

정부기관이나 회사에서 일한다면, 의사소통의 디자인에 관해 발언권이 많지 않을 수 있다. 프레젠테이션의 기본 형식은 슬라이드 프레젠테이션이고, 슬라이드의 경우 회사마다 정해진 표준 테마를 사용하기 때문이다.

> ASCENT
> TECHNOLOGY, INC.
>
> **의사소통은 중요하다.**
>
> 심벌은 참조 사항을 제공한다.
> 슬로건은 참조 사항을 제공한다.
> 핵심 아이디어는 눈에 확 띈다.
> 서프라이즈는 기억에 도움을 준다.
> 이야기는 흥미를 유발한다.

▶ 1-1 강력한 자원 할당 소프트웨어를 제공하는 어센트 테크놀로지 회사가 사용하는 테마. (어센트 테크노놀로지의 어센트 테마 제공)

학계 논문의 경우 전반적인 디자인에 대해 크게 고민하지 않을 수 있지만, 팔거나 퍼뜨릴 목적으로 만드는 출판물의 경우에는 디자인에 좀 더 충실해야 한다. 글과 디자인 모든 것들을 출판 저널에서 평가하기도 한다. 프레젠테이션 슬라이드의 경우에는 직접 간단한 디자인을 구상하거나, 소프트웨어의 테마 라이브러리에서 몇 가지 테마를 골라서 진행할 수 있다.

라이브러리 테마를 사용하기로 선택했을 때 오른쪽 형태와 같은 테마를 고르지 마라. 이 테마를 선택하면 텍스트에 볼드체 대문

▶ 1-2 간단한 작성 원칙을 적용하려면 오른쪽에 있는 마이크로소프트 파워포인트의 테마를 선택하면 안 된다.

자처럼 읽기 어려운 서체를 사용할 수밖에 없다.

디자인 선택 사항이 많다

전체적인 모습을 결정한 후에도 텍스트, 그래프, 그림, 사진 등 여전히 직접 해야 할 디자인 작업이 많다. 그래프로 양적 정보를 어떻게 표현할지 선택해야 하고, 사진 일부를 잘라내고, 서체도 선택해야 한다. 프레젠테이션에 담긴 훌륭한 아이디어가 누더기옷이 아니라 근사한 옷으로 무장하기 위해서는 디자인 작업에 특별히 신경 써야 한다.

책임감을 유지하라

당신은 누군가의 지시에 따르거나 혹은 자진해서 그래픽 디자이너와 협업하여 디자인 요소를 정리하고, 그래프를 작성하고, 사진을 잘라내고, 서체를 선택할 수 있다.

대기업은 슬라이드 패키지를 만들기 위해 그래픽 디자이너로

▶ 1-3 디자이너들이 만든 것은 예술 작품이 된다.

구성된 전담 부서가 따로 있다. 전문가들만 모인 디자이너들의 결과물은 놀라울 수밖에 없다. 슬라이드 프레젠테이션의 각 슬라이드마다 분위기를 조성하는 사진이 들어 있고, 텍스트는 멋스럽게 기울어져 있다. 그러나 이러한 디자이너의 예술적 혁신은 비전, 단계, 뉴스, 기여사항에 대한 독자의 집중을 오히려 흐트러뜨리고 방해할 수 있다.

훌륭한 디자이너는 놀라운 재능을 갖고 있지만, 그들이 예술가라는 사실을 기억해야 한다. 그들이 이 책을 읽지 않는다면 VSN-C 개념에 대해 알지 못할 것이다. 그들이 만든 디자인이 아이디어를 방해하지 않고, 아이디어를 확실하게 뒷받침해줄 수 있도록 직접 관리해야 한다. 에드워드 터프티는 그래픽 디자이너의 예술이 아이디어를 방해하는 경우를 맹비난했다. 특히 통계 그래프를 만드는 디자이너에게 더욱 그랬다.

일러스트레이터는 자신의 작업을 순수한 예술적 작업으로만 여기는 경향이 있다. 창의적, 콘셉트, 스타일이라는 단어가 가능한 모든 조합으로 곧잘 결합된다…. 이렇게 앞서 나가는 사람들은 통계적 완전성이 아니라 데이터를 아름답게 꾸미는 사람들이다.

그리고 일반적으로 프레젠테이션 슬라이드를 보기 좋게 만들 때, 어떤 디자이너는 너무 추상적으로 만들어 메시지가 없는 경우도 있다. 또 촌스러운 클립아트를 사용하여 슬라이드가 우스꽝스럽게 보일 수도 있다. 읽기 어려워도 여전히 예술적 특색이 있는 서체를 사용해야 한다고 주장하는 사람도 있다. 따라서 디자이너의 말을 경청하고 존중하되 의사소통의 권한을 내려놓아서는 안 된다.

알아야 할 사항

- 소속된 조직이 의사소통의 형태와 느낌을 결정하더라도 여전히 많은 디자인 결정을 내려야 한다. 디자인 요소를 배열하고, 그래프를 구성하고, 사진을 자르고, 서체를 선택해야 한다.
- 전문 그래픽 디자이너와 협업하더라도 제안된 디자인이 아이디어와 잘 어울리고 청중과 독자에게 적합하게 잘 보일 수 있도록 디자인에 대해 충분히 알고 있어야 한다.

이번 장에서는 그래픽 요소를 그리드에 배치하는 방법을 기반으로 하여 레이아웃으로 그래픽을 어떻게 배열하는지 그 방법을 배울 것이다. 그리드 시스템을 사용하는 습관이 그래픽 디자이너로서 자격을 주지는 않지만, 프레젠테이션의 모습을 얼마든지 개선할 수 있다.*

그리드 레이아웃 방식을 사용하라

그래픽 디자인을 공부하는 학생이라면 1940년대 때 활동했던 그리

---

* 요제프 뮐러-브로크만Josef Müller-Brockman의 책 《디자이너를 위한 그리드 시스템Grid systems in graphic design》(2017년 국내 출간)에서 그리드 시스템에 대해 더 자세히 알 수 있다. 그리고 타입 패밀리에 대한 짧지만 흥미로운 논의가 담겨 있다.

드의 거장 뮬러 브로크만Müller-Brockman의 한 가지 개념을 배울 것이다. 즉, 그래프와 그림, 사진, 텍스트의 배열은 통로로 구분되는 동일한 크기의 직사각형으로 이루어진 그리드(격자)를 이용하여 정렬되어 있을 때 훨씬 보기 좋다는 개념이다. 이 그리드는 4개의 행과 3개의 열로 이루어져 있다.

▶ 2-1 기본 격자는 행과 열로 배열된 직사각형과 그 사이에 공백으로 구성된다.

격자 크기를 결정한 후에 각 직사각형 또는 직사각형 결합체에 그래픽 요소를 배치한다.

▶ 2-2 4x3 격자는 12개의 직사각형 크기를 선택할 수 있다.

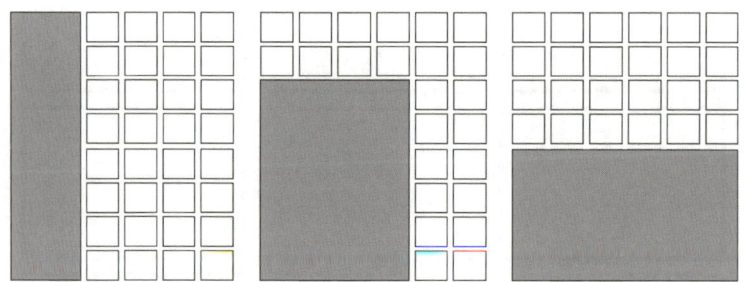

▶ 2-3 8x6 격자는 48개의 직사각형 크기를 선택할 수 있으며, 이 중 3개가 표시된다.

그리드 레이아웃은 별것 아닌 형태를 아름답게 만들어준다

슬라이드를 변형하는 데 격자 아이디어가 어떻게 도움이 되는지 보려면 다음과 같이 다양한 크기의 텍스트와 사진을 조합하고 일부는 겹쳐서 배열된 형태를 살펴보라.

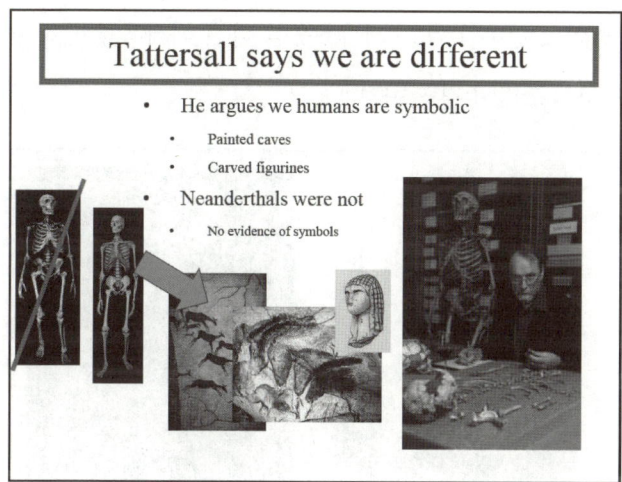

▶ 2-4 단어는 불필요한 데다 디자인은 끔찍하다. 사실상 아무 가치가 없다. (이안 태터샐Ian Tattersall의 이미지 제공)

작성된 내용을 말로 전달할 예정이라 나는 제목과 텍스트를 삭제했다.

▶ 2-5 레이아웃은 말할 수 없을 정도로 보기 흉하다.

아래의 그림처럼 나는 레이아웃을 다시 배치하였다. 사진의 크기를 조정하고 다시 정렬하였다.

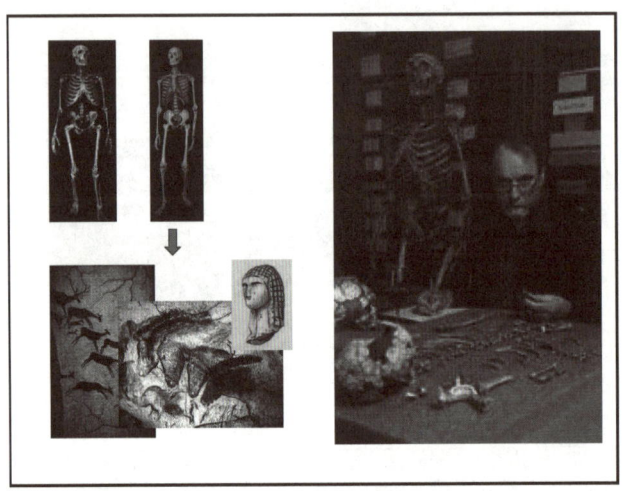

▶ 2-6 레이아웃은 여전히 보기 흉하지만 말할 수 없을 정도는 아니다.

그다음 몇 가지를 시험해본 후 2x4형 격자를 선택하여 사진을 하나의 격자판으로 이동했다.

▶ 2-7 나는 2x4 격자 레이아웃을 사용하기로 결정했다.

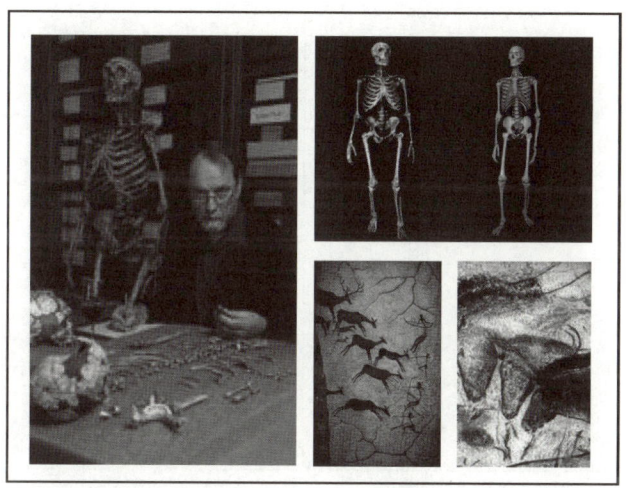
▶ 2-8 훨씬 좋아 보인다. 이제 좀 더 아름다워 보인다.

마지막으로, 사진을 격자에 맞게 잘라내고 크기를 변경했다. 말할 내용에 따라 사진을 다시 정렬하였다.

프레젠테이션 발표를 위한 슬라이드를 작성할 때, 사실상 텍스트는 필요 없다. 그러나 프레젠테이션이 목적이 아니라면 텍스트가 필요할 것이다. 이럴 때는 편의상 직사각형 사이의 통로에 맞출 수 있다. 일반적인 아이디어는 다음과 같다.

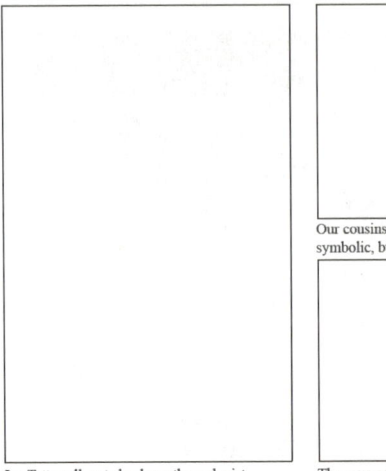

Our cousins, the Neanderthals, were not symbolic, but we are.

Ian Tattersall, noted paleoanthropologist, suggests we are the only symbolic species.

The cave paintings at Lascaux offer evidence of symbolic thinking.

▶ 2-9 직사각형 사이의 통로는 종종 캡션을 추가하기에 편리한 위치이다.

그리고 예시에 특화된 아이디어는 다음과 같다.

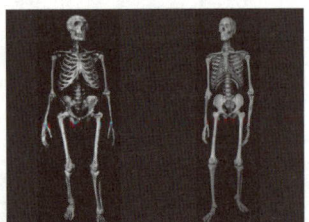
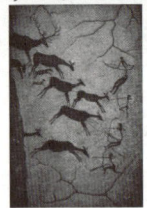
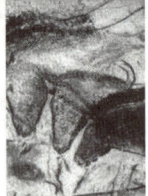

Our cousins, the Neanderthals, were not symbolic, but we are.

Ian Tattersall, noted paleoanthropologist, suggests we are the only symbolic species.

The cave paintings at Lascaux offer evidence of symbolic thinking.

▶ 2-10 직사각형 사이의 통로는 종종 캡션을 추가하기 편리한 위치다.

왼쪽에서 오른쪽으로, 위에서 아래로 스캔할 때 아이디어의 계층구조가 어떻게 나타나는지 확인하라. 태터샐은 우리 인간은 특별하다고 말한다. 이는 네안데르탈인과 비교하여 특별하다는 의미로 이어지고, 우리가 우월하다는 의미로 이어진다.

그리드는 텍스트 요소에도 효과가 있다

다양한 부류의 건축가들은 포스터 크기의 계획서와 제안서에 그리드를 사용한다. 다음은 매사추세츠주에 위치한 리비어 해변을 되살리기 위한 조경 건축가 사라 윈스턴Sarah Winston의 제안서이다.

다시 한 번 아이디어의 계층구조가 드러난다.

▶ 2-11 조경 건축가는 몇 번의 생각과 실험 후에 5x4 그리드를 선택했다.

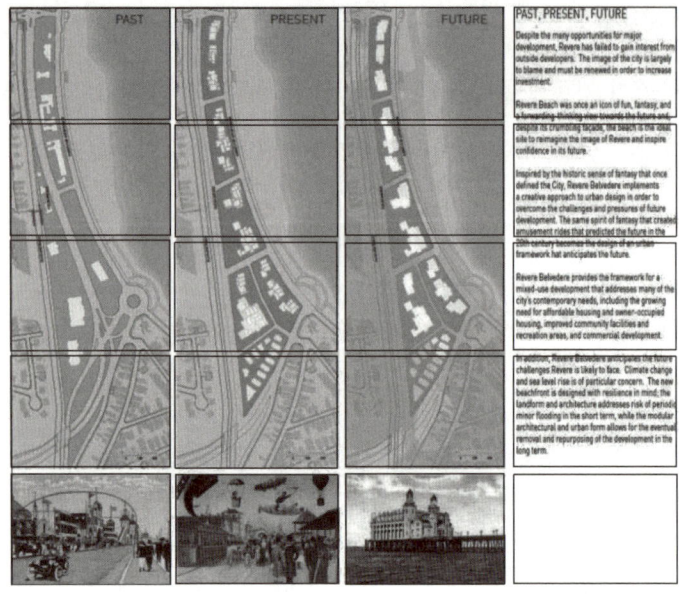

▶ 2-12 다음으로 그녀는 지도와 사진, 텍스트를 잘라내어 격자 안에 맞춘다.

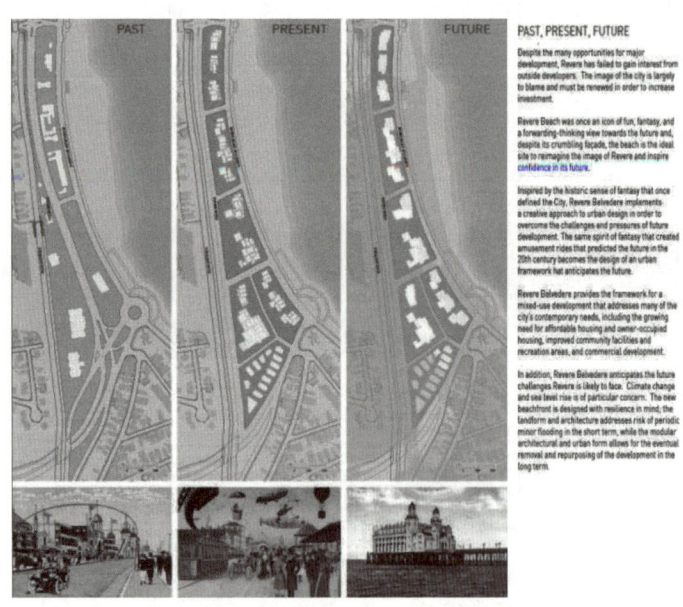

▶ 2-13 마지막으로 그녀는 그리드 선을 제거했다. (사라 윈스턴의 이미지 제공)

알아야 할 사항

- 그래프, 그림, 사진, 텍스트를 배열할 때 그리드 시스템을 사용하라.
- 그리드 시스템을 사용할 때 그래프와 그림, 사진, 텍스트를 격자의 직사각형이나 결합된 직사각형에 배치하라.

3장
타입 패밀리를 선택하는 방법

이번 장에서는 타입 패밀리type family, 서체typeface, 폰트font, 글리프glyph, 세리프serif, 합자ligature와 같은 용어가 포함된 서체에 관한 어휘를 배워보자.

슬라이드, 포스터, 논문, 제안서, 책, 그 외 다른 자료에 사용하기 위해 선택할 수 있는 서체는 매우 다양하다. 다만 서체를 선택할 때는 사람들이 어떤 용어로 대안을 논의하고 감탄하고 비난하는지 알아야 하며, 그러한 정보에 입각한 선택을 할 수 있어야 한다.

타입 패밀리, 서체, 폰트를 이해하라

타입 패밀리는 관련 서체의 집합이다. 타임즈Times, 컴퓨터 모던Computer Modern, 조지아Georgia, 가라몽Garamond, 사봉Sabon, 헬베티카Helvetica는 타입 패밀리다. 레귤러regular, 볼드체bold, 이탤릭체 italic는 서체다. 폰트는 특정 크기의 서체를 뜻한다.

크기는 포인트 단위로 측정한다

어센더ascender는 타이포그래피 용어로, 알파벳 문자의 윗선 너머로 튀어나온 부분을 말한다. 다시 말해 소문자 중에서 x 높이를 넘어가는 영역이라고 생각하면 된다.

이 책에서 사용하는 사봉 서체에서 문자 b, d, f, h, k, l의 어센더가 가장 높은 위치에 이른다. 디센더descender는 기준선 아래에 있는 부분으로, x의 하단 아래로 넘어가는 영역이라고 생각하면 된다. 문자 g, j, q, p, y가 디센더를 가지고 있다.

1포인트는 1/72인치 또는 0.0353센티미터에 해당한다. 12포인트는 1파이카pica와 같다. 폰트의 크기는 어센더의 상단부터 디센더의 하단까지의 거리보다 조금 더 크다.

'조금 더 크다'는 표현은 활자가 블록 형태의 납으로 만들어진 시기로 거슬러 올라간다. 블록 형태의 납 높이는 어센더 상단과 디센더 하단에 약간의 여백이 있는 가장 큰 문자를 포함할 수 있을 만큼의 높이였다. 그래서 폰트를 측정할 때, 어센더와 디센더의 길이는 놀라울 정도로 훨씬 더 작을 수 있다. 원하는 정확한 크기를 얻으려면 일반적으로 약간의 실험이 필요하다.

타입 패밀리에서 합자 사용을 고수하라

문자 하나하나가 종이에 인쇄되거나 화면에 표시될 때 보이는 것을 글리프glyph라고 한다. 레이텍LATEX과 같은 더 좋은 문서 작성 시스템은, 개별 글리프로 렌더링하면 보기 흉한 문자 조합에 대해 특수한 글리프를 제공한다. 예를 들어 일반적인 워드프로세서에서 렌더링 되는 fi와 fl 조합을 생각해보라.

fine flags

fi와 fl 조합은 어색해 보인다. 그러나 f와 i, 그리고 f와 l을 예술적으로 결합하는 글리프인 '합자*'를 사용하여 렌더링하면 다음과 같이 표시된다.

fine flags

문서 작업에 세리프 타입 패밀리를 사용하라

이 책의 본문 텍스트에 사용되는 것과 같은 '세리프 타입 패밀리'는 획 끝에 보조 장식이 있는 문자라는 특징을 가지고 있다. '산세리프 패밀리 타입'은 그렇지 않다. 세리프 타입 패밀리와 산세리프 타입

---

* 두 문자를 하나의 모양으로 결합하는 것

▶ 타임스는 세리프 타입 패밀리에 속한다. 박스 부분이 세리프를 둘러싸고 있다.

Helvetica

▶ 헬베티카는 널리 사용되는 산세리프 타입 패밀리에 속한다.

패밀리의 예시는 위와 같다.

세리프 타입 패밀리를 사용해야 할까, 아니면 세리프가 없는 타입 패밀리를 사용해야 할까? 신기하게도 서재에 있는 책 중에서 그래픽 디자이너가 쓴 책은 모두 산세리프 타입 패밀리로 설정되어 있고, 그렇지 않은 책은 없다. 일반적으로 그래픽 디자이너는 산세리프 타입 패밀리가 더 깔끔하고 현대적으로 보인다고 말한다.

그런데 에드워드 터프티는 그의 책 《양적 정보의 시각적 표시》에서 조세프 알버스를 언급하며 이 의견에 동의하지 않는다.

텍스트에서 산세리프체를 선호하는 유행은 역사적 측면과 실용적인 측면에서 모두 유용하지 않은 편이다.

나도 역시 터프티와 알버스 의견에 동의한다. 그래서 산세리프 타입 패밀리를 제목으로만 제한해서 사용한다. 가독성에 대한 문제가 남아있다는 것은 알고 있다.

또한 대부분의 세리프 타입 패밀리는 구형 핸드폰 같은 저해상도 기기에서는 제대로 작동하지 않는다는 사실을 알고 있다. 이러한 기기에 맞게 작성된 텍스트는 산세리프 타입 패밀리 또는 저해상도 기기용으로 특별히 설계된 조지아 같은 세리프 타입 패밀리로 작성해야 한다.

표준 타입 패밀리의 특징을 알아두어라

나는 슬라이드에 쓸 타입 패밀리를 선택할 때 그다지 까다로운 편은 아니다. 일반적으로 사용 가능한 표준 타임스 계열 중 아무 버전이나 그냥 사용한다. 가독성이 문제가 될 정도로 슬라이드 한 장에 단어가 너무 많거나 크기가 너무 작으면 안 된다.

반면에 책에 쓸 타입 패밀리는 까다롭게, 그리고 논문에 사용할 타입 패밀리는 조금 까다롭게 선택한다. 책을 쓸 때마다 나는 책 디자이너와 상의하여 타입 패밀리 선택에 대한 조언을 받는다. 그다음에 제안된 타입 패밀리로 몇 페이지를 설정하여 읽으면서 어떤 느낌인지 알아본다. 읽기에 중점을 두는 것이다.

다음 샘플에서 몇 가지 인기 있는 타입 패밀리를 보여준다. 차지하는 공간과 문자의 상대적인 명암의 차이에 주목하라.

샘플 단락은 줄리아 차일드Julia Child의 《프랑스 요리의 기술

Mastering the Art of French Cooking》서문에서 발췌한 것이다.

수년간 요리를 가르치면서 인상적으로 느낀 점은, 많은 초보 요리사들이 레시피를 읽어보지도 않고 열정만으로 새로운 요리를 시작하는 경우가 많다는 것이다. 그러다 갑자기 재료나 과정 또는 시간 순서가 바뀌면 놀라고 좌절하는 끔찍한 순간을 겪기도 한다. 그러므로 아무리 익숙한 요리라도 항상 레시피를 읽어봐야 한다. 각 단계를 시각화하면 어떤 기술이 필요하고 재료나 시간, 장비가 필요한지 정확히 알 수 있고 예상치 못한 상황에 잘 대처할 것이다. (Child 외 1971)

헬베티카

Our years of teaching cookery have impressed upon us the fact that all too often a debutant cook will start in enthusiastically on a new dish without ever reading the recipe. Suddenly an ingredient, or a process, or a time sequence will turn up, and there is astonishment, frustration, and even disaster. We therefore urge you, however much you have cooked, always to read the recipe, even if the dish is familiar to you. Visualize each step so you will know exactly what techniques, ingredients, time, and equipment are required and you will encounter no surprises.

▶ 1957년 막스 미딩거Max Miedinger가 디자인한 매우 인기 있는 산세리프 타입 패밀리로, 도로표지판과 그래픽 디자인 관련 서적에 널리 사용된다.

타임즈

Our years of teaching cookery have impressed upon us the fact that all too often a debutant cook will start in enthusiastically on a new dish without ever reading the recipe. Suddenly an ingredient, or a process, or a time sequence will turn up, and there is astonishment, frustration, and even disaster. We therefore urge you, however much you have cooked, always to read the recipe, even if the dish is familiar to you. Visualize each step so you will know exactly what techniques, ingredients, time, and equipment are required and you will encounter no surprises.

▶ 한 페이지에 인쇄할 수 있는 단어 수를 최대화하기 위해 1931년 〈타임스(런던)〉 신문을 위해 디자인된 조밀한 형태로, 널리 사용되는 타입 패밀리에 속한다.

컴퓨터 모던

Our years of teaching cookery have impressed upon us the fact that all too often a debutant cook will start in enthusiastically on a new dish without ever reading the recipe. Suddenly an ingredient, or a process, or a time sequence will turn up, and there is astonishment, frustration, and even disaster. We therefore urge you, however much you have cooked, always to read the recipe, even if the dish is familiar to you. Visualize each step so you will know exactly what techniques, ingredients, time, and equipment are required and you will encounter no surprises.

▶ 레이텍 사용자를 위한 기본 타입 패밀리로, 수학이 포함된 문서에 적합하다. 한 페이지의 단어 수를 적은 수준으로 유지하여, 거의 다 읽어가고 있다는 느낌을 준다.

조지아

Our years of teaching cookery have impressed upon us the fact that all too often a debutant cook will start in enthusiastically on a new dish without ever reading the recipe. Suddenly an ingredient, or a process, or a time sequence will turn up, and there is astonishment, frustration, and even disaster. We therefore urge you, however much you have cooked, always to read the recipe, even if the dish is familiar to you. Visualize each step so you will know exactly what techniques, ingredients, time, and equipment are required and you will encounter no surprises.

▶ 저해상도 컴퓨터 및 장치 화면에서 사용하도록 설계된 타입 패밀리로, 1993년 매튜 카터Matthew Carter가 디자인했다.

가라몽

Our years of teaching cookery have impressed upon us the fact that all too often a debutant cook will start in enthusiastically on a new dish without ever reading the recipe. Suddenly an ingredient, or a process, or a time sequence will turn up, and there is astonishment, frustration, and even disaster. We therefore urge you, however much you have cooked, always to read the recipe, even if the dish is familiar to you. Visualize each step so you will know exactly what techniques, ingredients, time, and equipment are required and you will encounter no surprises.

▶ 1535년 클로드 가라몽Claude Garamond이 처음 디자인한 유서 깊고 자주 사용되는 타입 패밀리다.

그랑종

Our years of teaching cookery have impressed upon us the fact that all too often a debutant cook will start in enthusiastically on a new dish without ever reading the recipe. Suddenly an ingredient, or a process, or a time sequence will turn up, and there is astonishment, frustration, and even disaster. We therefore urge you, however much you have cooked, always to read the recipe, even if the dish is familiar to you. Visualize each step so you will know exactly what techniques, ingredients, time, and equipment are required and you will encounter no surprises.

▶ 1920년대 후반 가라몽을 기반으로 조지 W. 존스George W. Jones가 디자인한 타입 패밀리다. 16세기 활자 절단사이자 인쇄술자인 로버트 그랑종Robert Granjon의 이름을 따서 지어졌다.

사봉

Our years of teaching cookery have impressed upon us the fact that all too often a debutant cook will start in enthusiastically on a new dish without ever reading the recipe. Suddenly an ingredient, or a process, or a time sequence will turn up, and there is astonishment, frustration, and even disaster. We therefore urge you, however much you have cooked, always to read the recipe, even if the dish is familiar to you. Visualize each step so you will know exactly what techniques, ingredients, time, and equipment are required and you will encounter no surprises.

▶ 1960년대에 얀 치홀트Jan Tschichold가 디자인한 가라몽을 기반으로 한 또 다른 타입 패밀리다. 나는 이 책과 여러 교과서에서 사봉을 사용한다.

큰 크기로 보면 차이가 드러난다

많은 타입 패밀리는 아주 흡사하여 차이를 보려면 큰 크기, 즉 50포인트 크기로 보아야 한다.

가라몽 abc...lmn...xyz

그랑종 abc...lmn...xyz

사봉 abc...lmn...xyz

zzz

가라몽, 그랑종, 사봉에서 z는 80포인트로 봐야 차이를 더 쉽게 알 수 있다.

줄리아 차일드는 그랑종을 사용했다

차일드 혹은 그녀의 디자이너는 《프랑스 요리의 기술》에서 사용된 타입 패밀리를 까다롭게 결정했다. 다음 그림은 이 책의 판권 페이지 내용으로, 그랑종 서체로 작성된 것이다.

[그랑종]은 조지 W. 존스가 디자인한 서체로, 클로드 가라몽(1510~61)이 그의 아름다운 프랑스 서적에서 사용한 서체가 바

탕이 되었다. 이 서체는 그의 이름을 딴 다양한 현대 서체보다 가라몽의 서체와 더 닮아 있다.

> This type face [Granjon] was designed by George W. Jones, who based his drawings on a type used by Claude Garamond (1510–61) in his beautiful French books, and more closely resembles Garamond's own than do any of the various modern types that bear his name.

그랑종은 프랑스 요리책에 적합한 타입 패밀리다. 이 타입 패밀리 선택은 이 책의 다른 디자인 측면과 함께, 다른 타입 패밀리가 할 수 없는 방식으로 책의 내용을 뒷받침한다. 설명된 레시피와 마찬가지로, 그랑종은 클래식하고 섬세하다.

몇 가지 표준 타입 패밀리에서 선택하라

타입 패밀리의 애호가가 아니라면 보수적으로 선택한 몇 가지 타입 패밀리를 고수하는 것이 좋다. 나는 보통 텍스트에는 사봉을, 제목에는 프루티거Frutiger나 헬베티카를 사용한다. 수학이 많이 포함된 텍스트를 작성하는 경우에는 컴퓨터 모던을 사용하고, 저해상도 전자기기에서 볼 텍스트를 작성할 때는 조지아를 사용한다. 슬라이드의 경우 기본 타입 패밀리나 타임스를 사용한다.

당신이 만약 활자에 매료되었다면 에밀 루더Emil Rude의 《타이포그래피Typographie》에서 많은 것을 배울 수 있다.

또한 헬베티카 타입 패밀리 출시 50주년을 맞아 2007년에 개봉한 게리 허스트윗Gary Hustwit이 감독하고 제작한 다큐멘터리 영화 〈헬베티카〉를 보지 않았다면 진정한 서체 애호가라고 할 수 없다.

알아야 할 사항

- 레귤러, 볼드체, 이탤릭체는 서체다.
- 타입 패밀리는 공통된 특징을 가진 서체의 집합이다.
- 서체는 포인트 단위로 표시된다. 1포인트는 1/72인치, 파이카는 12포인트다.
- 세리프는 문자 획 끝에 있는 장식이다. 합자는 나란히 놓으면 어색해 보이는 문자 조합을 대체하는 글리프다.
- 서체 애호가는 세리프나 산세리프 서체 중 어느 것이 더 가독성이 높은지 논쟁을 벌인다. 그러나 슬라이드에 들어가는 단어 수는 적고 글자 크기가 커서, 인기 있는 어떤 서체를 선택해도 가독성 문제는 없다.
- 그래픽 디자이너는 깔끔하고 모던한 모양을 좋아하기 때문에, 책에 산세리프 타입 패밀리를 사용하는 것을 좋아한다. 이 책에서 텍스트에 세리프 타입 패밀리를 사용한 이유는 많은 사람들이 세리프 타입 패밀리를 적용한 텍스트가 더 읽기 쉽다고 생각하기 때문이다.
- 작은 화면 장치용으로 글을 작성할 때는, 작은 화면용으로 디자인된 타입 패밀리를 사용하라.

> 그래픽의 내부 장식은 보는 사람에게 새로운 정보를
> 전달하지 않으면서 많은 잉크를 소모한다. 장식의 목적은
> 그래픽을 더 과학적이고 정확하게 보이게 하거나,
> 디스플레이에 활기를 불어넣거나, 디자이너에게
> 예술적 기술을 발휘할 기회를 제공하는 등
> 다양하다. 그 원인이 무엇이든, 이러한 장식은 데이터를
> 나타내는 잉크가 아니거나 또는 중복된 데이터를
> 나타내는 잉크로, 종종 차트 쓰레기가 된다.

에드워드 터프티, 《양적 정보의 시각적 표시》

4장
그래프 작업 방법

이번 장에서는 슬라이드, 포스터, 논문, 제안서, 책 등 다양한 자료에 양적 정보를 표시하는 몇 가지 원칙을 배우고, 표시한 내용을 제대로 이해하는 방법과 거짓 없이 전달되도록 하는 방법을 배울 것이다. 양적 정보를 전달하는 데는 그래프가 표보다 훨씬 명확하지만 그래프라서 눈을 속이는 방법도 많이 있다. 이번 장에서 이야기하는 몇 가지 간단한 규칙과 원칙을 적용하면, 양적 정보를 표시할 때 나타나는 대부분의 터무니없는 나쁜 관행을 없앨 수 있다.

쓸모없는 차트를 삭제하고 단순하게 하라

문서 작성 시스템을 사용하면 온갖 다양한 방식으로 단어를 '장식' 할 수 있다. 크기를 변경할 수 있고 색깔을 사용하며 이탤릭체를 사용하고 인용문을 삽입할 수 있지만, 반드시 해야 하는 것은 아니다.

마찬가지로 온갖 기법을 사용하여 양적 데이터를 표시할 수 있다. 또 재무 정보를 표시할 때 단순한 막대 대신 동전 사진을 사용할 수 있다. 그래프 작성 소프트웨어를 사용해서 3D 형태로 전환할 수 있고 불필요한 범례를 사용할 수도, 축을 축소할 수도 있다. 에드워드 터프티의 책《양적 정보의 시각적 표시》에서는 이러한 디자인 조작의 결과를 차트 쓰레기라고 부른다. 다음은 한 예시다.

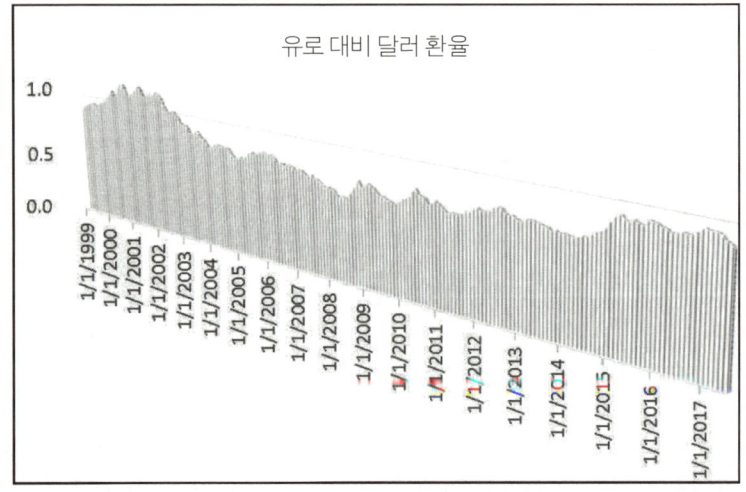

▶ 4-1 환율 그래프를 3D로 보여준다. 1999~2017년 동안 1달러로 구매할 수 있는 유로를 3차원으로 보여주는 환율 그래프다. 이 그래프는 음영 처리되어 있고 3차원으로 보여준다.

그래프 작성 시스템으로 이런 기법을 사용할 수 있다고 해서 반드시 사용해야 한다는 의미는 아니다. 쓸모없는 기능으로 단어를 장식할 때와 마찬가지로, 기법은 의사소통을 방해한다. 음영과 3차원 형태를 제거하라.

▶ 4-2 다른 버전의 환율 그래프. 이 버전에는 음영이 없고, 의미 없는 3차원 형태도 없으며, 폰트 크기가 크다.

공간을 절약하려고 정확성을 버리지 마라

공간이 한정된 경우에 세로축의 범위를 축소하고 작은 폰트를 사용하고 싶은 유혹에 빠질 수 있다. 이 예시에서도 환율 범위가 줄어들었다. 이제 0-1.4범위가 아니라 0.6-1.2범위로 변경되었다.

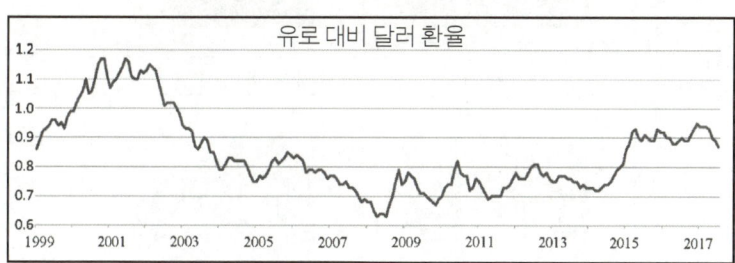

▶ 4-3 세로축을 좁힌 다른 버전의 환율 그래프

축의 범위를 좁히면 거짓말이 된다. 눈은 강력한 문제 해결사이며 숫자를 볼 때 보이는 것과는 달리, 최대 대비 최소 비율이 실제보다 약 10배 더 크다고 제시한다.

점유 공간의 약 3분의 1을 절약했지만, 눈은 최댓값이 최솟값의 2배가 아니라 최솟값의 약 20배라고 제시하기 때문에 진실한 정보가 사라져버린 셈이다. 실제로 무슨 일이 일어났는지 이해하려면 세로축의 숫자를 주의 깊게 살펴보아야 한다.

눈을 속이는 그래픽을 쉽게 찾을 수 있다

심지어 명성 있는 출판사도 눈을 속이는 그래픽을 출간한다. 이번 챕터를 쓰다 잠시 쉬는 동안 훑어보았던 소비자 잡지 발행본은 다양한 전자제품을 구매하기 가장 좋은 시기가 11월 초라는 결론을 내렸다.

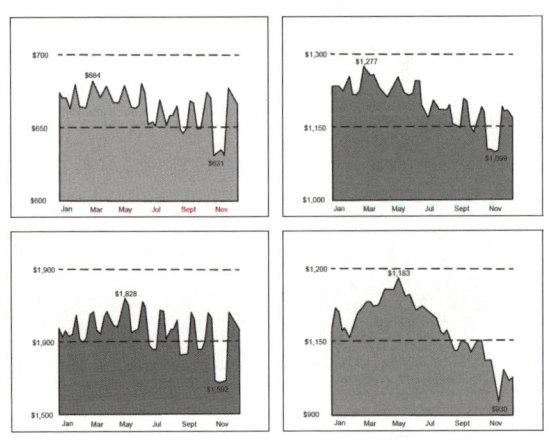

▶ 4-4 식기세척기, 레인지, 냉장고, TV의 최고가와 최저가

모든 그래프의 높이가 같다. 아마도 보기 좋고 균일한 모양을 제공하기 위해서일 것이다. 안타깝게도 세로축이 축소되어 있어 그래프가 눈을 속이고 있다. 높고 낮은 수치를 무시하고 그래프만 보면,

연간 최저 가격 기준으로 식기세척기는 63%, 텔레비전은 무려 90% 더 저렴하게 이용하는 것처럼 보인다. 실제로 식기세척기는 8%, 텔레비전은 21% 더 저렴하다.

키 대신 레이블을 사용하라

미국 달러 대비 GBP와 유로 환율을 그래프로 표시하고 싶다고 가정해보자. 그래프 작성 시스템에서는 어느 것이 어떤 것인지 확인할 수 있도록 키를 사용할 수 있다.

▶ 4-5 1999~2017년 동안 1달러로 유로와 파운드를 얼마나 살 수 있는지 보여주는 환율 그래프. 이 특정 그래프는 어느 선이 유로이고, 어느 선이 파운드인지 나타내는 키를 사용한다.

그런데 그래프 작성 시스템에서 키를 사용하면 독자는 집중해서 키와 그래프 사이를 계속 오가야 한다. 즉, 키를 보고 대응되는 15색상의 의미를 파악하고 해당 색상을 찾아야 해서 정신적 소모가 많다. 대신 레이블을 사용하면 눈을 크게 움직일 필요도 없고,

주의를 기울일 필요도 없으며, 어떤 색이 어떤 통화와 대응되는지 생각하지 않아도 된다.

▶ 4-6 이 환율 그래프는 키 대신에 레이블을 사용한다. 어느 선이 유로이고, 어느 선이 파운드인지 나타낸다.

알아야 할 사항

- 차트 쓰레기를 없애라.

- 진실을 말하라. 공간을 절약할 필요성이나 그래픽 디자인에 대한 영감 때문에 눈을 속여서는 안 된다.

- 키 대신 레이블을 사용하라.

- 구체적인 정보를 제공하는 제목을 사용하라.

> "
> 사진작가가 되고 싶다면, 진실하고 정직하게
> 자신의 작품을 편집해야 한다.
> 그리고 자신이 무엇을 하고 있는지 이해해야 한다.
> 단순히 촬영만 해서는 안 된다.
> 잠시 멈추고 작품을 살펴보는 것이 가장 중요하다.
> "

애니 리버비츠 Annie Leibovitz | 미국의 사진작가

5장
이미지 작업
방법

이번 장에서는 슬라이드, 포스터, 논문, 제안서, 책, 기타 자료에서 이미지를 작업하는 기본 원칙을 배워보자. 훌륭한 사진작가는 숙련된 예술가이다. 이 장에서 배우는 몇 가지 규칙을 따른다면, 훌륭한 사진작가의 사진과 흡사하게 될 것이다.

3등분 법칙을 사용하여 이미지를 잘라내라

많은 전문 사진작가는 이미지의 가장 중요한 요소를 중심으로부터 이동시킨다. 그 이유를 설명해달라고 요청하면 그들은 온갖 이색적인 이유를 들어 설명한다. 하지만 이 설명을 믿지 않아도 그 관행은 도움이 될 수 있다.

예를 들어 안드레아 팔라디오가 건축한 이탈리아 베니스의 산티시모 레덴토레Santissimo Redentore 교회의 다음 이미지를 살펴보자. 한쪽 이미지에는 중앙에 교회가 있다. 반면 다른 이미지를 보면 흥미롭게도 교회가 중앙에서 벗어나 있다.

▶ 5-1 16세기 베네치아 건축가 안드레아 팔라디오가 설계한 레덴토레 교회. 1575~1577년 흑사병으로부터의 구원을 기념하기 위해 지어졌다.

중요한 요소를 중앙에서 얼마나 떨어뜨려야 할까? 사진기술에 관한 다수의 책을 보면, 대부분의 저자는 3분의 1 법칙을 사용하라고 조언한다. 이미지 공간을 수평선과 수직선으로 3개로 분할하고, 이미지에서 가장 중요한 요소를 그 선이 교차하는 장소 중 한 곳에 배치하는 것이다.

레덴토레 교회 이미지도 3분의 1 법칙에 따라 가능한 4개 중 한 곳에 다음과 같이 배치하였다.

▶ 5-2 3분의 1 법칙에 따라 이미지에 배치한 레덴토레 교회

5-2의 예시에서 수평은 3분의 1 법칙과 관련된 수평선 중 한 곳의 근처에 있다. 일반적으로 이러한 수평선 배치는 안정적인 효과를 준다.

큰 그림을 사용하라

학술 프레젠테이션은 제목이 있는 디자인 테마를 사용하는 경향이 있다.

▶ 5-3 레덴토레 교회, 제목을 덧붙인 슬라이드 요소

그래픽 디자이너가 작성한 슬라이드는 5-4와 같이 일반적으로 제목을 생략하고 전체 슬라이드를 한 장의 이미지로 가득 채운다.

가장 중요한 요소를 중앙에서 벗어나 배치하면 종종 제목을 넣

▶ 5-4 전체 슬라이드를 채운 레덴토레 교회

을 공간이 남게 된다. 그래픽 디자이너는 다음과 같은 슬라이드로 전체를 구성한다. 즉 이미지로 전체 슬라이드를 가득 채우고, 제목을 삽입하는 형식이다.

어느 것이 더 좋은가? 학계 스타일인가 아니면 그래픽 디자이너

▶ 5-5 레덴토레 교회로 전체 슬라이드를 채우고 제목을 삽입했다.

스타일인가? 이런 질문에 보편적으로 어느 하나가 좋다는 대답은 있을 수 없다. 목표 대상의 기대와 자신의 목소리를 따르면 된다.

훨씬 더 큰 이미지로 크기를 강조하라

그래픽 디자이너는 종종 크기를 강조하려고 이미지가 슬라이드의 측면 밖으로 넘치게 배치한다. 이것은 이미지가 측면 밖으로 흘러나오는 시각적 효과이다.

▶ 5-6 레덴토레 교회는 슬라이드의 상단과 오른쪽 경계를 넘어서 확장되어 크기를 강조한다.

종횡비 선호는 논란의 여지가 있다

이미지의 종횡비는 긴 쪽의 길이와 짧은 쪽의 길이의 비율을 말한다. 표준 슬라이드 작성 시스템에서 생성된 슬라이드에 이미지가 채워지는 경우, 그 소프트웨어는 4:3이나 16:9 종횡비를 제공할 가능성이 크다. 그것은 너비와 높이의 비율이 4:3 또는 16:9를 의미하고,

▶ 5-7 흔히 사용되는 슬라이드 작성 소프트웨어에서 제공하는 표준 종횡비

$4/3 ≒ 1.33$ 및 $16/9 ≒ 1.78$ 비율이라고 말하기도 한다.

흔히 사용되는 슬라이드 작성 소프트웨어에서 제공하는 표준 종횡비는 최초로 미국에서 판매된 텔레비전의 4:3 화면비와 일치하고, 더 새로운 HDTV 텔레비전 표준의 16:9와 일치한다. 이미지가 그리드 레이아웃에 삽입되면, 종횡비는 사용자가 선택한 그리드 크기에 따라 고정될 수 있다.

이런 종횡비가 아니라면, 1:1보다 크거나 2:1보다 작은 종횡비를 사용해야 한다. 소수점으로 약 1.33과 1.67에 해당하는 4:3과 5:3 사이라면, 이런 선택을 비판할 사람은 거의 없을 것이다.

황금 직사각형은 수학적 제약에서 비롯된다

다양한 부류의 예술가는 수천 년 동안 적절한 종횡비 선택에 대해 논쟁을 벌여왔으며, 많은 사람들이 미적인 지침을 얻으려고 수학이

나 음악을 찾았다. 수학을 공부하는 사람들은 황금 직사각형의 종횡비인 약 1.62의 종횡비를 좋아하는 경향이 있다.

다음은 황금 직사각형을 만드는 법이다. 먼저 정사각형을 그린 다음, 다음과 같이 직사각형을 추가하라.

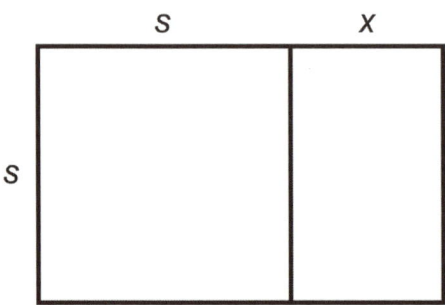

▶ 5-8 황금 직사각형

외부 직사각형의 긴 변과 짧은 변의 비율이 내부 직사각형의 긴 변과 짧은 변의 비율과 같으면, 그것이 황금 직사각형이다.

$$\frac{s+x}{s} = \frac{s}{x}$$

이 비율의 등식에서 다음과 같은 결과를 얻을 수 있다:

$$x^2 + sx - s^2 = 0$$

그런 다음 2차 방정식의 근의 공식을 적용하면 다음과 수식이 도출된다.

$$x = \frac{-s + \sqrt{s^2 + 4s^2}}{2} = \frac{-1 + \sqrt{5}}{2} s \approx 0.62s$$

따라서 황금 직사각형의 너비 대 높이 비율은 약 1.62다. 내부 직사각형의 너비 대 높이 비율도 이와 동일하므로, 내부 직사각형도 황금 직사각형이다. 즉, 이것은 정사각형과 황금 직사각형으로 구성되어 있으며 이 패턴은 한없이 계속된다는 의미이다.

파르테논 신전의 정면이 황금 직사각형이라고 주장하는 사람도 있지만, 건축가가 단순히 건물이 좋아 보인다고 생각해서 그 비율을 선택한 것일 수도 있다. 실제로 그 건축물은 예나 지금이나 모두 좋아 보인다.

▶ 5-9 파르테논 신전은 황금 직사각형을 염두에 두고 설계되었을지도 모른다. GNU 자유 문서 사용 허가서를 통한 유세비우스Eusebius(기욤 피올레Guillaume Piolle)의 이미지 각색

음악적 조화는 정수의 비율을 나타낸다

어떤 건축가는 음악에서 영감을 찾았다. 교회뿐만 아니라 빌라도 건축했던 팔라디오는 방이 원이나 직사각형으로만 이루어진 평면도를 선호했는데, 그 치수는 음악가가 조화롭다고 여기는 비율을 형성했다.

두 음의 주파수 비율이 1:1이면 음악가는 완전 1도라고 한다. 4 : 3은 완전 4도, 3 : 2는 완전 5도, 5 : 3은 장 6도, 2 : 1은 옥타브가 된다.

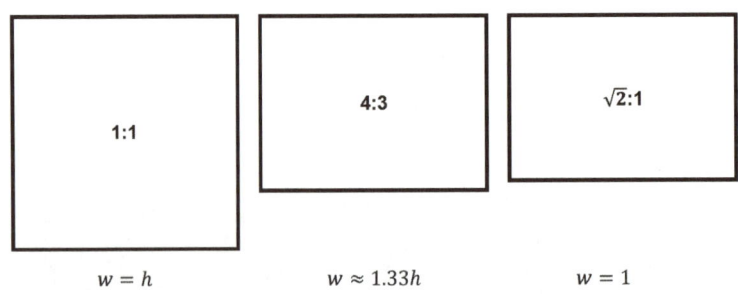

▶ 팔라디오가 가장 좋아하는 6가지 비율. $\sqrt{2}$: 1 비율을 제외한 모든 비율은 음악가가 조화롭다고 여기는 비율이다.

황금 직사각형의 종횡비는 5:3 직사각형의 종횡비와 근접한 형태로, 차이가 3%에 불과하다.

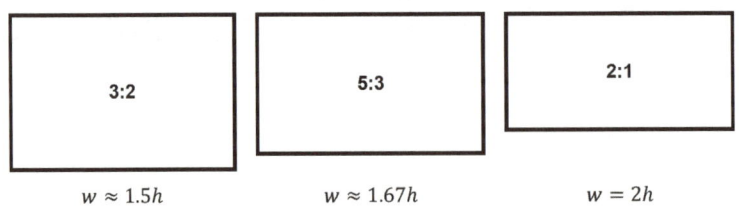

황금 직사각형	5:3

▶ 황금 직사각형의 종횡비인 '≒1.62'는 5:3 즉 '≒1.67'과 근접하다.

알아야 할 사항

- 3분의 1 법칙을 사용하라. 즉, 이미지를 수평선과 수직선으로 3개로 나누고 집중하길 바라는 곳을 네 개의 교차점 중 하나에 배치하라.
- 이미지에 수평선이 있을 때마다 수평선을 아래에서 3분의 1 위에 또는 3분의 2 위에 배치하라.
- 이미지로 슬라이드 전체를 가득 채우는 방법을 실험해보라.
- 황금 직사각형 비율처럼 눈에 보기 좋은 비율을 사용하라.

6부

특별한 사례

"
저 푸딩을 치워주세요. 주제가 없잖아요.
"

윈스턴 S. 처칠 | 영국 정치인이자 작가, 총리

1장
포스터를 준비하는 방법

포스터는 레이아웃과 콘텐츠에 대해 신중하게 생각해야 한다. 이번 장에서는 관심을 끌고 참여를 유도할 수 있도록 '보드'라고도 하는 포스터를 준비하는 방법을 배워보자.

포스터에는 눈에 띄는 요소가 필요하다

과학박람회부터 연구 콘퍼런스까지 모든 미팅에는 포스터 세션이 있다. 주제는 과학과 공학뿐 아니라 스타트업 아이디어부터 신학 학문까지 무수히 많다. 디자이너는 디자인 경쟁에서 자신의 작품을 자랑하기 위해 포스터를 사용한다. 개발자 역시 도시 설계 프로젝트에 대한 아이디어를 홍보하는 데 포스터를 사용한다. 이처럼 포스터는 어디에나 사용된다.

포스터를 보는 내 습관이 독특한지 궁금해서, 나는 포스터 세션에 참석하는 10여 명의 동료에게 설문조사를 했다. 그들은 일부 포스터 앞에서만 멈춘다고 보고했는데, 그런 포스터에는 모두 한 가지 공통점이 있다. 바로 눈에 확 띄는 요소가 있다는 점이다.

나는 애디슨 웨슬리 출판사에서 책의 디자인을 논의하면서 처음으로 '눈에 확 띈다'는 의미를 배웠다. 그들은 내부 디자인이나 커버 디자인보다도 책등의 색깔에 많은 관심을 보였다. 서점에서 책등이 돋보이면 눈에 확 띄는 경향이 있다. 그런 책에 눈이 갈 수밖에 없다. 그래서 나는 책등을 빨간색으로 하자고 요구했다.

포스터에서 책 등과 같이 눈에 확 띄는 것은 무엇일까?

먼저는 제목이고, 그다음은 그래픽 요소이다. 그러나 둘 다 충분하지는 않다. 제목이나 그래픽 요소는 첫 번째 장애물을 넘게 할 뿐이다. 잠재적 참석자의 관심을 끌 수 있는 또 다른 요소가 필요한 것이다.

포스터에 기여사항을 담아야 한다

다음 장애물을 넘으려면 포스터에 '기여사항' 요소가 있어야 한다.

언젠가 나는 포스터 세션 장소를 지나간 적이 있었다. 그곳에는 취업 시장에 나갈 준비를 하는 대략 100여 명의 대학원생과 박사후 연구원들이 있었다. 시간이 많지 않았던 터라 눈에 확 띄면서도 연구의 기여사항을 분명하게 표현한 포스터만 멈추어 서서 보겠다고 결심했지만 나는 멈추지 않았다.

물론 관심을 가질 만한 내용이 담긴 포스터는 많았지만, 한눈에 알아볼 수 없는 포스터는 그냥 지나쳤다. 그 자리에 서서 발표자의 시간을 낭비하고 싶지 않았기 때문이다.

포스터에 '기여사항' 섹션을 담고 있거나 적어도 기여사항을 설명하는 제목이 있다면, 토론에 참여해 유용한 의견을 제시하고 동료에게 그 연구를 추천하여 차이를 두었을 것이다.

포스터에 예술적 디자인을 사용할 수 있다

프레젠테이션에서는 분명 발표자가 주인공이고 슬라이드는 뒷받침하는 요소이다. 그러나 포스터 세션에서는 포스터가 더 많은 핵심 역할을 하고, 발표자는 해설자 역할을 한다. 따라서 빠르게 지나가는 슬라이드보다 포스터를 만들 때 더 많은 예술적 자유를 발휘할 수 있다.

다만, 예술적인 그래픽이라도 VSN-C 이야기를 애매하게 감추지 않고 강조해야 한다.

확장된 VSN-C 구조를 사용할 수 있다

로버트 매킨타이어Robert McIntyre의 뇌 보존에 관련한 포스터(1-1)를 보면, 왼쪽 열에는 '비전' 및 '단계' 섹션이, 오른쪽 열에는 '뉴스' 및 '기여사항' 섹션이 눈에 띄게 배치되어 있다.

셰익스피어는 장미가 어떤 이름으로 불려도 향기로울 거라고 지적했다. 따라서 목표 대상의 기대에 따라 표시를 일부 교체해야

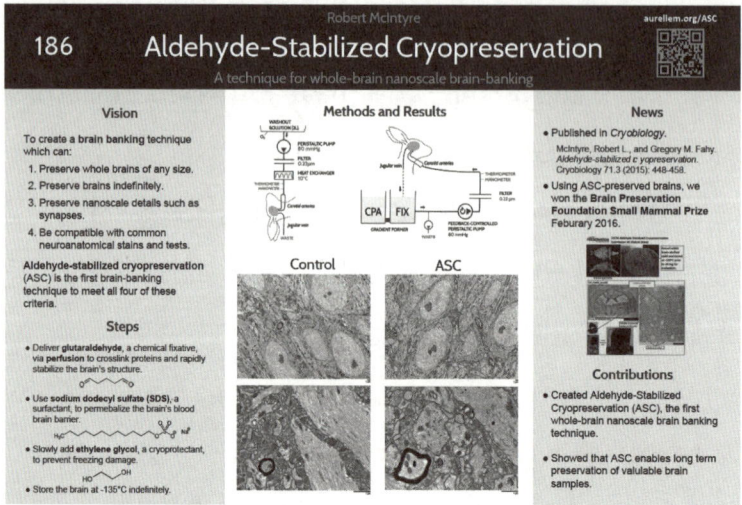

▶ 1-1 로버트 매킨타이어의 포스터, VSN-C 구조에 주목하라. (로버트 매킨타이어의 이미지 제공)

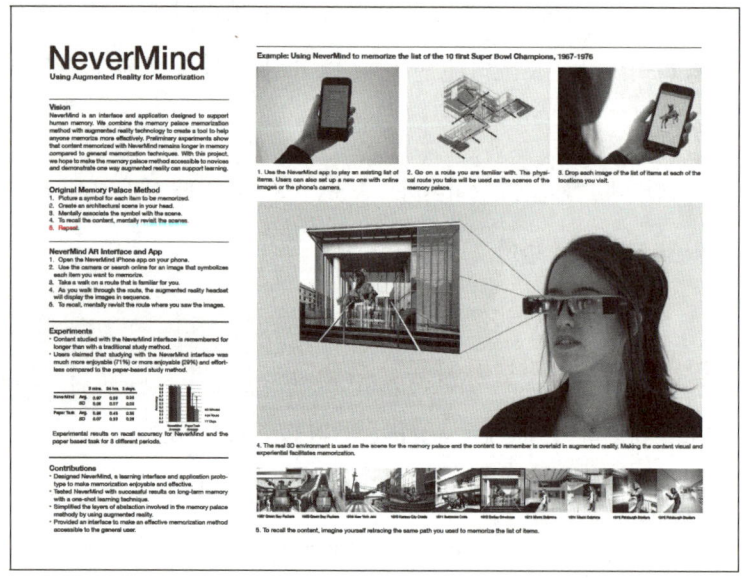

▶ 1-2 오스카 로젤로의 포스터에는 단계와 뉴스가 없다. 그러나 큰 그림이 눈에 확 띄고, 돋보이는 비전과 기여사항 요소가 제목 아래에 있다. (오스카 로젤로의 이미지 제공)

하더라도 VSN-C의 감각을 유지하는 한 잠을 설칠 필요는 없다.

오스카 로젤로Oscar Rosello의 포스터(1-2)에는 분명한 '단계' 섹션과 '뉴스' 섹션이 모두 없지만, '기여사항' 섹션에 수행 단계를 반영하고 모든 사진은 최근에 완료한 실험을 설명한다.

때때로 상황에 따라, 이를테면 지도교수가 해당 분야의 전통을 요구하는 경우에 포스터에 특정 요소를 포함해야 할 때가 있다. 니콜 서Nicole Seo는 포스터에 명시적으로 '이전 연구', '연구 질문', '참고 문헌' 및 '감사의 말'을 포함해야 했다. 1-3은 이 모든 사항을 포함하면서도 VSN-C 구조를 유지한 포스터이다.

스토리보드 구조에 모든 내용을 담을 수 있다

포스터 앞에 서서 수행한 연구를 발표한다는 것은, 스토리텔링을 하고 있다는 뜻이다. 그래서 자연스럽게 영화제작자의 '스토리보드'를 떠올리면서 포스터를 구성할 수 있다. 스토리보드는 영화에서 해당 지점에서 벌어질 일을 설명하는 캡션과 일련의 그래픽 요소로 구성된 시각적 계획안이다.

영화제작자의 스토리보드에서 그래픽 요소는 영화의 단편을 나타낸다. 포스터에서 그래픽 요소는 슬라이드 쇼에서 보여주는 슬라이드와 흡사하다. 사진이나 그래프일 수도 있고 혹은 질문, 설명, 신중하게 작성된 간결한 글머리기호 목록이 될 수도 있다.

포스터가 스토리보드 형태이면 발표자가 현장에 있든 없든 상관없이 제대로 돌아간다. 발표자가 현장에 있다면 그래픽 요소를

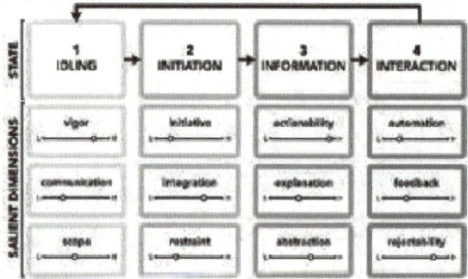

▶ 1-3 니콜 서의 포스터. VCN-C 구조를 주목하라. (니콜 서의 이미지 제공)

가리키며 청중이 캡션을 무시하도록 유도하겠지만, 현장에 없다면 발표자가 말할 내용을 캡션이 전달한다.

포스터 디자인 방법을 설명하는 포스터의 경우에는 다음과 같은 그리드 레이아웃에서 시작할 수 있다. 비전, 단계, 뉴스 항목은 앞부분에, '기여사항' 항목은 마지막 부분에 위치한다. 4가지 항목을 통해 아이디어, 계획, 이제 막 일어난 흥미진진한 일, 기여했던 사항을 전달한다.

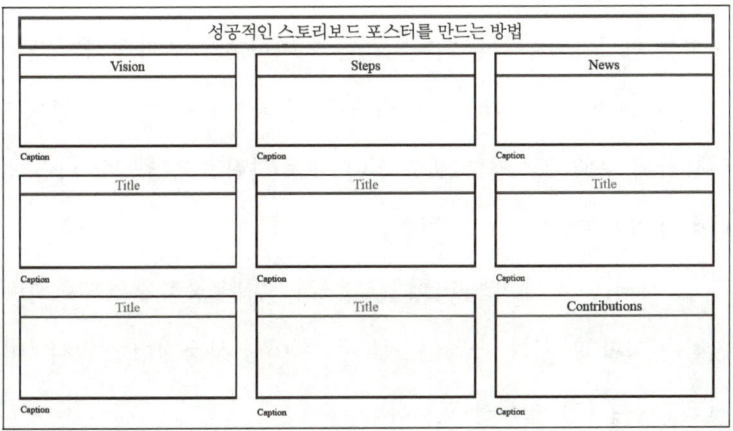

▶ 1-4 스토리포드 포스터의 구조. 비전, 단계, 뉴스, 기여사항으로 이야기를 시작하고 끝낸다.

'비전' 항목을 가까이 보면 발표자가 현장에 없을 때만 읽히도록 의도된 캡션이 있다. 현장에 있는 경우에는 청중에게 보여주고 싶은 부분을 가리켜서 캡션을 무시하도록 유도한다.

전자 포스터는 장단점이 있다

요즘 많은 포스터 세션은 종이 포스터를 부착하는 대신에 대형 스크린을 사용한다. 그래서 마지막 순간까지 변경할 수 있다. 포스터를 인쇄할 장소를 찾지 않아도 되고, 영상을 포함할 수도 있다.

그런데 한 장에 모든 내용이 담긴 포스터가 불행히도 두 개 이상의 여러 슬라이드에 분산된 스토리로 대체될 수도 있다. 발표자가 마지막 슬라이드를 보면서 누군가와 이야기하는 동안 지나가는 사람들은 비전을 보지 못하기 때문에 멈추어 참여하지 않는다. 발표자는 참석자의 관심을 기다리지만, 기여사항을 보지 못하기 때문에 아무도 관심을 보이지 않는다. 중간 슬라이드가 여러 개 있으면 행사장의 모든 포스터를 보고 싶어 하는 사람들은 조급한 마음에 멈추지 않을 수 있다.

그래서 한두 개의 슬라이드로 구성한다면 장점을 극대화하고 단점은 피할 수 있다. 슬라이드를 두 개 이상 사용한다면 각각 '비전'과 '기여사항' 항목을 포함하라.

쿼드 차트는 하나의 슬라이드에 담긴 포스터이다

수십 개의 프로젝트에 자금을 지원하는 연구기관의 책임자는 종종 프로그램 책임자를 통해 해당 프로젝트의 정보를 얻는다. 책임자는 각 프로젝트의 후원기관을 대상으로 한 장의 슬라이드에 담아 간단한 브리핑을 준비한다. 이 슬라이드는 많은 노력을 하나의 시각적 표시로 요약하기 때문에 포스터와 흡사하다. 그리고 각 슬라이드는

▶ 1-5 조쉬 햄슨Josh Haimson의 포스터. 스토리보드의 특성을 주목하라. 그는 그리드 레이아웃을 사용하지만, 직사각형 사이의 통로가 아닌 그리드 직사각형 안에 캡션을 포함한다.

4개의 지정된 사분면에 모든 정보가 배열되어 있어, 브리핑 중에 구조를 해독하느라 시간을 쓰지 않아도 된다.

표준 쿼드 차트는 제목과 4개의 사분면으로 이루어져 있고, 사분면에는 사진 및 문구, 영향, 새로운 아이디어, 마일스톤* 항목이 있다.

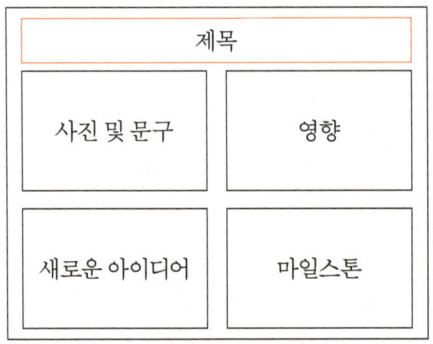

▶ 1-6 쿼드 차트는 간결한 요약이다.

쿼드 차트를 준비할 일이 없을 수 있지만, 쿼드 차트에 어떤 내용이 담겨 있는지 아는 것은 여전히 유용하다. 포스터처럼 쿼드 차트를 통해 제안된 연구를 효과적으로 요약할 수 있기 때문이다. 프로그램 책임자가 보고 싶어 할 요소를 제안서에 확실하게 담을 수 있도록, 제안서 작성자는 그 첫 단계로 자신만을 위한 쿼드 차트를 작성한다.

일반적으로 '영향', '새로운 아이디어', '마일스톤' 사분면은 각

---

* 프로젝트 진행 과정에서 특정할 만한 건이나 표. 예를 들어 프로젝트 계약, 착수, 인력투입, 선금 수령, 중간보고, 감리, 종료, 잔금 수령 등 프로젝트 성공을 위해 반드시 거쳐야 하는 중요한 지점을 말한다.

각 3~5개의 글머리기호 목록으로 구성된다. '사진 및 문구' 사분면과 함께 프로젝트의 핵심을 집합적으로 담아낸다. 가끔 책임자는 요약을 다시 요약하는 문구를 의미하는 예술 용어인 범퍼 스티커를 고집하는 경우가 있는데, 보통 노란색으로 강조하는 편이다. 범퍼 스티커는 심벌, 슬로건, 핵심 아이디어 또는 서프라이즈를 넣기에 좋은 공간이다.

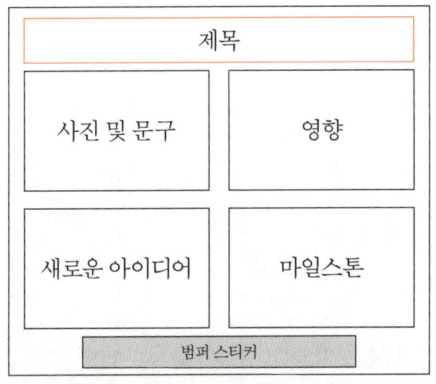

▶ 1-7 일부 쿼드 차트는 범퍼 스티커 형태의 요약 내용을 포함한다.

쿼드 차트의 다양한 부분은 VSN-C 구조의 항목에 대응되는 것으로, '기억되기 위한 핵심'(37쪽)에서 도출된 다양한 요소를 기반으로 보강된 형태이다.

사진 및 문구 사분면은 참조 기능을 제공한다

'사진 및 문구' 사분면은 콘텐츠를 더욱 기억에 남게 하는 슬로건과 심벌에 해당한다. 이 항목은 대상 연구에 대한 참조 기능을 수행하고, 비전의 문제 부분을 소개하며 약간의 뉴스를 제공할 수 있다.

영향 사분면은 맞춤형 기여사항을 나타낸다

'영향' 사분면은 VSN-C의 기여사항 부분에 해당되고 서프라이즈 항목을 포함할 수 있다. '영향' 사분면을 작성할 때는 후원자가 관심 있는 사항에 중점을 두어야 한다. 과학 중심의 후원자가 대상이라면 기여사항은 과학적 문제를 다루어야 한다. 군사 중심의 후원자가 대상이라면 기여사항은 군의 임무 수행을 방해하는 문제를 다루어야 한다.

새로운 아이디어 사분면은 독특한 비전을 설명한다

'새로운 아이디어' 사분면은 비전의 접근법에 중점을 두고 핵심 아이디어를 포함할 수 있다.

마일스톤 사분면은 구체적인 단계를 약속한다

마일스톤 사분면은 VSN-C의 '단계' 부분에 해당한다. 각 항목은 특정 과제 수행을 약속하기 때문에 마일스톤 섹션을 신중하게 작성해야 한다. 작성한 날짜까지 개발, 구현, 시연, 평가 등과 같은 확실한 업무를 진행해야 할 의무가 있다.

'개선하다'와 이 단어의 동의어를 절대로 사용하지 마라. 이 단어를 사용하면 기술을 한 단계 더 발전시키는 사람이 아니라 작은 진전을 이루는 단순한 점진주의자로 보일 수 있다. 다음번에 더 큰 약속을 할 수 있는 여지를 남겨두기 위해 구체적으로 작성하라. 아래 예시는 너무 포괄적이다.

- 1월 1일 : 다양한 소스의 이미지를 사용하여 훈련된 심층 신경망을 시연함.

이렇게 쓰는 것이 더 좋다.

- 1월 1일 : 웹에서 가져온 1,000 종류의 동물 이미지 1,000만 장을 사용하여 훈련된 25층 심층 신경망을 시연함.

알아야 할 사항

- 대부분의 성공적인 포스터에는 눈에 확 띄는 요소가 있다.

- 각 포스터에는 기여사항 섹션이 있어야 한다. 계속 진행 중인 연구라면 '예상되는 기여도'로 제목을 붙일 수 있다.

- 각 포스터에는 끝에 기여사항 섹션뿐 아니라 서두에 비전, 단계, 뉴스 섹션이 있어야 한다. 즉 포스터는 설득 중심의 커뮤니케이션에 해당한다.

- 발표자가 현장에 없을 때도 포스터를 보여줄 수 있다. 발표자가 다른 곳에 있을 때 스토리보드에 발표자를 대신할 캡션을 덧붙이는 형태를 고려해야 한다.

- 쿼드 차트는 포스터와 흡사하다. 쿼드 차트는 하나의 시각적 자료로 연구의 많은 내용을 요약한다.

- 일반적인 쿼드 차트는 사진 및 문구, 영향, 새로운 아이디어, 마일스톤을 작성하는 4개의 사분면으로 구성된다. 이 사분면에는 심벌, 슬로건, 핵심 아이디어, 서프라이즈뿐만 아니라 비전, 단계, 뉴스, 제안된 기여사항을 표현해야 한다.

- 마일스톤은 과제 이행의 약속으로 구체적으로 작성해야 한다. 날짜와 수치를 기재하라.

- 마일스톤을 작성할 때 점진적 개선을 제시하는 단어는 절대로 사용해서는 안 된다. '개선하다'는 점진적인 진행을 뜻하는 단어이다.

2장
엘리베이터 피치를 하는 방법

　이번 장에서는 엘리베이터 피치에 대해 배워보자. 인상을 남기고 싶은 사람, 예를 들어 벤처 캐피탈리스트와 함께 엘리베이터에 탔다고 가정해보자. 단지 엘리베이터에 함께 있는 그 시간만을 이용하여 상대방이 당신과 당신의 아이디어에 관심을 가지도록 설득해야 한다.

　당신이 무슨 일을 하든 언제 어디서나 엘리베이터 피치를 할 준비가 되어 있어야 한다. 그렇지 않으면 예기치 않은 큰 기회를 놓칠 수도 있다. 엘리베이터 피치는 즉흥적으로 작성하는 것이 불가능하므로 조용하고 사색할 수 있는 순간에 미리 준비해두는 것이 좋다.

엘리베이터 피치는 엘리베이터에서만 하는 것이 아니다

당신이 무슨 일을 하든 살아가면서 엘리베이터 피치를 해야 하는 순간들이 많이 있다. 엘리베이터 안에서 이것을 할 가능성은 적지만, 다른 사람이 주최하는 행사에서 누군가가 "무슨 일을 하세요?"라고 물어볼 수도 있다. 자신이 하는 일을 몇 문장으로 간단하게 표현할 방법을 미리 준비해두지 않으면 말도 제대로 하지 못하는 능력 없는 사람으로 보이거나 더 나쁜 인상을 줄 수 있다.

VSN-C가 적용된다

엘리베이터 피치는 신중하게 생각해놓은 VSN-C 문장 형태로 비전, 단계, 뉴스, 기여사항을 표현한다. 각 요소를 한 문장으로 작성한 몇 가지 예시를 들어보자.

첫 번째는 라이트 형제가 1903년에 최초의 동력 비행기로 비행을 한 다음에 준비했을 수도 있는 엘리베이터 피치이다.

스타트업 : 하늘을 나는 기계가 우편물을 배달하고 정찰을 수행하며 심지어 사람을 수송할 수 있다면 어떨지 상상해보세요. 이 모든 것이 가능하도록 우리는 알아야 할 모든 사항을 배우고 사람을 태우는 연을 날리고, 양력 테스트 기계를 만들며 혁신을 이루었습니다. 우리는 방금 852피트까지 비행했습니다. 이제 우리는 핵심 특허를 보유하고 있어서 중대한 비즈니스 기회를 얻었습니다.

다음의 3가지 엘리베이터 피치는 현대적인 상황이다. 처음 2가지는 'if-then방식'의 비전 선언문을 사용한다. 학계 예시에서 기여사항은 새로운 과학적 이해이다. 국방 분야 예시에서 기여사항은 임무 방해물을 극복하는 방법이다. 그리고 스타트업 분야 예시에서 기여사항은 판도를 바꿀 획기적인 비즈니스 기회이다.

학계 : 프로그램이 우리처럼 똑똑해지려면 이야기를 이해해야 합니다. 왜냐하면 이야기를 이해하면서 우리가 똑똑해지기 때문입니다. 우리는 인간의 이야기 처리 이론을 개발했고, 이를 사용해 요약하고 설득하고 가르치는 프로그램을 만들었습니다. 한 프로그램이 스스로 이야기하기 시작하면서 자기 인식의 측면을 보여주고 있습니다. 곧 모든 종류의 프로그램이 스스로 자신이 무엇을 하고 있는지 설명하고, 스스로 더 많은 일을 하도록 가르칠 것입니다.

국방 : 우리의 임무를 완수하려면 새로운 무기 시스템의 비용을 줄여야 합니다. 특히 어떤 신기술이 가장 큰 영향을 미칠 수 있는지 판단하고, 임무 요구에 맞게 적용하고, 가능한 빠르게 실행에 옮겨야 합니다. 모델링과 시뮬레이션에 대한 새로운 접근 방식은 큰 가능성을 제시합니다. 이러한 새로운 접근법을 활용하면 새로운 위협에 대한 방어 능력을 확보할 수 있습니다.

스타트업 : 우리는 고대 그리스의 교육자처럼 행동하는 이 과외 인형에 엄청난 기회가 있다고 생각합니다. 현재 기술개발 계획과 일련의 마케팅 단계를 진행하고 있고, 이를 통해 독서부터 과학적 발견의 즐거움까지 모든 것을 배울 수 있는 인형을 한 살짜리 아이들 손에 쥐어주려 노력하고 있습니다. 우리는 아이들과 대화할 뿐만 아니라 서로 협력하여 행동 문제를 해결하는 5개의 흥미로운 프로토타입을 이제 막 완성했습니다. 실리콘 밸리의 많은 사람은 이것이 아이폰과 페이스북을 합친 것보다 더 인기가 많을 것으로 생각합니다.

각각은 대략 60개의 단어가 포함되어 있고, 낭독하는 데 약 20초가 소요된다. 정말로 엘리베이터에 있지 않다면 이렇게 짧은 시간이 주어질 것 같지는 않지만, 여하튼 엘리베이터 피치를 준비해야 한다. 즉석에서 스피치를 하자면 20초를 몇 분으로 확대하기는 쉽지만 30~60분짜리 슬라이드 쇼를 미리 생각해보지 않고 1분 이내로 축약하는 것은 거의 불가능하다.

엘리베이터 피치를 할 일이 절대로 없을 것이라고 확신해도 하나쯤은 준비해두는 게 좋다. 준비하는 과정에서 핵심만 남은 비전은 어떤 모습인지도 알 수 있다.

알아야 할 사항

- VSN-C를 토대로 엘리베이터 피치를 계획하라.
- 60개 전후의 단어를 사용하라.

"
저는 항상 긴장해요.
말랄라와 그녀의 아버지를 인터뷰할 때도 긴장했죠. 아드
레날린 때문인데요. 인터뷰가 시작되면 이렇게 생각해요.
'좋아, 이제 완전 집중하고 있어.'
"

크리스티안 아만푸어 Christiane Amanpour | 영국계 이란 언론인이자 TV 진행자

3장
인터뷰를 준비하는 방법

이번 장에서는 인터뷰를 준비하는 방법과 두려움을 최소화하는 방법을 배워보자. 인터뷰를 미리 준비해 놓으면 성공 가능성이 높아진다. 대학과 대학원 입학, 다양한 종류의 취업 면접에서 받게 될 질문에 대해서 알아보고 또한 언론 인터뷰에서 두려움을 몰아내는 방법도 알아보자.

예상 질문을 생각하라

많은 인터뷰에서 어떤 질문을 받을지에 대해 대부분 예상할 수 있을 것이다. 자신이 상대방의 입장이라면 무엇을 물어볼지 미리 생각해보라.

대학원생인 마크 핀레이슨Mark Finlayson도 교수 채용 면접을 준비할 때, 자신의 연구가 그를 고용하려는 대학의 명성에 어떻게 기여할 것인지에 관한 질문을 중점적으로 받을 것을 예상했다. 그가 예상했던 질문 24개 중에서 그는 방문했던 각 대학에서 아래의 내용과 비슷한 질문을 열 번 이상 받았다.

- 당신이 하는 일이 중요한 이유가 무엇인가요?
- 누구와 협업할 생각인가요?
- 우리 교수진에 합류하고 싶은 이유가 무엇인가요?
- 오늘 하루는 어땠나요?

첫 번째 질문을 제외한 모든 질문은 지원자가 이 대학을 단순한 안전망 이상으로 생각하는지를 알아보기 위한 것이다.

그는 이와 비슷하게 중요한 질문 한 가지를 예상하지 못했다. "우리 대학에 궁금한 사항이 있나요?"

처음에는 면접관이 그냥 성의없다고 생각했지만, 지원자가 기관과 구성원에 대해 알아보려고 노력했는지를 파악하려는 목적이라는 것을, 그리고 알아보려고 노력하지 않았다면 그의 무관심이 드러나고 면접관의 기분을 상하게 할 수도 있다는 것을 깨달았다.

당신이 만일 인턴이나 대학원생, 박사후연구원 지원을 목적으로 담당 교수나 인사 담당자에게 메일을 쓴다고 하자. 그렇다면 상대방이 실제로 무슨 일을 하고 있는지 정도는 알고 있다는 점을 확실하게 보여주어야 한다. 그런 성의도 노력도 없이 이메일을 보내는 것은 시간만 낭비할 뿐 아무런 효과가 없다.

질문은 기회에 따라 달라진다

만일 대학 입학 면접을 본다면, 면접관은 당신이 어려운 상황을 어떻게 해결했는지 알고 싶을 것이다. 그리고 학교 생활이나 학교 동아리, 그 외에 어떤 일을 했는지, 균형 잡힌 수업을 형성하는 데 어떻게 도움을 줄 것인지 알고 싶을 것이다. 대학원 면접을 본다면, 면접관은 진행 중인 연구진에게 무엇을 기여할 수 있는지를 알고 싶을 것이다. 만일 일반 회사의 신입 면접을 본다면, 면접관은 제안된 직무에 대한 준비 상태를 알아볼 것이다.

한편으로 현재와 유사한 직무로 경력직 면접을 본다면, 면접관은 당신의 지난 성과와 방법들을 알고 싶을 것이다. 다음과 같은 질문을 받을 수 있다.

"현재 업무에서 가장 마음에 들지 않는 점은 무엇인가요?"

나의 제자 중 한 명은 이런 질문을 좋아한다. 좋아하지 않는 일을 하라고 사람을 고용하는 것은 의미가 없기 때문이다. 또 다른 제자는 이런 질문을 한다.

"여기서 일하고 싶은 이유가 무엇인가요?"

지원자가 실제로는 구글에서 일하고 싶은데, 자신의 회사는 안전망에 불과한지 어떤지 지원자의 의도를 알고 싶기 때문이다.

각각의 경우에 질문을 예상하고 진실한 대답을 준비해야 한다.

친구와 협력하라

인터뷰 질문을 뽑아내는 최고의 원천은 당신이 지원하고자 하는 일을 최근에 경험했던 친구들이다. 그들과 이야기해보라. 친구가 받았던 질문 목록을 만들고 본인이라면 어떻게 대답할지 생각해보라. 또한 그 친구들은 면접관 스타일을 예상하고 인터뷰를 준비하는 것을 도와줄 수 있다. 어떤 면접관은 지원자가 상대하기 어려운 사람을 어떻게 대하는지 알아보려고 일부러 무례하게 행동하기도 한다.

또 어떤 사람은 저녁 식사 자리에 데려가 술을 너무 많이 마시지는 않는지, 음식을 맛보기 전에 부주의하게 소금부터 뿌리지는 않는지 를 시험해본다. 또 어떤 책을 읽는지, 여가시간에 무엇을 하는지, 존경하는 사람이 누군지 등을 알아보려는 면접관도 있다.

목록을 만들어라. 그다음에 준비한 목록을 사용해서 친구에게 면접관 역할을 해달라고 요청하고 연습해보라.

언론 인터뷰에서 발생할 수 있는 상황을 알아야 한다

처음에 인터뷰 요청을 받으면 과연 공포를 이겨낼 수 있을까 두려울 수 있다. 24년 동안 CBS 이브닝 뉴스 진행자였던 댄 래더Dan Rather가 인공지능에 대해 인터뷰하러 왔을 때, 나 역시 두려웠다. 큰일이라도 난 것 같아서 사무실 페인트를 손보고 옷도 좀 차려입었다.

마침내 인터뷰 날이 되었고, 사무실은 사람들로 북적거리기 시작했다. 커다란 밝은 조명을 든 사람, 마이크를 든 사람, 전선 제어용 테이프를 들고 있는 사람들이 있었다. MIT 뉴스 오피스에서도, 지역 CBS 계열사에서도 사람들이 나왔다. 다들 래더를 만나고 싶어 했다. 얼마 지나지 않아 나는 마이크를 든 사람의 손에 이끌려 책상 의자에 고정되었다. 조명이 밝았다. 사람들 모두 누군가에게 말하고 있었다. 나에게 말을 거는 사람은 아무도 없었다. 그때 나는 생각했다. '이 상황을 이겨낼 수 있을까?'

그때 래더가 오더니 내 옆에 앉았다. 그는 오늘 하루가 어땠는지, MIT는 어떤 학교인지, 교수 일은 어떤지에 대해 낮은 목소리로 질문하기 시작했다. 사무실의 모든 소란이 차츰 사그라지는 것 같았다. 그러다 녹화를 시작할 때가 되자, 그는 쉬는 시간도 없이 그냥 일반적인 목소리로 곧바로 말하기 시작했다. 인터뷰는 공백시간 없이 바로 진행되었다. 긴장할 틈도 없었다. 대화가 그냥 계속되었다.

면접관과 잡담하라

이제 나는 래더가 내게 한 것처럼 저널리스트에게 그대로 하고 있다. 녹화가 시작되기 전에 낮은 목소리로 대화를 시작한다. 중국의 유명한 토크쇼 진행자인 양 란Yang Lan이 많은 수행원과 함께 왔을 때도 그랬다. 우리는 수다를 떨었다. 나는 몇 명이 함께 왔는지를 물었다. 미국에 얼마나 자주 오는지, 그리고 이전에 MIT에 온 적이 있는지 물었고 인상적인 일이 있었는지 물었다. 카메라가 돌기 시작하자, 나는 단지 목소리를 높여서 이미 나누고 있던 대화를 계속 진행했다.

▶ 3-1 양 란과 나는 인공지능에 대해 서로 이야기를 나누고 있었다. 양 란은 중국의 오프라로 불린다. 중국에서는 오프라를 미국의 양 란이라고 부르는 것 같다.
(MIT CASAIL의 아담 코너-사이먼스Adam Conner-Simons의 이미지 제공)

매끄럽게 전환할 수 있는 방법을 준비하라

어떤 질문을 받을지 모두 예상할 수는 없다. 예상할 수 있다고 해도 대답할 수 없는 질문도 있을 것이다. 막상 밝은 불빛이 비추고 있을 때는 무엇을 해야 할지 알 수 없으니 어떻게 말할지 미리부터 생각해 놓아야 한다. 다음과 같이 대답할 수 있다.

- 그 질문에 대해서는 말할 게 없어요. 그러니 …에 대해 이야기하는 건 어떨까요?
- 그 질문은 나중에 답변 드릴게요, 하지만 지금 당장은…
- 재미있는 질문이네요. 그런데 저는 더 흥미로운 질문은 …라

고 생각합니다.
- 저는 그 부분에 집중하지 않았어요. 왜냐하면 진짜 문제는 …라고 생각하기 때문입니다.

더 많은 대안을 보려면 저녁 뉴스에서 패널들이 정치에 대한 질문에 어떻게 답변하는지 시청해보라.

미리 질문지를 요청하라

인터뷰 진행자는 상대방이 바보처럼 보이지 않도록 신중하게 질문을 선택하고 싶을 수 있다. 이런 경우에는 진행자가 미리 몇 가지 핵심 질문을 선뜻 제공할 수 있다.

한 번은 인터뷰 진행자가 지난 50년 동안 인공지능 연구자들이 20년 안에 컴퓨터가 인간 수준의 지능을 보일 것으로 예측해 왔는데, 그 이유가 무엇인지 물어볼 계획이라고 말했다. 나는 인터뷰 전에 그 질문을 생각해 보았다. 그러고 나서 그 질문을 받았을 때 이렇게 말했다.

"음, 결국에는 그렇게 될 거에요. 그러니 그 사람들을 용서하기로 하죠. 제 생각에 진짜 문제는…." 아마도 그 자리에서 질문을 처음 들었다면, 바로 답변을 생각해낼 수는 없었을 것이다.

알아야 할 사항

- 받을 법한 질문을 예상하라. 현명하고 진실한 대답을 준비하라.
- 구직 인터뷰를 할 때 그 기관과 구성원에 대해 알고 있다는 사실을 보여주어라.
- 카메라가 돌기 시작하기 전에 카메라 앞에서 진행자와 대화하라.
- 질문에 대답하고 싶지 않은 경우를 대비하여 매끄럽게 전환할 수 있는 방법을 준비하라.

> "
> 언론은 인간 정신을 계몽하고
> 이성적이고 도덕적이며 사회적인 존재로
> 인간을 발전시키는 데
> 가장 좋은 도구이다.
> "

토머스 제퍼슨 Thomas Jefferson | 미국 정치인이자 외교관, 세 번째 미국 대통령

4장
보도자료를 작성하는 방법

이번 장에서는 바쁜 저널리스트들이 보도자료를 보고 사용할 가능성을 높이려면 보도자료에 필요한 내용이 무엇인지와 중요한 순서 원칙에 대해서 배워보자.

바쁜 저널리스트에게 필요한 내용을 모두 주어라

저널리스트는 대부분 바쁜 스토리텔러들이다. 이들이 당신의 이야기를 말해주기 원한다면 '바쁜' 부분과 '스토리텔러' 부분을 모두 수용할 수 있는 보도자료 형태로 이야기를 보내야 한다.

어떤 저널리스트는 매일 수백 건의 보도자료를 받는다. 그들은 엄격한 기준으로 선별하기 때문에 보도자료에 필요한 요소가 모두 포함되어 있는지 확인해야 한다. 특히 다음 양식에 나온 요소를 갖

> 소속기관의 이름
> 소속기관의 거리 주소
> 소속기관의 도시, 주 및 우편 번호
>
> 담당자: 이름
> 전화번호: 전화번호
> 이메일: 이메일 주소
>
> 이야기를 게시해도 되는 시기
>
> ## 헤드라인
>
> 도시, 주, 날짜
> 이야기
> 소속기관, 소속기관이 하는 일, 소속기관의 위치
> 필요한 경우, 사진 첨부
> ##########

추어야 한다. 다음 예시는 초안이 어떤 모습인지를 보여준다.

그들을 위해 이야기를 써라

글머리기호를 사용해서 글을 작성하고, 이를 토대로 저널리스트들이 이야기를 작성할 수 있도록 하라.

다음과 같은 보도자료는 아무에게도 보낼 필요가 없다. 헤드라인은 활기가 없고 지루하다. 그런데 더 나쁜 것은 저널리스트가 바쁘다는 사실을 인식하지 못한 채 기사를 작성하는 모든 작업을 기자에게 맡기는 것이다.

> 매사추세츠 공과대학교
> **77 Massachusetts Avenue**
> **Cambridge, MA 02139**
>
> 담당자: 클라크 켄트Clark Kent
> 전화번호: 617.253.1000
> 이메일: superman@mit.edu
>
> 즉시 보도
>
> 새로운 프로그램은 인상적이다
>
> **CAMBRIDGE, MA, April 1, 1961.**
> - 프로그램은 기호 통합을 수행한다.
> - 박사 과정 학생인 제임스 R. 슬래글James R. Slagle이 작성했다.
> - 슬래글은 테스트 세트의 문제를 대부분 해결하며 인상적이라고 말한다.
>
> ##########

이 대신 보도자료는 이야기의 초안이 되어야 한다. 이 초안 그대로 사용할 수 있으면 더욱 좋고 최소한 야간 수정해서 사용할 수 있어야 한다.

다음의 예시는 초안이 어떤 모습인지를 보여준다. 1961년 제임스 슬래글이 연구를 마쳤을 때, 미적분 문제를 푸는 프로그램을 성공적으로 개발한 이야기를 발표한 것이다. 실제 업적을 바탕으로 하고 있지만, 이야기는 논의의 출발점을 제공하기 위해 기발하고 인위적으로 만들어졌다. 이메일 주소, 우편 번호 및 주 약어는 현대적인 형태이다.

매사추세츠 공과대학

77 Massachusetts Avenue

Cambridge, MA 02139

담당자 : Clark Kent

전화번호 : 617.253.1000

이메일 : superman@mit.edu

즉시 보도

MIT 신입생을 능가하는 프로그램의 지능

CAMBRIDGE, MA, 1961.04.01. 매사추세츠 공과대학교 총장인 줄리어스 A. 스트래튼Julius A. Stratton은 전기공학과 소속 대학원생인 제임스 R. 슬래글이 오늘 1학년 미적분 과목에서 최상위권 학생들과 비슷한 수준의 미적분 문제를 해결하는 프로그램을 시연했다고 발표했다. 슬래글은 프로그램이 인간과 같은 지능을 가지고 있다는 것을 시연하는 프로그램을 만든 것이다.

슬래글의 논문 지도교수인 마빈 민스키 교수는 슬래글의 연구와 인공지능에 대한 기여도를 크게 칭찬했다.

"이것은 인간 종말의 시작입니다. 운이 좋으면 기계가 우리를 반려동물로 키울 수는 있겠네요."

슬래글은 전체 과정이 예상했던 것보다 훨씬 쉬웠다고 설명했다.

"저는 우리 인간이 어려운 문제를 더 쉬운 문제로 어떻게 변환시키는지, 그리고 결국 아주 쉬워져서 답이 분명해질 때까지 이 과정을 어떻게 반복하는지에 매료되었습니다. 우리는 이를 '문제 축소'라고 부릅니다."

슬래글은 전반적으로 무엇을 해야 하는지 결정한 후에는 필요한 변환을 프로그램에 삽입하고, 쉬운 문제에 대한 조회 테이블을 구성하고, 변환을 적용하고 조회를 수행하는 컴퓨터 코드를 작성하기만 하면 되었다. 총 필요한 변환 함수는 수십 개 정도였고, 조회 테이블에 저장된 항목은 24개였다.

오늘 있었던 시연에서 슬래글의 프로그램은 MIT 학생에게 주어진 가장 어려운 문제 54개 중 52개를 해결했다. 슬래글의 문제 해결 아이디어는 컴퓨터가 다른 방대한 문제들을 해결할 수 있게 해줄 것이다.

매사추세츠 공과대학(MIT)은 과학, 비즈니스, 건축, 인문학 분야의 학위 프로그램을 통해 잠재력이 높은 남녀 학생을 교육한다.

MIT는 매사추세츠주 케임브리지에 위치해 있다.

이야기가 다듬어질 것을 예상하라

보도자료가 언론에 보도될 시점에 딱 맞추어 도착할 수도 있다. 보도자료를 실을 공간이 있지만, 보도자료 전체를 사용하기에는 충분하지 않다. 매우 아쉽지만, 저널리스트들에게는 보도자료를 다듬고 재구성할 시간이 없다. 그렇기 때문에 중요한 격언을 지켜야 한다. 기자가 두 개의 문단 사이에 선을 긋는다면, 그 선 위에 있는 내용이 밑에 있는 내용보다 더 중요하도록 보도자료를 써라.

헤드라인에 집중하라

헤드라인은 보도자료에서 가장 중요한 부분이다. 헤드라인이 흥미롭다면 저널리스트가 읽을 가능성이 더 크다. 헤드라인도 읽지 않는다면 다른 내용은 더이상 중요하지 않다.

모든 사람들은 컴퓨터가 진짜로 지능이 있을 수 있는지 관심이 있다. 그래서 많은 사람들은 다음 헤드라인을 흥미롭게 여길 것이다. 흥미를 불러일으키는 필수 요소인 능동형 동사가 있다는 사실에 주목하라.

프로그램의 지능은 MIT 신입생을 능가한다

컴퓨터 프로그램이 예기치 않은 일을 할 때마다 일종의 공포감이 일어나며, 많은 사람들은 곧 컴퓨터가 세상을 지배할 것이라고 생각한다. 이러한 경향을 알기에 나는 헤드라인 예시가 잘못된 윤리적 경계에 있다고 생각한다. 이 헤드라인은 프로그램이 인간을 좁은 영역이 아니라 전반적으로 능가할 것이라고 암시하기 때문이다. 그런 의미에서 다음 헤드라인이 더 낫다.

프로그램이 미적분 문제를 해결한다.

누가, 무엇을, 언제, 어디서, 왜를 포함하라

저널리스트는 이야기가 5가지 핵심 질문에 대답해야 한다고 배웠다. 이는 누가, 무엇을, 언제, 어디서, 왜라는 질문에 대답할 수 있어야 확실한 이야기가 되기 때문이다. 실제로 예시 보도자료는 첫 번째 단락의 질문에 대한 답을 모두 담고 있다.

누가
…제임스 R. 슬래글,…

무엇을
…미적분 분제를 해결하는 프로그램을 시연했다고….

언제
…오늘 …프로그램을 시연했다고…

어디서

…전기공학과 소속 대학원생인,…

왜

슬래글은 프로그램이 인간과 같은 지능을 갖추고 있다는 것을 시연하는 프로그램을 만든 것이다.

VSN-C 항목을 확인하라

기술적 진보에 관한 글을 쓴다면 일반적인 VSN-C 항목을 확실히 포함해야 한다. 예시 보도자료는 다음과 같다.

비전

나는 우리 인간이 어려운 문제를 더 쉬운 문제로 어떻게 변환시키는지, 그리고 결국 아주 쉬워져서 답이 분명해질 때까지 이 과정을 어떻게 반복하는지에 매료되었다.

단계

슬래글은 전반적으로 무엇을 해야 하는지 결정한 후에는 필요한 변환을 프로그램에 내장하고, 쉬운 문제에 대한 조회 테이블을 구성하고, 변환을 적용하고 조회를 수행하는 컴퓨터 코드를 작성하기만 하면 되었다.

뉴스

오늘 있었던 시연에서 슬래글의 프로그램은 MIT 학생들에게 주어진 가장 어려운 문제 54개 중 52개를 해결했다.

기여사항

슬래글의 문제 해결 아이디어는 컴퓨터가 다른 방대한 문제들을 해결할 수 있게 해줄 것이다.

의미 있는 인용문을 포함하라

이야기에 인용된 사람이 있으면 이야기가 더 흥미진진해진다. 예시 보도자료에는 두 가지 인용이 있으며, 중요한 것은 데이터가 아닌 의견과 성찰을 소개한다는 점이다.

민스키 : "이것은 우리 인간 종말의 시작입니다. 운이 좋으면 기계가 우리를 반려동물로 키울 수는 있겠네요."

슬래글 : "저는 우리 인간이 어려운 문제를 더 쉬운 문제로 어떻게 변환시키는지, 그리고 결국 아주 쉬워져서 답이 분명해질 때까지 이 과정을 어떻게 반복하는지에 매료되었습니다. 우리는 이를 '문제 축소'라고 부릅니다."

민스키는 실제로 〈라이프 매거진〉(1970. 11. 20.)에 실린 브래드 다러치Brad Darrach가 작성한 기사에서 애완동물에 대해 농담을 했다. 슬래글은 실제로 MIT 대학원생 시절에 인공지능 분야의 이정표가 된 통합 프로그램을 만들었다.

세부 사항은 사람을 매료시킨다

세부 사항은 이야기를 생생하게 만든다. 예를 들어 예시 보도자료는 이것을 제공한다.

> 우리는 이를 '문제 축소'라고 부른다.
> 총 필요한 변환 함수는 수십 개 정도였고, 조회 테이블에 저장된 항목은 24개였다.
> 오늘 있었던 시연에서 슬래글의 프로그램은 MIT 학생에게 주어진 가장 어려운 문제 54개 중 52개를 해결했다.

흥미와 열정을 보여주어라

보도자료는 흥미를 유발할 수 있다. 인용된 사람들이 뉴스를 얼마나 흥미롭게 생각하는지, 그들의 표현에서 열정을 보이도록 표현하라.

이야기에서 약어와 전문용어를 제거하라

같은 분야의 사람들도 마음대로 사용하는 약어와 전문용어를 이해하지 못할 수 있다. 따라서 약어와 전문용어를 사용하지 마라. 그리고 익숙하지 않은 약어와 전문용어를 사용할 경우, 엘리트주의자로 비추어져 비호감으로 보일 수 있다.

사진을 포함하라

사진을 사용하면 세부 사항을 전달하고, 사람이 담긴 사진은 이야기를 더욱 생생하게 만든다.

▶ 4-1 매사추세츠주의 캠브리지에 있는 MIT 학생들. (캐런 프렌더개스트의 이미지 제공)

관련된 이야기를 제공하라

당신이 보낸 예시 보도자료는 컴퓨터 저널에는 적합할 수 있지만,

아스팔트 포장 기술 저널에는 적합하지 않을 수 있다. 저널리스트와 그들이 다루는 내용을 알아두어라. 그들이 사용할 수 없을 내용을 보내서 짜증나게 하지 마라.

교전수칙을 알아두어라

대부분의 저널리스트는 명예로운 사람들이다. 그래서 그들이 요청을 받아들일 거라고 말한다면, 대부분 그 요청은 이행되는 편이다. 하지만 절대로 가정해서는 안 된다. 예를 들어 특정 날짜 이전에 이야기를 게시하고 싶지 않다면, 해당 기관과 기사 게재 시점을 준수하는지 확인해야 한다.

알아야 할 사항

- 필요한 항목이 담긴 표준 보도자료 양식을 사용하라. 소속기관을 설명하고, 자세한 정보를 구할 수 있는 대상과 방법을 파악하고, 기사 게시가 허용되는 시기를 설명하라. 헤드라인을 제시하고, 이야기를 전달하고, 소속기관이 하는 일을 설명하고, 가능하면 사진을 제공하라.
- 환상적으로 도발적인 헤드라인을 포함하라.
- 누구, 무엇을, 언제, 어디서, 왜 공식을 준수하라.
- 비전, 단계, 뉴스, 기여사항을 파악하라.
- 의견이나 성찰을 표현하는 인용문을 포함하라.
- 세부 사항이 사람을 매료시킨다는 사실을 기억하라.
- 관련성 있는 이야기를 하라.
- 이야기가 다듬어질 것을 예상하라.
- 약어를 해당하는 의미로 바꾸어라.

5장
리뷰를 작성하는 방법

이번 장에서는 논문이나 책에 관한 리뷰를 작성하는 법을 배워 보자. 논문이나 책에 대한 리뷰에는 표준 항목과 몇 가지 추가 핵심 항목을 포함한다.

VSN-C 항목을 평가하라

문헌 검토를 비롯하여 많은 종류의 리뷰가 있다. 이번 챕터는 논문이나 책을 리뷰하는 방법을 담고 있다. 이러한 리뷰는 요약과 세부 정보, 그리고 평가와 전체 글을 읽어야 할 대상에 대한 의견이 포함되어 있다. 표준화된 비전, 단계, 뉴스, 기여사항을 사용하여 요약을 구성할 수 있지만 포함할 내용과 위치는 자유롭게 선택할 수 있다.

다음 예시는 설명을 위해 만든 것으로, 마빈 민스키가 쓴 논문을 리뷰한 것이다. 민스키의 선구적인 기여 중 하나로 여겨지는 K-라인 논문은, 결국《마음의 사회The Society of Mind》(2019년 국내 출간)로 출간되었다.

민스키의 선구적인 논문인《K-라인 : 기억 이론 K-lines : A Theory of Memory》에서 그는 우리가 인간 지능을 이해하려면 다음의 4가지 질문에 답해야 한다고 말한다. | 비전

정보는 어떻게 표현되는가?

정보는 어떻게 저장되는가?

정보는 어떻게 검색되는가?

정보는 어떻게 사용되는가?

민스키는 기억의 기능은 새로운 문제에 직면했을 때 이전에 비슷한 문제를 해결했을 때의 상태로 돌아갈 수 있도록, 마음의 상태를 재창조하는 것이라고 대답한다. | 기여사항

K-라인은 지식 라인의 줄임말로, 지각 에이전트가 피라미드처럼 얽혀 있는 전선 같은 요소로, 지각 에이전트는 아래에서 위로 올라오는 정보를 처리한다. K-라인은 활성화된 지각 에이전트로부터 충분히 자극을 받으면, 다른 지각 에이전트를 이전 상태로 돌려 마음 상태를 재창조한다. | 단계

이 후속 연구에서 민스키는 지각 에이전트 피라미드를 반영하는 지식 에이전트 피라미드를 가정한다. 활성화된 K-라인은 지식 피라미드 에이전트를 자극하고, 지식 피라미드 에이전트는 자극을 다른 지식 피라미드 에이전트로 전달하며, 이 에이전트는 다른 K-라인을 통해 다시 지각 피라미드로 자극을 전달한다.

단계

K-라인 아이디어는 민스키가 인공지능에 가장 크게 기여한 사항 중 하나이다. 인간의 문제 해결 모델에 관심이 있다면 이 논문을 읽어야 한다.

평가와 읽어야 할 대상

논문을 읽어야 할 대상을 설명하라

민스키의 리뷰는 누가 그 논문을 읽어야 하는지에 대한 의견을 제공한다는 점을 주목하라. 연구에 장점이 있다고 생각할 때마다 정확히 그 전체 연구를 읽어야 할 대상이 누구인지 구체적으로 언급해야 한다. 독자가 설명이 정확하다고 느낄수록 독자를 설득할 가능성은 높아진다.

세부 사항을 제공하라

세부 사항은 설득력이 높기 때문에, 롭 웨슨Rob Wesson의 책《다윈의 첫 번째 이론 : 다윈의 지구 이론 탐구》(2017)를 읽고 쓴 다음 리뷰에서는 해당 연도와 장소, 구불구불한 길, 죽은 홍합, 감자밭을 언급한다.

나는 롭 웨슨을 MIT 학부생 시절부터 알고 지냈다. 　　뉴스와
나는 웨슨이 뛰어난 지구과학자가 되리라고 확신했지만, 　평가
뛰어난 저자가 될 가능성은 생각해본 적이 없었다. 그런
데 이제 확실한 증거가 생겼다. 그는 훌륭한 작가이다.

　　다윈의 첫 번째 이론은 여러 가지로 나를 기쁘게 　　이야기로
한다. 그가 진화론자가 되기 전 자신의 삶에 초점을 맞 　표현된
춘 다윈의 전기, 다윈의 지질학 중심의 여행을 되짚어보 　비전
는 웨슨의 자전적 이야기, 2010년 칠레 대지진이 다윈을
매료시킨 1835년 지진을 떠올리게 했던 이야기, 현장에
있었던 일부 사람들의 이야기는 여러 가지로 즐거움을
준다.

　　다윈은 다른 많은 사람들과 마찬가지로 인생에서 　　기여사항
무엇을 하고 싶은지 결정하는 데 조금 늦었고, 시골 목사
가 되라는 부모의 압력을 받았다. 그러다가 지질학에 대
한 열정을 발견하고 여러 가지 이론을 세웠으며 그중 일
부는 옳고 일부는 틀렸다. 웨슨은 이 모든 것을 최고의
미스터리 작가의 솜씨로 묘사한다. 초반에 호기심을 불
러일으키면서도 이야기가 어떻게 끝날지 끝까지 추측할
수 없을 정도이다.

웨슨은 시종일관 다윈이 좌절과 논쟁, 때때로 힘든 감정을 겪었던 과정을 설명하면서, 당시 과학이 작동했던 방식과 오늘날에도 여전히 작동하는 인간적인 면모를 드러낸다.

기여사항

웨슨은 다윈 이야기를 하면서 동일한 지질학적 특징을 조사하기 위해 떠난 웨슨 자신의 여행 이야기를 중간중간 삽입한다. 웨슨은 직접 구불구불한 길을 따라 달려가 줄지어 늘어선 죽은 홍합이 해안 융기에 대한 이야기를 들려주는 곳을 찾는 것처럼, 모든 것이 생생하게 느껴지도록 적절한 수준의 세부 사항을 제공한다.

단계

세계에서 가장 중요한 과학자 중 한 명인 다윈이 어떻게 발전했는지 알고 싶다면 이 책을 읽어봐라. 과학이 작동하는 방식에 대한 인간적인 면모를 살짝 엿보고 싶다면 읽어봐라. 과학자가 되고 싶다면 읽어봐라. 지구과학자들이 감자밭에 구멍을 파고 쓰나미로 퇴적된 모래층을 찾을 때 얼마나 흥분하는지 궁금하다면 읽어봐라.

읽어야
할 대상

알아야 할 사항

- 표준화된 비전-단계-뉴스…기여사항 항목을 포함하라.
- 평가를 포함하라.
- 논문을 검토해야 할 대상에 대해 구체적으로 설명하라.
- 세부 사항은 설득력을 높인다. 몇 가지 세부 사항을 포함하라.

> 모든 사람을 칭찬하는 사람은
> 아무도 칭찬하지 않는 사람이다.

새뮤얼 존슨 Samuel Johnson | 영국 시인이자 극작가, 전기 작가, 사전편찬자

6장
추천서를 작성하는 방법

이번 장에서는 추천과 관련된 핵심, 즉 대학원 입학, 학계 직업 또는 학술상 수상자를 추천하는 일처럼 특별한 사례에 대해 배워보자.

폭넓게 적용할 수 있는 원칙을 따르라

물론 추천서를 쓸 때도 VSN-C 프레임워크를 사용해야 한다. 또한 추가적인 핵심 사항을 포함하고, 영향력을 줄일 수 있는 의도치 않은 항목을 배제하는 데 주의해야 한다.

비전, 단계, 뉴스, 기여사항 항목을 포함하라

입학, 취업, 수상 등 누군가를 위해 추천서를 작성하는 것은 지원자의 역량을 판매하는 것이다. 그래서 추천서의 목적은 지원자가 비전이 있고, 그 비전을 이행하는 데 필요한 자질이 있다는 사실을 입증하는 것이다. 물론 비전의 특성은 다양하다. 대학원 입학을 위한 추천서는 지원자가 하고 싶은 연구와 그의 명확한 역량에 중점을 두어야 할 것이다. 그리고 취업을 위한 추천서는 전망, 능력, 성장동력을 언급해야 한다. 승진이나 수상을 위한 추천서라면 잠재력이 아니라 성과를 강조해야 한다.

그라이스의 격언을 존중하라

추천할 때는 목표 대상의 기대치를 존중해야 한다. 영국의 언어학자 폴 그라이스Paul Grice는 자연스러운 대화가 이루어지기 위해 필요한 4가지 격언을 제안했다. 각 사항은 추천서에서도 의미가 있다. (Grice, 1989)

- **질**(증거가 없는 말을 하지 말 것) : 대부분 진실을 말해주길 기대하므로 절대로 거짓말을 해서는 안 된다. 근거가 있는 내용만 주장해야 하므로 만약 추측하고 있는 내용을 소개할 때는 반드시 추측이라고 밝혀야 한다.
- **양**(필요한 정보만 제공할 것) : 필요한 내용을 말해야 하므로 대상이 기대하는 수준의 세부 정보를 제공해야 한다.
- **관련성**(관련 있는 말을 할 것) : 관련성이 있는 내용만 넣는다. 관련성 없는 산만한 내용으로 대화를 어지럽히면 안 된다.

- **방법**(모호한 표현을 삼갈 것) : 모호한 표현은 삼가고 명확히 표현해야 한다.

대상이 기대하는 만큼 작성하라

물리학 동료 교수는 1페이지가 넘는 테뉴어* 추천서를 작성한 적이 없다고 말했다. 그의 분야에서는 추천서가 특정 하위 분야의 스타들을 순위대로 정렬하고, 후보자가 이 목록에서 어떤 위치에 속하는지 주장하기를 기대한다. 내가 속한 인공지능 분야에서는 한 페이지짜리 추천서는 열정이 없고 부정적인 것으로 간주된다. 열정적인 추천자는 몇 페이지에 걸쳐 상당히 자세히 설명할 것이라고 기대한다.

명확해야 한다

언젠가 한 동료가 사무실로 찾아와서 그가 쓰고 있는 추천서를 읽어봐 달라고 요청했다. 나는 그 추천서를 읽고 이렇게 말했다.

"추천서에 열정이 없어 보이네요. 당신이 원하는 건가요?" 그는 놀라워하더니 제대로 확인했다며 기뻐했다. 나는 그가 실제로 "…를 추천합니다…"라고 썼다는 점을 언급했다.

이런 단어는 필수 불가결한 단어이며, 일단 쓰면 어떤 수식어를 사용하면 좋을지 문제가 된다. 아무런 수식어도 쓰지 말까? 아니면

---

* 대학에서 교수의 직장을 평생 동안 보장해주는 제도

열정적으로? 더 열정적으로? 최대한 열정적으로? 추천 문장은 신중하게 읽히고 많은 해석을 시도할 것이기 때문에 신중하게 선택해야 한다. 내가 읽은 추천서 중에서 가장 모호하지 않은 추천서는 이렇게 마무리되었다.

"만약 내가 당신에게 X를 인정하도록 설득하지 못했다면, 저는 제 일을 다 하지 못한 것입니다. 그러니 알려주시면 더 열심히 노력하겠습니다."

스토리텔링을 하라

누군가에 대해 흥미롭거나 놀라운 이야기를 포함할 때 2가지 목적을 달성할 수 있다. 먼저 실제로 그 사람을 잘 알고 있다는 점을 입증하고, 그다음 일종의 참조 기능을 제공한다.

학부생 시절 라오 박사가 처음 나를 찾아왔을 때, 나는 그에게 니어-미스 학습과 관련된 문제를 연구해볼 것을 제안했다. "학습 프로그램의 진화하는 모델에 가까운 예가 없는데 학습 프로그램은 어떻게 학습할까?"라고 내가 물었다. 나는 이 문제를 몇 달 동안 생각해 왔지만 아무런 성과가 없었다. 놀랍게도 라오 박사는 2주 후에 해결책을 가지고 돌아왔.
"무엇을 생각해 봤나?" 내가 물었다. 그는 "니어 미스 그룹이요."라고 말하며 자신의 세련된 솔루션에 붙인 이름을 알려주었다.

지원자의 직함과 성을 사용하라

논란의 여지가 있지만, 나는 누군가를 추천할 때 그들을 성으로 언급한다. 추천자를 나와는 친분이 없는 객관적인 사람으로 잘 알지 못하는 것처럼 보이고 싶기 때문이다. 그래서 절대로 이름이나 애칭을 부르지 않는다. 따라서 추천서의 서두에서 수잔 씨나 패트릭 씨를 추천하기 위해 글을 쓴다고 말하고, 수잔이나 패트릭처럼 이름만 부르지는 않는다. 내가 의사결정자일 때 수지나 팻이라고 애칭을 부르는 추천서가 있다면 나는 당연히 그 추천서를 낮게 평가한다.

추천서 요청은 신중하게 생각하고 결정하라

많은 추천서를 보면 "주저하지 말고 연락주세요." 하면서 끝난다. 글을 읽는 일부 사람들은 이런 문장을 보면 "나는 실제로 이 후보를 별로 좋아하지 않지만 추천서를 거절하고 싶지는 않습니다. 그러므로 전화 주시면 실제로 어떻게 느끼는지 말씀드리겠습니다."라는 의미로 받아들일 수도 있다.

물론 추천자가 실제로 열정적이지 않다면 추천서를 아예 쓰지 말아야 한다. 지원자에게 도움이 될 만한 추천서를 쓸 수 없을 것 같다고 솔직하게 말하라.

대학원 입학은 연구 잠재력의 증거에 집중하라

대학은 균형 잡힌 인재를 양성하는 것이 목표인 전문가들을 통해 진행되고, 미래의 시인이나 운동선수, 작가, 학자, 기업가 등 세상에

빛을 발하는 역할을 할 다양한 인재들이 입학한다.

대학원은 연구 프로그램을 강화하는 것이 목표인 교수진을 통해 입학이 진행된다. 그들은 연구와 무관한 학부 활동에는 관심이 없으니 학부 때의 활동을 강조하지는 마라. 짧은 한 단락만으로 지원자가 쌓아온 다양한 경험을 명확하게 보여줄 수 있지만, 반대로 별다른 관심을 끌지 못할 수도 있다.

특히 성별에 영향을 받지 않도록 주의하라. 남성 지원자를 '매력적'이라고 부르지 않는다면, 여성 지원자도 그런 식으로 묘사하면 안 된다.

학계 구직은 비전과 진전에 집중하라

의사결정자는 지원자가 조직을 더욱 좋아지게 만들 것을 기대하면서 일자리를 제공한다. 특히 대학은 단기적 명성을 개선하는 측면에서 생각하기에 의사결정자는 지원자가 수행하는 업무에 영향을 줄 사람이길 바랄 것이다. 따라서 추천서에 지원자가 비전을 달성하고자 일련의 단계를 진행하고 있으며, 중요한 단계가 얼마 남지 않았다는 사실을 강조해야 한다.

일반회사 구직은 최근 성과에 집중하라

회사에 입사하면 그 전에 무슨 일이 있었는지 신경 쓰는 사람은 아무도 없다. 구직자는 학부 총학생회 회장이나 펜싱팀 주장을 한 경험이 있을 수 있지만, 이런 성공이 어떤 식으로든 미래의 성공을 보장한다고 주장하지 않는 한 아무도 신경 쓰지 않는다. 의사결정자가 알고 싶은 것은 지원자가 회사를 위해 무엇을 할 수 있느냐이다.

경력직 지원자라면 현재 의사결정자에게 구직 사실을 비밀로 하고 싶을 것이기에 자신이 주요 추천자가 될 가능성이 높으며, 이런 상황에서는 이력서에 자랑할 만한 성과를 기술해야 한다. 그러므로 이력서를 쓸 때 최근 성취한 성과에 집중하라.

- 5명의 엔지니어로 구성된 프로젝트팀을 관리함.
- 입사 첫해에 매출을 25% 증가시킴.
- 매우 성공적인 2,500만 달러 규모의 마케팅 캠페인을 개발함.

또한 구하고 있는 직무와 관련된 목표가 담긴 단락을 포함하라. 자신의 목표가 회사의 성공에 확실하게 도움을 준다는 사실을 나타내야 한다.

수상을 위해서는 영향과 영감에 집중하라

의사결정자는 자신의 조직에 명예를 가져다줄 만한 후보자에게 상을 수여한다. 따라서 의사결정자에게 추천서의 후보자를 선택하는 것이 현명한 결정이라는 확신을 심어주어야 한다. 그러려면 수상 후보자는 영향력이 있어야 되니 후보자의 영향력을 설명해야 한다.

누가 감명을 받았는지, 그 이유는 무엇인지, 누가 다음 단계를 수행하고 있는지, 어떤 곳에서 그 아이디어를 사용하고 있는지에 대해 작성할 수 있다. 이렇게 하면 의사결정자는 자신의 선택이 인정받을 것이고 올바른 결정이라고 생각할 수 있다.

후보자의 추천서 작성자에게 미친 영향력을 함께 설명함으로써 한 단계 더 나아갈 수 있고 더 좋은 성과를 이끌어낼 수 있다.

다음은 내가 시몬 울먼을 예술, 과학 및 문화 부문 에메트 상 수상자로 추천하면서 쓴 편지에서 발췌한 내용이다.

제가 울만 박사의 연구에 대한 특별한 사례를 인용한 이유는 두 가지입니다. 첫 번째로 울만 박사의 뛰어난 기여사항에 대한 몇 가지 예를 제시하기 위해서입니다. 두 번째로 이러한 기여사항이 개인적으로 저에게 미친 영향을 통해, 컴퓨터-비전 커뮤니티를 넘어 동물과 인간의 지능에 대한 계산적 설명 개발에 과학적 열정을 쏟는 연구자에게도 그 영향이 미친다는 것을 보여주기 위해서입니다.

이야기할 주요 포인트를 요청하고 제공하라

만약 누군가의 추천서를 써주기로 동의했다면 그 사람에게 자신을 소개할 요점 목록을 요청한다. 지원자의 특별한 자질을 자기소개서나 학업계획서, 이력서에서 찾아낼 필요가 없어야 한다.

추천자는 지원자에게 자신도 알지 못하는 특별한 자질이 많이 있다는 사실을 의심하지 않는다. 그러므로 지원자가 이야기하는 요점을 백프로 신뢰할 것이다. 다소 말투가 무뚝뚝해 보여도 걱정하지 마라. 추천자는 모든 형용사를 조정해 가면서 검토할 것이다.

알아야 할 사항

- 지원자의 비전, 단계, 뉴스, 기여사항을 확실하게 밝혀라.
- 독자에 대한 예의로써 명확하고 모호하지 않게 작성하라.
- 주의사항으로 해석될 수 있는 문구는 피하라. 이러한 문구는 의도적인 모호함을 암시하기 때문이다.
- 추천서를 읽는 대상이 기대하는 만큼 작성하라.
- 지원자의 직책과 성을 사용하라. 이름, 특히 애칭과 별명은 피하라.
- 후보자라면 추천인에게 이야기할 주요 포인트를 제공하라.

대학원 입학을 위한 추천

- 후보자가 해당 연구진에 어떻게 기여할 것인지 설명하라.

학계 직업을 위한 다른 사람을 추천

- 후보자의 뚜렷한 비전, 단계, 뉴스 및 기여사항에 집중하라. 향후 예상되는 미래 기여도에 대해서도 이야기하라.

일반회사를 위한 추천

- 읽는 사람이 관심을 가질 만한 비즈니스 성과에 집중하라.
- 이전 성과가 아니라 현재 성과에 집중하라.

- 학위는 언급하되 향후 업무와 관련이 없는 활동은 넣지 마라.

수상 후보자를 위한 추천

- 후보자가 추천인에게 어떤 영향을 미쳤는지 설명하라. 특히 그 영향이 영감을 주었다면 더욱 그래야 한다.

"
사람들과 대화할 준비를 할 때,
저는 3분의 2는 그들이 듣고 싶은 말을 생각하고,
나머지 3분의 1은 제가 하고 싶은 말을 생각합니다.
"

에이브러햄 링컨 Abraham Lincoln | 미국 정치인이자 변호사, 제16대 대통령

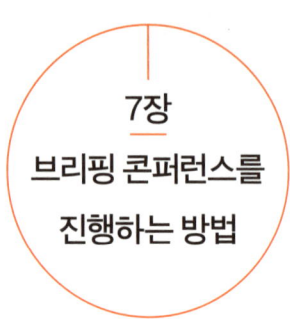

7장
브리핑 콘퍼런스를 진행하는 방법

이번 장에서는 브리핑 콘퍼런스 참가자가 만족스럽게 콘퍼런스를 칭찬하면서 집으로 돌아갈 수 있도록 보장하는 방법을 알아보자. 몇 가지 필수 사항, 특히 참가자가 무슨 일이 있었는지 보고하는 데 도움이 되는 필수 사항에 주의를 기울이면, 브리핑 콘퍼런스를 성공적으로 진행할 수 있다.

관련성이 있어야 한다

브리핑 콘퍼런스는 산업계 참가자에게 연구의 최전선에서 진행되고 있는 내용을 소개한다. MIT 산학협동 프로그램(MIT ILP)은 회원사에게 MIT 연구 개발 현황을 알리고 현재 업계에 영향을 미치는 이슈를 논의하기 위해 매년 3~4회 산업계 중심의 브리핑 콘퍼런스를 개최한다. 일반적으로 각 MIT ILP 콘퍼런스는 하루나 이틀 동안 진행되며, MIT 교수진과 연구진의 프레젠테이션과 비공식 토론 및 사교의 기회로 구성된다.

나는 ILP와 함께 '인공지능의 재발명Reinventing Artificial Intelligence'에 관한 브리핑 콘퍼런스를 진행했다. 당시에는 인공지능의 겨울이라고 이야기하는 사람들, 즉 회의론자가 많았기 때문에 콘퍼런스의 목적은 사람들에게 봄이 왔다는 사실을 알리는 것이었다. ILP 사람들도 좋은 아이디어라고 생각해서 하루 반나절 동안 MIT와 업계에서 온 연사들과 함께 행사를 진행하기로 결정했다.

당연히 콘퍼런스를 성공적으로 개최하려면 무엇이 필요한지 몹시 알고 싶었다. 이상하게도 MIT 주변에서 이런 생각을 하는 사람은 많지 않았지만, 내게 "아이라 알터만Ira Alterman을 만나봐야 한다."라고 말하는 사람은 많았다. 아이라 알터만은 엄선된 메일링 리스트를 판매하는 지역 회사에서 일하고 있었고, ILP는 종종 아이라의 회사를 통해 적절한 사람들에게 책자를 배포했다.

그래서 나는 아이라를 만나러 갔다. "아이라, 어떻게 해야 할까요?" "오, 간단해요. 두 가지만 하면 됩니다." 그가 말했다.

"각 강연을 '비즈니스 메시지'라는 제목의 슬라이드로 끝내고, 참가자들에게 모든 슬라이드의 사본을 제공하세요."

비즈니스 메시지 슬라이드를 요구하라

각 강연이 '비즈니스 메시지'라는 제목의 슬라이드로 끝나야 하는 이유는 무엇일까?

아이라는 학자들이 종종 자신이 수행하는 연구에 너무 흥분한 나머지 참가자들이 새로운 기술을 어떻게 사용할 수 있는지 배우려고 참석한다는 사실을 잊는다고 설명했다.

각 강연이 '비즈니스 메시지' 슬라이드로 끝나면, 참가자들에게 실제로 비즈니스와 관련이 있다는 점을 알릴 수 있다. 그리고 어쩌면 더 중요한 것은 발표자 자신이 어떤 비즈니스 메시지가 있는지를 생각해볼 수 있다는 점이다.

그래서 '비즈니스 메시지' 슬라이드가 특별한 종류의 기여사항 슬라이드 역할을 한다고 결론을 내리고, 모든 발표자에게 마지막 슬라이드로 '비즈니스 메시지'를 준비하도록 압박하기로 결정했다. 그리고 나의 소개 개요 강연에도 하나 추가했다.

비즈니스 메시지

- AI가 돌아왔다
- 마이크로소프트, 디즈니, 제너럴 일렉트릭의 증거
- 하드웨어가 차이를 만든다.
- 더 이상 하나의 아이디어만 있는 분야가 아니다.

▶ 소개 개요에서 비즈니스 메시지 슬라이드로 마무리했다.

나는 마지막 슬라이드에서 전체 콘퍼런스는 AI가 다시 중요해졌다는 점, 마이크로소프트와 디즈니, 제너럴 일렉트릭 등의 연사가 제시한 증거가 있을 것이라는 점, 더 강력한 컴퓨터가 이를 가능하게 하고 있다는 점과 규칙 기반 시스템 아이디어가 더 이상 현실 세계에서 중요성을 갖는 유일한 아이디어가 아니라는 점을 보여주었다는 사실을 강조했다.

참가자에게 슬라이드 사본을 제공하라

"두 번째로, 참가자에게 모든 슬라이드의 사본을 제공하세요."

아이라가 말했다. 이 부분은 약간 이상하게 들렸다. 바쁜 사람들이 자신이 들었던 강연을 리뷰하는 데 시간을 쓴다는 것을 상상할 수 없었기 때문이다. 그러나 아이라는 자신이 무슨 말을 하는지 아는 것 같았다. 발표 시간까지 모두 슬라이드 작업을 하고 있었지만, 작업이 끝나자마자 나는 그들에게 발표 자료 사본을 요청하였다. 그리고 보조직원을 고속 복사기로 보내, 매 휴식시간에 800명의 참가자에게 사본을 제공했다. 발표자에게 슬라이드를 배포해도 되는지 미리 물어보고, 원하는 경우 각 슬라이드에 저작권 고지 또는 배포 제한을 포함하도록 제안했다.

출장보고서의 주요 아이디어를 파악하라

나는 모든 일이 꽤 잘 돌아가고 있다고 생각했다. 그래서 첫날 저녁에 아주 기분 좋게 콘퍼런스 리셉션에 들어갔다. 나는 참가자 한 명에게 회의가 재미있냐고 물었다. 그는 "글쎄요. 괜찮긴 한데, 미디어 랩에서 운영하는 콘퍼런스만큼 좋지는 않아요."라고 말했다. 이런. "왜 그렇죠?" 나는 그의 마음을 바꿀 수 있기를 바라며 물었다.

"미디어랩 콘퍼런스에서는 소장님이 가끔씩 일어나서 요점을 잘 요약해 주셨거든요."

그때 깨닫게 되었다. 왜 모든 강연이 '비즈니스 메시지' 슬라이드로 끝나야 하는지, 왜 참가자에게 모든 슬라이드 사본이 필요한지, 왜 가끔씩 큰 아이디어를 요약해야 하는지, 갑자기 깨닫게 되었다. 참가자는 집에 돌아가면 출장보고서를 작성해야 했던 것이다.

나는 새벽 4시에 일어나 둘째 날 아침의 주요 메시지 프레젠테이션을 준비했고, 회의의 마지막 휴식시간 직전에 그것을 전달했다. 나는 "MIT의 찰스 베스트Charles Vest 총장님이 저에게 이곳에서 일어난 일의 핵심을 말씀해 달라고 요청하셨습니다. 여러분이 돌아가셔서 사람들에게 무엇을 말씀하실지 잘 모르겠지만, 제가 총장님께 말씀드릴 내용은 다음과 같습니다. 그리고 방금 웹사이트에 모든 비즈니스 메시지 슬라이드와 함께 이 모든 슬라이드를 올려두었습니다. 필요하신 용도로 자유롭게 활용하시기 바랍니다."

그렇게 나는 출장보고서의 슬라이드를 작성해 주거나, 적어도 각자의 감상에 맞게 조정할 수 있는 출발점을 제공했다. 참가자들은 이를 고마워하는 것 같았다. 이어진 휴식시간에 콘퍼런스 평가서를 작성했을 때, 그들은 역대 ILP 콘퍼런스 중 가장 높은 점수를 주었다.

알아야 할 사항

- 브리핑이 끝난 후 편리한 시점에 모든 브리핑 슬라이드의 사본을 제공하라.
- 각 프레젠테이션은 기여사항 슬라이드로 마무리하라. 비즈니스 청중이 대상인 브리핑 콘퍼런스의 경우, 기여사항 슬라이드의 제목은 '비즈니스 메시지'여야 한다.
- 참가자가 기억했으면 하는 내용에 초점을 맞추어 주요 아이디어를 요약하라.

8장
패널 토론을 진행하는 방법

패널 토론은 지루한 오프닝 멘트, 장황한 소개, 사회자의 준비 부족 등으로 대체로 실패하는 경우가 많다. 이번 장에서는 패널 토론에 실패하지 않고 성공적으로 이끌어나가는 진행 방법을 배워보자.

패널을 테이블 세 개에 앉혀라

청중은 이해하기 어렵고 급하게 진행되는 지루한 대화를 보는 것이 아니라, 자신이 참여하는 대화를 목격하고 있음을 명심하라.

대화는 4~6명 이내로 진행하되 그 이상은 안 된다. 패널은 개방된 U자형 구조로 배열된 테이블 뒤에 앉아야 한다. 특히 패널이 무대에 앉는 경우, 패널의 편의를 위해 앉은 사람의 다리가 안 보이게 책상 앞에 대는 일종의 가림막이 있어야 한다. 패널에게는 목마르지 않도록 물이 필요하고, 패널이 진행하면서 하고 싶은 말을 작성할 수 있도록 종이와 연필을 준비한다.

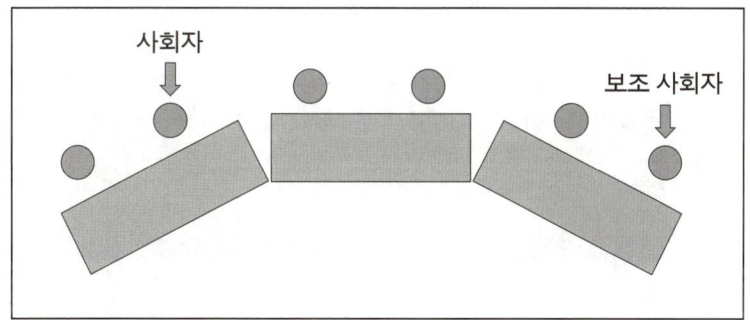

▶ 8-1 형태가 중요하다. 패널을 청중과 원 안에 있는 것처럼 배치하라.

사회자를 테이블에서 패널 사이에 배치하되, 중앙이나 끝에 배치하지 않도록 주의하라. 이렇게 하면 사회자가 토론의 일부라는 느낌을 줄 수 있다. 때로는 보조 사회자를 두는 것이 도움이 될 수 있는데, 이렇게 하면 사회자가 현재 질문을 처리하는 동안 보조 사회자가 다음 질문을 생각할 수 있다. 사회자와 가장 멀리 떨어진 끝에 보조 사회자를 배치하여 사회자가 중앙에 있지 않도록 하고, 대칭이 맞지 않는 것을 방지한다.

패널 회원을 간략하게 소개하라

사회자는 패널 멤버를 소개해야 한다. 패널에게 자기소개를 요청하면 패널은 무슨 말을 얼마나 해야 할지 모른다. 그들의 의견이 중요한 이유를 한두 문장으로 제한하여 소개하라. 더 많은 말을 하면 청중이 귀를 기울이지 않을 것이다. 나중에 각 패널 멤버의 산출물, 연구 및 배경에 대한 유용한 세부 정보를 질문에 추가할 수 있다.

- 마빈, 수년 동안 K라인을 연구하였는데, 혹시 …한 적이 있나요?
- 패트릭, 마빈의 제자였는데, 우리에게 …를 말해줄 수 있나요?
- 수잔, 논문에서 x의 경우 …로 작성한 이유가 무엇인가요?

오프닝 멘트를 금지하라

어느 순간 누군가가 이렇게 말할 것이다. "오프닝 멘트로 패널을 시작하죠. 각 패널에게 5분의 시간을 줍시다."

　5분이라는 시간은 좋은 생각이 아니라고 정중하게 말하는 방법을 찾아야 한다. 그 이유는 이렇다. 참가자는 어떻게 하면 5분 안에 발언을 마칠 수 있을지 고민할 것이고 물론 실패할 것이다. 슬라이드가 너무 많고 각 슬라이드에 단어가 너무 많아 결국 발표 내용을 이해할 수 없을 것이다. 사회자는 긴장해서 좌석 앞쪽으로 몸을 움직이기 시작한다. 절대로 그만두지 않는 발표자가 그만두기를 바라면서 말이다. 긴장된 분위기가 감돈다. 실제 토론이 시작되기도 전에 그렇게 한 시간이 쉽게 지나갈 수 있다.

　모두가 더 잘 알고 있어야 한다. 텔레비전 토론이나 타운홀 미팅*에서는 슬라이드가 있는 오프닝 발언이 없다. 정치인은 기껏해야 1분 정도 발언권을 얻는데, 이는 일반적으로 흥미롭지 않다.

사회자는 발언자가 하고 싶은 말을 할 수 있도록 질문만 하는 것이 좋다. 그렇게 하면 자연스러운 토론처럼 보인다. 하지만 패널로 참여했는데 사회자가 오프닝 멘트를 원한다면 어떻게 해야 할까? 이렇게 말하면서 시작하라. "가능한 한 질문과 답변에 집중할 수 있도록, 오프닝 멘트를 짧게 하는 것이 가장 좋을 것 같습니다." 그런 다음 관련된 엘리베이터 피치를 하라.

오프닝 멘트가 있는 패널에 참석할 때 나는 사회자에게 마지막 순서로 발언해도 되는지 물어본다. 그러면 "시간이 촉박하니 제 오프닝 발언은 생략하고 바로 질문과 답변으로 넘어가는 게 좋을 것 같습니다. 첫 번째 질문부터 시작하겠습니다."라고 말할 수 있는 선택지가 생긴다.

질문을 준비하라

오프닝 발언을 피해야 하는 또 다른 이유가 있다. 오프닝 발언은 패널 참가자에게 부담이 된다. 참가자는 오프닝 발언을 제대로 해야 한다는 생각에 긴장할 수 있고 이런 긴장감은 자연스러운 흐름을 방해한다. 하지만 패널에게 어떤 요점을 전달하고 싶은지 미리 물어보라. 그런 다음 필요하면 그들이 그 질문에 자연스럽게 대답하는 것처럼 요점을 끄집어내는 질문을 던질 수 있다. 물론 사회자도 어

---

* 국회나 지역 의회에서 활동하는 정치인이 지역구 주민과 만나는 방법

떤 요점을 전달하고 싶은지 생각해보고, 그 요점을 끄집어낼 수 있는 질문을 준비해야 한다.

강연대를 피하고 푹신한 좌석을 없애라

오프닝 멘트나 슬라이드가 없으므로 강연대도 없어야 한다. 패널 중 한 명이 강연대를 발견하고 사용하려고 시도하는 것은 원치 않을 것이다.

거실에서 볼 수 있는 편한 의자는 피하라. 잘 모르는 사람들은 그런 의자가 패널을 편안하게 해준다고 생각하지만, 그렇지 않다. 패널은 청중에게 어떻게 보일지 궁금해하며 의자에 앉게 된다. '다리를 꼬아야 할까?' '팔은 어떻게 하지?' 그렇기에 편안한 의자는 패널에게 절대로 편안하지 않다.

당황스러운 질문을 던져 논쟁을 시작하라

마지막으로 정치 토론을 언제 시청했는지 기억해 보라. 사회자는 텔레비전 시청자가 사람들이 곤란해하고 싸우는 모습을 보고 싶어 한다고 여긴다. 우리 모두는 어느 정도 엿보기를 좋아하는 부류에 속하기 때문이다.

패널에게 일이 왜 그렇게 느리게 진행되고 있는지 물어보라. 그리고 다른 패널이 틀린 이유를 물어보라. 돌이켜보면 우스꽝스러운 인용문을 읽어보라. 현재 진행 중인 일에 심각한 위험성이 있는지 물어보라.

카드에 질문을 적어 제출하게 하라

청중이 많으면 누군가가 바보 같은 질문이나 장황한 질문을 할 수 있고, 또는 원하지 않는 방향으로 질문할 수 있다. 그런 청중에게 마이크를 대고 싶지는 않을 것이다. 누군가가 주기적으로 위아래로 돌아다니며 카드에 적힌 질문을 수집하게 한 다음, 인기 있는 질문이나 최고의 질문 또는 통합적인 질문을 하는 방향으로 질문을 분류할 수 있다. 보조 사회자가 일련의 질문을 다루는 동안 이 작업을 수행할 수 있다.

토론을 한 시간으로 제한하라

당신은 청중이 더 많은 토론이 있었으면 하는 것을 바라지, 토론이 빨리 끝나길 바라는 것은 아닐 것이다. 1시간이면 충분하다. 90분은 일반적으로 너무 많다. 오프닝 발언이 있다면 90분이 필요하겠지만, 대부분 오프닝 발언을 원하지 않을 것이다.

토론이 끝나면 요약을 제공하라

할당된 시간이 끝나면 당신이나 지정된 사람이 패널 토론에서 배운 내용을 사람들에게 정리하고 요약해서 말할 수 있다.

많은 질문을 준비했고 아마도 예상되는 답변을 알고 있기 때문에, 요약의 대부분을 미리 준비할 수 있다. 흥미로운 질문과 답변이 나오면 조정할 수도 있다.

알아야 할 사항

- 패널이 서로에게 이야기할 수 있도록 좌석을 배치하라.

- 보조 사회자와 협력하여 흐름을 유지하라.

- 오프닝 멘트를 생략하고, 각 발표자를 직접 소개하라. 그다음에 각 발표자에게 질문을 시작하라.

- 토론과 논쟁을 자극하는 질문을 준비하라.

- 강연대와 푹신한 좌석을 없애라.

- 토론을 한 시간으로 제한하라.

"
가끔 운이 좋아서 글쓰기가 더 잘 풀릴 때가 있다.
"

어니스트 헤밍웨이 Ernest Hemingway | 미국 언론인이자 소설가, 단편 소설가

9장
블로그를 작성하는 방법

우리 인간은 이야기를 사랑한다. 인기 있는 블로그는 대체로 좋은 이야기를 들려준다. 이번 장에서는 블로그를 작성하고 읽는 것을 즐겁게 만드는 방법을 배워보자.

작성할 블로그의 종류를 결정하라

설득 목적으로 블로그를 작성할 수 있다. 이런 경우에는 블로그를 비전-단계-뉴스…기여도 프레임워크로 작성해야 한다. 그리고 슬로건, 심벌, 눈에 띄는 아이디어, 서프라이즈, 이야기를 포함해야 한다. 교육 목적으로도 블로그를 작성할 수 있는데 이때는 역량 강화에 대한 약속으로 시작하여 약속을 이행하는 것으로 마무리해야 한다.

설득이나 교육 목적이 아니라 단순히 이야기하기 위한 목적일 수도 있다. 자신이나 소속기관이 친구나 고객, 동문, 관심사를 공유하는 사람들과 계속 연락하고 싶어서 이야기할 수도 있다. 서비스를 칭찬하거나 비판하는 리뷰를 하고 싶어서 이야기할 수 있으며, 즐겁고 창의적인 예술 형식에 참여하는 것을 즐기기 때문에 이야기할 수도 있다.

현지 색채를 담아 스토리텔링하라

우리는 온갖 종류의 이야기를 좋아하는 속성이 있다. 특히 블로그에서 재미있거나 흥미로운 사람과 장소 등에 관한 이야기를 주로 하는 편이다.

다음은 MIT가 150주년을 기념하던 시절에 MIT 동문회 블로그인 'Slice of MIT'에 내가 쓴 우리 학교 소식에서 발췌한 글이다.

> 옛날 방식인 우편배달로 초대장을 받았다. 내용은 "특별한 오찬에 여러분을 정중하게 초대합니다… 폴 그레이."였다. 참석 자격은 MIT에서 어떤 형태로든 50년을 보낸 사람들이었다.
> 나는 교수 클럽의 작은 식당에서 소수가 모이는 행사 정도, 아마도 15~20명 정도의 평생 멤버들이 참석할 것으로 예상했다. 그런데 실제로 150명이 참석했고, 그중 2~3명은 1940년 이전에 MIT에 입학한 분들이었다. 따라서 참석자들의 총 경험치를 추산해 보면 무려 8,000년이 되었다. 그 경험치를 일렬로 나열한다

면 캠브리지가 빙하 덮개 아래에 있던 시기와 비슷할 것이다.

우리는 점심 식사 시간에 오픈 마이크를 통해 추억을 회상하는 시간을 가졌고, 토니 프렌치Tony French 교수는 아주 기이했던 데이지 사건을 회상하며 말했다.

토니가 MIT에 갓 부임해 가장 큰 강의실인 26-100에서 신입생에게 8.01 물리학 과목을 가르치던 어느 날 일어난 일이었다. 강의 도중에 갑자기 트럼펫 소리가 들려왔고 강의가 중단된 것에 짜증이 난 토니는 캠브리지 사투리로 "그만."이라고 외치고 강의를 계속했다. 그러나 잠시 후 다시 트럼펫 소리가 들리더니 모자를 쓴 젊은 여성이 데이지 한 다발을 들고 강당 뒤쪽에서 계단을 성큼 뛰어내려왔다. 그러더니 토니에게 데이지 한 송이를 건네고는 자리를 떠났다.

"여러분이라면 어떻게 했을까요?" 토니는 수사적으로 질문했다. 토니는 그날 하루 강의를 중단했다. 이 일로 인해 학생들의 불만이 상당했고, 학생들은 모두 1시간의 수업 손실에 대한 학비 환불을 요구했다.

발생한 일을 스토리텔링하라

일기에 식료품점에 다녀온 일만 기록한다면 지루할 수밖에 없다. 하지만 가끔은 무슨 일이 일어나고 있는지 궁금해하거나 비슷한 문제를 겪고 있는 다른 사람들에게 알려줄 만한 특이한 일이 일어날 때가 종종 있다. 특히 유머 포인트가 있는 경우에는 더욱 그렇다 :

4월 27일 나는 거의 매일 3~5km를 뛰고 있다. 오늘도 나는 숲속을 지나는 동안 뿌리와 바위를 조심스럽게 피해 가며 달렸다. 그러다 집에 돌아와서 계단에 걸려 넘어졌다. 극심한 통증이 있었지만 15초 정도 지나니 조금 괜찮아졌다.

그 후 며칠 동안 움직일 때, 특히 수직 자세로 일어날 때 꽤 아팠다. 그렇지만 헬스케어 전문가가 의사를 보기 전까지 2주 이상 걸릴 거라고 말했을 때 크게 걱정되지는 않았다. 나는 장인어른의 두 번째로 좋은 보행기를 이용해 비틀거리며 수업에 임했고, 학생들에게 계단에서 걸려 넘어졌다고 고백하며 '스포츠 관련 부상'을 입었다고 말했다. '스포츠 관련 부상'이라고 추측하는 것이 왠지 덜 부끄러워 보였고, 달리기를 끝낸 직후에 일어났기 때문에 연관성이 있다고 확신했다.

5월 5일 대퇴사두근이 긴장된 것 말고 다른 이상은 없는지 확인하려고 주치의 사무실에 전화해 간호사 진료라도 받을 수 있기를 바랐다. 그런데 기적이 일어났다. 예약이 취소되어 주치의를 만날 수 있게 되었다!

검사실로 안내하는 직원이 내게 무슨 일이냐고 물었다. 나는 "아, 럭비를 하다가 대퇴사두근에 무리가 갔어요." 하고는 곧 "농담이에요."라고 말했다.

검사는 순조롭게 진행되지 않았다. 의사는 여기저기 살펴보더니 슬개골 반사가 일어나지 않는다고 화를 내며 나를 응급실로 보냈다. 응급실에 도착하자 의사는 내게 가슴 통증이 있는지 물어보았다. 나는 곧바로 아니라고 말했고 다른 신체 부위의 통증을 예상하고 있었다고 말하고 싶었다.

호기심 많은 구경꾼들이 응급실 칸막이에서 나를 계속 쳐다보았다. 나중에 럭비 이야기가 기록에 남았다는 사실을 알게 되었는데, 구경꾼들은 내가 더이상 젊지 않다는 점에서 신기하다고 생각했을 것이다.

나는 특정 근력 테스트에서 불합격되어 다음날 MRI 촬영을 예약했다. 엑스레이와 비슷하게 준비하는 데 몇 분 정도 걸리고 한 두 번 빔을 쏘는 정도일 거라고 생각했다. 의료진은 다리 하나에 1시간 정도 걸릴 거라고 했지만, 나는 가만히 있는 걸 잘해서 총 1시간밖에 걸리지 않았다. 기계는 대부분의 시간 동안 망치 소리처럼 들렸.

나쁜 소식은 양쪽 다리의 대퇴사두근 힘줄이 절단되었다는 것이다. 딱 들어도 안 좋은 것 같다. 나는 차라리 찢어졌다는 표현이 더 나을 것 같았다.

5월 11일 수술 당일 나는 정오쯤 와서 기다렸다. 마취과 의사가 옵션을 논의하기 위해 나를 찾아왔다. "두 가지 옵션이 있습니다." 그가 말했다. "일반적인 마취와 척추 마취입니다."

"위스키 옵션은 어떤가요?" 내가 농담했다.

"예전에는 그게 유일한 옵션이었지만 이제는 제공하지 않아요.

수요가 부족해서요." "좋아요, 저는 척추 마취를 선택할게요. 그렇게 하면 제가 감독할 수 있겠죠."

"음, 감독은 많이 하지 못할 겁니다. 진정제도 주사하여 반쯤 잠들게 됩니다."

나는 속으로 생각했다. '음… 교수회의와 비슷하겠군. 그래도 참여한다는 느낌을 받을 수는 있을 거야.'

5월 14일 누군가가 들어와서 TCU로 옮겨진다고 말했다. 항상 의심이 많은 나는 그것이 무엇인지 궁금해졌다. 내 첫 번째 추측은 말기 치료 병동이었다. 휴, 다행히도 알고 보니 임시 치료 병동이었다.

5월 18일 새로운 간호사가 나타났다.
"미라렉스는 어떻게 드시나요? 오렌지 주스?"
"미라렉스를 항상 먹는 건 아니지만, 먹을 때는 도스 에퀴스 한 잔에 섞어서 먹습니다."
간호사는 나를 웃기다는 듯이 쳐다보았다. 그녀는 '세상에서 가장 흥미로운 남자' 광고를 본 적이 없는 것 같았다.

그리고 계속 이어졌다. '찢어진 힘줄 이야기' 일기 블로그는 친구들에게 최신 소식을 전해주었다. 그리고 이 글을 쓰면서 완전히 정상으로 돌아와 다시 조깅하는 데 걸린 4개월 동안, 유머 포인트를 찾으며 긍정적인 태도를 유지하는 데 도움이 되었다.

긍정적인 리뷰를 작성하라

많은 인터넷 리뷰어는 총을 장전하고 무엇이든 또는 누구든 공격할 방법을 찾는 데서 만족감을 얻는다. 비난받아 마땅한 것에 대해 비난의 글을 쓸 뿐만 아니라, 마음에 드는 것을 칭찬하는 데 시간을 투자한다면 세상을 더 나은 곳으로 만들 수 있다. 부정적인 리뷰 한 개마다 세 개 이상의 칭찬 리뷰를 작성하는 것이 좋다.

다음의 예시는 베니스에서 보낸 휴가 이야기를 다룬 리뷰이다. 작성자 캐런 프렌더개스트는 가능한 한 긍정적인 태도를 보여준다. 그녀가 사진을 첨부했다는 점에 주목하라. 사진은 세부 정보를 제공하며 세부 정보는 사람의 마음을 끈다.

그리티 에피큐리안 스쿨에서의 멋진 하루

우리 일행 4명은 베네치아 요리를 더 알아보고 싶어서 그리티 에피큐리안 스쿨에서 프랑코 산나 Franco Sanna 셰프와 반나절 동안 함께하는 요리 수업을 신청했다. 수업에 대한 좋은 후기를 읽긴 했지만, 산나 셰프와의 하루가 이렇게 놀라울지는 예상하지 못했다. 오늘의 경험은 모든 면에서 우리의 기대를 훨씬 뛰어넘었다.

오전 9시에 우리는 그리티 팰리스 로비에서 곧바로 산나 셰프를 만나 빠른 걸음으로 리알토 시장을 향해 출발했다. 산나 셰프는

자신에 관해 이야기해주며 우리의 배경과 요리 경험, 좋아하는 음식이 무엇이며 요리 알레르기가 있는지 등을 물어보았다. 시장에 도착하자 산나 셰프는 생선 가판대와 과일 및 채소 가판대에서 상품을 살펴보며 시장을 빠르게 둘러보았다. 그런 다음 우리를 한쪽으로 모아놓고 그날 아침 특별히 맛있어 보이는 음식에 대해 나누고, 메뉴를 획획 적어가며 우리가 만들 요리가 마음에 드는지를 확인했다.

다음으로 생선 구매 초보인 우리에게 시장에서 다양한 종류의 해산물을 살 때는 어떤 점을 살피는지 설명하며, 구매할 생선과 절대로 구매하면 안 되는 생선을 짚어주었다.

요리할 전체 생선을 구입할 때가 되자, 산나 셰프는 그날 가장 좋은 생선이 있다고 판단한 생선 가게로 가서 생선을 보여달라고 했다. 그리고 우리에게 생선의 아가미와 눈을 보여주며 (비린내가 아닌) 신선한 바다 냄새를 맡게 하고, 살을 만져보고 얼마나 단단한지 느껴보라고 했다. 생선가게 주인은 생선을 씻고 포장해주었다.

과일과 채소를 고르는 일은 아주 쉬울 거라고 생각했다. 훌륭한 선택지가 너무 많아서 잘못 고를 수 없을 것 같았다. 산나 셰프는 우리가 미처 눈치채지 못한 부분을 발견하고, 왜 특정 가게의 특정 품목만 구매하고 다른 가게의 특정 품목은 구매하지 않는지를 설명해주었다.

구매를 마칠 무렵, 첫 번째 관광객 그룹이 시장에 도착하기 시작했다. 우리는 칸티나 도 모리로 가서 시체티 몇 접시와 프로세코 한 잔을 마셨다. 배가 든든해지자 그리티 펠리스로 출발했고, 돌아가는 길에 시보에 잠시 들러 치즈를 샀다.

호텔로 돌아왔을 때 산나 셰프는 요리학교 주방으로 우리를 데려갔다. 주방은 놀라운 장비와 식사를 제공하기 위한 거대한 테이블로 매우 잘 디자인되어 있었다. 셰프는 우리에게 앞치마를 건네고 일을 시작하라고 했다.

사실 우리 중 한 명이 생선을 자르는 등 많은 일을 했다. 다른 세 명은 조금 도왔지만 대부분 산나 셰프가 마술을 부리는 동안 지켜보면서 사진을 찍기 바빴다.

약 3시간 만에 여러 겹의 풍미가 느껴지는 놀라운 요리를 3가지나 만들었다(물론 집에서는 훨씬 더 많은 시간이 걸릴 수 있겠지만). 그리고 마술사와 달리 산나 셰프는 자신의 마술을 기꺼이 공유해 주었다.

우리는 방 중앙의 큰 테이블에서 산나 셰프와 함께 코스별로 멋진 점심을 먹으며 베니스와 요리, 그리고 점심 식사가 얼마나 훌륭했는지에 대해 이야기를 나누었다. 재료도 훌륭했고 요리 기법도 정확해서 풍미가 빛날 수 있었다. 소플리에가 코스마다 흥미로운 현지 와인을 제공했고, 창문 밖으로 운하가 내려다보이고 노래하는 곤돌라 사공이 운하에 떠다니고 있었다.

그야말로 완벽한 하루였다!

알아야 할 사항

- 자신이 관련된 재미있거나 놀라운 이야기를 하라.
- 자신이 머무는 장소에 대해 재미있거나 놀라운 이야기를 하라.
- 세부 사항을 포함하라. 세부 사항은 사람의 마음을 끈다.
- 대화를 포함하라. 대화는 이야기를 현실감 있게 만든다.
- 사진을 포함하라. 사진은 세부 사항을 제공한다. 세부 사항은 사람의 마음을 끈다.

"
그렇군. 잘됐군. 그만 가지.
"

밀로스 포먼Milos Forman 감독 영화 <아마데우스Amadeus> 중에서

에필로그

역량이 강화되었다

나는 이 책의 프롤로그에서 역량이 강화될 것이라고 약속했다.

이 책을 통해 당신은 말을 잘하고 글을 잘 쓰는 방법을 배우게 될 것이다. 의사소통 방법에 대한 지식을 습득하는 데 투자하는 시간은 그 어떤 투자보다도 더 큰 수익을 가져다줄 것이다.

이제 그 약속을 이행할 때이다. 당신이 어떻게 역량을 강화했는지 확인해 보자.

- 비전-단계-뉴스…기여도 방식으로 커뮤니케이션을 구성하는 방법과 기억에 남는 커뮤니케이션 기법, 설득의 핵심을 배웠다.
- 교수법을 구성하는 역량 강화와 약속 방식 등 교수법에 필요

한 핵심 요소를 익혔다.
- 슬라이드 구성에 중점을 두고 프레젠테이션 아이디어를 배웠다.
- 구성과 스타일에 중점을 두고 글쓰기 아이디어를 배웠다.
- 교수법, 특히 이야기의 역할에 대해 배웠다.
- 디자인, 특히 레이아웃에 대해 배웠다.
- 포스터 구성부터 블로그 글쓰기까지 다양한 사례를 배웠다.

이 책을 읽으면서 각 장의 '알아야 할 사항' 섹션에서 총 246개의 커뮤니케이션 관련 사실과 규칙 및 원칙을 배웠다. 모든 제안을 항상 사용할 수는 없으며 적합하지 않은 제안도 있을 수 있다. 심지어 잘못되었다고 생각되는 제안도 있을 수 있다. 하지만 프롤로그에서 읽은 내용을 기억하라.

이 책을 읽으면서 단 하나의 원칙만 활용하더라도 그 원칙은 당신의 삶을 변화시키는 원동력이 될 수 있다. 그 원칙을 통해 일자리를 얻거나 상을 받거나 연구비 또는 계획을 획득하고, 판매를 성사시키거나 상사를 설득하며, 벤처 캐피탈리스트를 흥분시키거나 학생에게 영감을 주고, 혁명을 일으킬 수 있다.

이제 당신의 역량은 한층 강화되었다. 이 역량을 현명하게 사용하길 바란다.

MIT 연애의 기술

지은이 | 패트릭 헨리 윈스턴
옮긴이 | 최성옥

1판 1쇄 발행 | 2025년 6월 19일

펴낸곳 | (주)지식노마드
펴낸이 | 노창현
본문 디자인 | 푸른나무
등록번호 | 제313-2007-000148호
등록일자 | 2007. 7. 10
(04032) 서울특별시 마포구 양화로 133, 1202호(서교동, 서교타워)
전화 | 02) 323-1410
팩스 | 02) 6499-1411
이메일 | knomad@knomad.co.kr

값 25,000원
ISBN 979-11-92248-32-5(03190)

Copyright ⓒ 패트릭 헨리 윈스턴
이 책은 저작권법에 따라 보호받는 저작물이므로 무단전재와 무단복사를 금지하며
이 책 내용의 전부 또는 일부를 이용하려면 반드시 저작권자와
(주)지식노마드의 서면 동의를 받아야 합니다.

• 잘못 만들어진 책은 구입하신 서점에서 교환해 드립니다.